| 光明社科文库 |

决策分析理论与方法

杨　莉◎编著

光明日报出版社

图书在版编目（CIP）数据

决策分析理论与方法 / 杨莉编著 . -- 北京：光明
日报出版社，2023.8

ISBN 978 - 7 - 5194 - 7522 - 2

Ⅰ.①决… Ⅱ.①杨… Ⅲ.①决策学—研究 Ⅳ.
①C934

中国国家版本馆 CIP 数据核字（2023）第 188456 号

决策分析理论与方法
JUECE FENXI LILUN YU FANGFA

编　　著：杨　莉

责任编辑：李壬杰　　　　　　　　责任校对：李　倩　龚彩虹
封面设计：中联华文　　　　　　　责任印制：曹　净

出版发行：光明日报出版社

地　　址：北京市西城区永安路 106 号，100050

电　　话：010 - 63169890（咨询），010 - 63131930（邮购）

传　　真：010 - 63131930

网　　址：http：// book. gmw. cn

E - mail：gmrbcbs@ gmw. cn

法律顾问：北京市兰台律师事务所龚柳方律师

印　　刷：三河市华东印刷有限公司

装　　订：三河市华东印刷有限公司

本书如有破损、缺页、装订错误，请与本社联系调换，电话：010-63131930

开　　本：170mm×240mm

字　　数：269 千字　　　　　　　印　　张：16

版　　次：2024 年 1 月第 1 版　　　印　　次：2024 年 1 月第 1 次印刷

书　　号：ISBN 978 - 7 - 5194 - 7522 - 2

定　　价：95.00 元

目　录
CONTENTS

第 1 章

绪　论

随着经济全球化的趋势，在当今国际交往中，经济上的联系和交往已经成为各国之间最主要的方式. 对外经济是指一个国家同其他国家或地区之间所发生的各种经济联系和一切经济交往的总称，包括国际贸易、投资、旅游、金融等各个方面。因为各国的经济很大程度上依赖于地区经济和世界经济的稳定、协调与发展，经济外交是各国实现经济发展的重要手段，起着越来越重要的作用，本书着重从经济外交视角探讨经济对外决策中的理论和方法.

外交决策学是决策科学发展的产物，研究的是国家外交政策的制定过程，或者说是研究一个主权国家对于外交政策做出决策的过程. 需要通过采用相互交叉的多学科研究方法分析外交决策的机制和过程，以及这些机制与过程对政策制定的影响.

随着经济外交大背景的深化，尤其是随着我国"外交为国"向"外交为民"理念的转变，外交决策的发展需要与时俱进，应该跟上当前全球化、信息化且相互依赖的时代发展步伐，外交决策学的内涵和外延都应有所改变和拓广. 在我国，虽然政府和中国外交部门、地方的经贸部门及一些民间部门都在大力加强经济外交工作，但学术界关于经济外交背景下外交决策的理论体系研究尚属于发展阶段，尤其是相应的理性选择模式探讨相对较少.

面对全球上下复杂的局势，未来十年，中国面临的外交困难会更多而且来得更加突然，因此对外交战略、外交体制和机制进行改革性探讨，使外交政策的制定更加具有科学性、合理性、主动性、及时性，相关研究十分必要.

本书是基于经济外交大背景的视角，在考虑经济外交对外交决策影响的前提下，结合决策学中的各种理论和方法及博弈论的理论体系，进行经济外交决策中的理性选择模式探讨，也就是进行经济外交决策分析研究，以达到为经济外交决策的规范化、智能化、科学化提供帮助的目的，从而使经济外交决策达到优化.

1.1　外交决策理性选择模式研究现状

当前国内外学术界对外交决策的分析主要有以下几种模式：理性选择模式、国际体系决定模式、社会环境决定模式、组织官僚政治模式和决策者心理认知模式等. 其中三个理论框架模式受到广泛重视，即以人类的理性为理论前提进行分析（包括博弈论、决策学）为主要方法的理性选择模式、以系统论和控制论为方法的组织官僚政治模式和基于心理分析法的心理认知模式. 这三种模式分别探讨了外交政策形成的推理过程、组织过程和认知过程，可以说构成了外交决策理论的骨干.

随着系统论、博弈论、控制论、信息论、环境工程、大数据、机器学习等学科理论的完善和成果纷纷面世，在多个学科中，自然科学在国际政治学界中的应用研究得到广泛重视. 尤其是面对日趋复杂的当今社会，社会科学开始向自然科学靠拢，将"硬"的科学手段运用到"软"的研究领域中. 国际政治学界出现了"科学主义"学派，向传统现实主义的研究方法提出了挑战，强调国际关系理论的科学性，即可观察、可计量和可重复，外交决策理论的发展越来越朝着打破政治学和国际关系之间界限的方向发展，更加注重微观领域的研究. 因而外交决策的理性选择模式，近年来也被国际关系学界视为主流理论，影响也最大. 在外交决策问题上，理性选择模式认为：各国都最大限度地增强其国家实力，不管决策的性质如何，决策者应用最佳的方法实现预期的目标. 本书主要是针对这种模式进行探讨.

当前，理性选择模式的研究多采用通过对所研究的问题进行背景因素和前提条件简化处理，即在损失解的精度为代价的条件下进行分析；并且在国际关系领域，几乎所有外交决策问题都是多目标优化与决策问题，但当前在外交决策领域应用的成熟理论方法主要集中在采用单目标优化方法，相关研究需要进一步完善. 尤其是基于经济外交的视野，利用外交决策学是决策科学发展的产物，结合决策分析中的不确定型决策、风险型决策、多属性决策、多目标决策、群决策及一些量化分析的技术，如信息的价值、灵敏度分析技术、预测技术等进行系统研究的较少.

从博弈的角度，外交决策学是研究决策者与所处环境之间在不同层次上的互动过程和互动内容. 由于外交决策可分为外交战略决策、重大外交问题决策和一般外交问题决策三个层次，任何一个层次都有不同内涵的基于博弈理论的理性选择模式. 虽然博弈论为促进国际关系学科的科学化进程和构建统一的学科范式起到了重要的作用，但外交决策中的博弈论存在很大的限度，当前利用博弈理论进行外交决策研究，发展完善的主要集中在完全信息静态与动态博弈、不完全信息静态与动态博弈、合作博弈在实际中的应用，以及各种纳什均衡、稳定集与核心的存在性等. 但通过对待研究的问题进行系统分析来确定和选择博弈模型，进一步分析博弈模型的灵敏度和稳定性，且选择复杂形式的连续博弈、微分博弈、随机博弈等的博弈模型的研究较少，需要学术界进一步研究加以充实.

当前在外交决策中博弈模型的求解过程中，当涉及优化理论时，多采用一元和多元极值常规方法进行求解. 但当出现对解决不确定问题有着独特的作用的模糊博弈、区间数博弈、随机博弈等复杂博弈模型时，或博弈模型中参与人数量较多、策略较多，支付效用函数形式复杂，如高次幂的非线性函数，且具有多个非线性约束和多个目标的支付函数，其纳什均衡和其他各种均衡的获取很困难，有待深入探讨.

本书针对前面所分析的外交决策的理性选择模式发展的不完善进行较深入的研究，为提高量化分析的精度提供帮助. 研究应从在数学、经济、管理学科和国际关系、国际政治学科之间搭建尽可能容易通过的桥梁的角度进行，并为能进一步深入将应用数学、经济、管理学科的理论应用在国际关系进行研究提供帮助.

1.2 基于优化理论的经济外交决策的发展态势

理性选择模式，目的是用最佳的方法实现预期的目标，选择出一种以最小的成本换取最大收益的对外政策方案的过程，既要应用经济学原理，也要应用决策学方法，还要借助优化技术. 因此，对外交决策的研究应当以一种多方位的视角来理解决策现象，国家对外政策的形成受多种因素的影响，是一个复杂的动态过程，决策模式的运用也因国际环境、政治体制、社会经济环境、国内外舆论、领导人性格和所研究问题的性质等而相应地变化.

外交决策学是决策科学发展的产物，是基于经济外交的大背景，结合决策学中的各种理论和方法——不确定型决策、风险型决策、多属性决策、多目标决策、群决策，及决策量化分析的各种技术，如信息的价值、灵敏度分析技术、预测技术、系统构建技术等，进行外交决策的研究. 即在结合决策学中的成熟理论方法和最新进展，考虑经济外交的背景条件下，进行外交决策的研究，是一种拓广的研究角度.

从经济外交决策的特点和分类的角度进行基于优化理论的经济外交决策理性选择模式的发展态势分析，是从优化排序的角度进行经济外交决策研究，具体分析如下：

（1）确定型决策

若一个决策问题每一个方案未来面临的状态都是唯一确定的，则称为确定型决策问题，运筹学分支研究的就是这类问题. 如采用线性规划、非线性规划、目标规划、整数规划、动态规划、存储论、排队论等运筹学的各个分支是常见的解决方法，思路是理性寻求最优化. 在外交工作的实际运作过程中，需要处理一定量的较规范的外交事务，也需要做出决策，可采用确定型决策的方法.

（2）不确定型决策

若一个决策问题至少有一个方案未来面临的状态并不唯一，而且关于状态发生的规律把握不准，则称为不确定型决策问题，简称不定型决策问题. 常见的求解方法可利用乐观准则、悲观准则、等可能准则、折中准则、后悔值准则. 由于不确定型决策中含有不确定因素太多, 在外交决策中应用风险偏大, 只应作为辅助手段.

(3) 风险型决策

若一个经济外交决策问题至少有一个方案未来面临的状态并不唯一, 但是所有状态发生的概率均为已知或可知, 由于解决这类问题都须依据数理统计学, 并且付诸实施都有一定的风险, 即决策者无论选取哪种方案都会承担一定的风险, 所以称为风险型决策 (也称为概率型决策) 问题. 风险型与不定型的相同之处是事先都不能确定未来发生的状态, 其区别在于状态概率是否可知. 常用的有三种基本的风险型决策方法: 最大可能性法、期望值法和决策树法.

(4) 贝叶斯决策

求解风险型决策问题的基础是设定自然状态的概率分布和后果的期望损益值函数. 对自然状态的概率分布所做估计的精确性, 会直接影响决策的期望损益值. 显然, 仅仅依靠决策人的经验做主观的判断和估计, 所设定的自然状态的概率分布 (先验概率) 的精度不可能有很大的改进. 因此, 为了改善决策分析的质量, 决策者可以根据决策的需要, 通过抽样调查、科学实验等方法收集新信息, 然后利用这些更多、更准确的新信息修正和改进原来对自然状态的概率分布所做的估计, 并利用经过修正的概率分布 (后验概率) 做出决策, 这样的过程就称为贝叶斯决策.

风险型决策和贝叶斯决策可适合针对经济外交决策的相对缺少实验和重复的机会、组织效率和政策后果难以判断等特点的问题进行研究, 当然, 不同的方法适用的背景问题不同, 贝叶斯决策适合有一定准备时间的重大经济外交决策问题.

(5) 多属性决策

多属性决策 (多准则决策), 其理论和方法在经济、管理、军事和工程设计等诸多领域中有着广泛的应用, 是现代决策科学的一个重要组成部分, 主要解决由于客观事物的复杂性、不确定性以及人类思维的模糊性所产生的不确定环境下的多属性问题. 随着经济外交的发展, 多属性决策在外交决策中的应用也越来越重要，如境外投资决策、境外投资项目评估、境外企业工厂选址、国防武器系统性能评定、国外特定产业部门发展排序以及海外投资区域经济效益综合评价等.

多属性决策的实质是利用已有的决策信息通过一定的方式对一组（有限个）备选方案进行排序并择优，常用的解决方法有线性加权方法、逼近理想解方法、模糊综合评价法、层次分析法等. 多属性决策主要由获取决策信息和对方案进行排序与择优两部分组成. 决策信息一般包括属性权重和属性值，属性值主要有实数、区间数、模糊数和语言描述等不同形式；属性权重的确定是多属性决策中的一个重要研究内容，专家打分法比较常用，也有其他相对客观方法.

（6）多目标决策

由于经济外交决策更有可能出现基本价值观的冲突和必有妥协的特点，在进行决策时往往需要考虑许多目标，并希望都能优化，也就是说在国际关系领域，几乎所有外交决策问题都是多目标优化与决策问题. 如企业在境外投资，考虑开发一项新产品时，往往希望投资省、见效快、质量好、利润高、对环境没有损害作用等；又如我国某个城市需要在境外利用广告宣传自己城市的特色，在考虑广告策略时，则希望覆盖面广、延续时间长、吸引力强、费用节省等.

在上所述许多情形中，所要考虑的目标较多（至少是两个），而这些目标往往不很协调，甚至相互矛盾，而且衡量这些目标优劣的数量指标的量纲也可能并非一致. 那么，在一定的条件下，如何寻找一个使各个目标都能达到比较满意水平的方案呢？这类问题就是多目标优化与决策问题. 多目标决策与多属性决策的主要区别是：前者的决策空间是连续的，即其备选方案有无限多个，而后者的决策空间（决策变量）是离散的.

多目标决策常用的解决方法有多目标规划单纯形法、目标规划法、评价函数法、约束法和分层序列法及各种多目标进化算法等.

1.3　基于博弈理论的经济外交决策的发展态势分析

理性选择模式，它以人类的理性为理论前提，探讨的是以最小的成本换取最大收益的对外政策方案的过程. 决策者可以使用各种奖惩手段，以便用最佳的方法实现预期的目标，充分体现了博弈的原理，因此，博弈论在理性选择模式中有重要的应用，由此探讨博弈论在外交决策中的应用.

理性人是指能设身处地地考虑其他参与人的利益及其决策，从而最终选定对自身最有利的行动方案. 可以根据博弈方的理性层次，将博弈分为完全理性博弈和有限理性博弈两大类. 完全理性博弈是指博弈中的参与人有始终追求最大利益的完美意识、分析推理和准确行为的能力. 不能完全满足理性要求的就是有限理性，以有限理性为基础的博弈称为有限理性博弈. 有限理性博弈可以从多个角度进行探讨，最热点的是进化博弈，其有效分析框架是借鉴生物进化博弈理论发展起来.

利用决策分析研究外交决策与利用博弈论研究外交决策的区别在于：决策分析讨论的一般是仅有一个决策者，其从个人效用最大化出发进行决策；博弈论是研究互动决策的理论，博弈论中有多个决策主体，这些主体之间是利益相关的，博弈方之间的行为和利益是交互作用和制约的.

当前在外交决策研究领域，博弈论的研究主要侧重于博弈模型在实际中的应用，而博弈模型的类型选择、博弈模型的结构分析和构建方法、博弈模型解的精确性分析、博弈模型的稳定性和灵敏度分析等都是薄弱环节，应进行相关探讨.

对外交博弈模型的结构进行分析和构建方法进行研究，具体包括参与人的确定、对参与人可能采取的策略进行分析、策略集合的确定、支付函数的取得、博弈模型类型的选择、博弈模型解的精确性、博弈模型的稳定性和灵敏度进行分析等，下面具体分析.

1.3.1　经济外交博弈模型的结构分析

1. 系统分析

构建经济外交博弈模型的前提是对要解决的问题有全面和本质的认识，即对所研究的问题进行系统分析，这就需要系统结构模型化技术. 常用的系统结构模型化技术有：解释结构模型化技术、关联树法、系统动力学结构模型化技术等，其中解释结构模型化（ISM）技术是最基本和最具特色的系统结构模型化技术. 具体步骤是通过探寻系统构成要素、定义要素间关联的意义、给出要素间以二元关系为基础的具体关系，并且将其整理成较为直观、易于理解和便于处理的图形、矩阵等形式，通过运算和推导，逐步建立起复杂系统的结构模型.

具体在利用 ISM 技术对经济外交背景下外交决策问题进行系统分析时应采用改进的理念，寻找出系统构成要素中对系统内影响力大的要素，进行信息价值分析以提高精度；要素之间的关系不再是简单的二元关系，而是由贝叶斯网络表示的多元关系来寻找要素之间的关联关系和程度，以消除相互重叠和干扰的因素的影响；可达矩阵不只是简单表示要素是否有关的布尔运算，而是能表达不同关联程度的复合运算以减小主观性强的因素的影响.

2. 策略的选择

由于经济外交博弈模型中每一个策略，实质上就是一个决策方案，策略集合的确定，需涉及风险决策、多属性决策等决策方法，当解决随机博弈时应结合贝叶斯决策的方法. 因此，应探讨采用融合决策思想的系统结构模型化技术，并与风险决策、多属性决策、贝叶斯决策、信息的价值等方面相结合，进行经济外交博弈模型的策略集合分析.

3. 关于支付函数的获得

在应用博弈进行经济外交决策分析中，博弈方依据支付函数进行策略选择，支付函数的设计，直接影响实施结果，因此支付函数对于博弈模型的构建非常重要. 由于支付函数的形式可以是连续函数、离散函数、随机函数、模糊函数、区间数函数、多目标函数等多种，以及由于人的认知水平的限制、信息的不完全因素、系统的结构性和随机性波动等因素的影响，人们在不确定情况下事先对其支付函数做出精确的判断十分困难. 当前研究往往利用经验法，根据统计资料来选择支付函数，主观因素明显，且函数中参数的选择科学性欠缺，因此支付函数设计的合理性值得深入探讨.

可采用传统方法和曲线插值法及拟合法相结合求出支付效用函数. 通过设计传统的询问或打赌方法确定有限个数据点，如对于具体的经济外交博弈，可借助心理学，构建不同背景的风险事态体来获得数据点. 曲线插值可根据数据点插值生成具有良好的数学性质和几何特征的曲线，利于曲线的设计、分析和处理的各个环节，进行曲线插值生成支付效用曲线，既可以表示同一个决策者不同阶段的不同类型的效用曲线，又可以避免参数选择的主观性. 有了通过插值得到的支付效用函数，再用曲线拟合进行校正，可以达到提高支付函数精度的效果.

1.3.2 经济外交博弈模型的求解

1. 经济外交博弈模型的确定

经济外交决策的博弈模型的确定应采用模式识别技术，判断所研究的问题是合作博弈还是非合作博弈. 如中美之间在很多问题上的博弈，由于没有有效的制约机制，本质上都是非合作博弈. 但即使确定了是非合作博弈，那么是完全信息静态博弈、完全信息动态博弈、不完全信息静态博弈、不完全信息动态博弈中的哪一种？上述博弈模型又可以更进一步分析：是离散型博弈模型、连续型博弈模型、模糊博弈模型、区间数博弈模型、随机博弈模型中的哪一种？而且每一种还可以扩展为有多个非线性函数目标和约束的复杂博弈模型. 如中美之间的石油战就是建立多个非线性函数目标和约束的连续型不完全信息动态博弈模型.

进一步研究，有些类型还可以细分，如模糊博弈模型可以分为离散型模糊博弈模型、连续型模糊博弈模型；又如随机博弈模型中，随机变量是符合均匀分布、正态分布、负指数分布等中的哪一种？根据不同背景问题需要逐步建立起不同形式的博弈模型. 而这些方面的内容在当前的经济外交决策领域很少能看见进行系统研究的.

若是合作外交博弈模型，或是有限理性外交博弈模型，也有类似讨论.

2. 经济外交博弈模型的求解

经济外交博弈模型的求解可分为求解方法研究和解的精确性分析.

在经济外交决策博弈模型的求解过程中，需涉及优化理论. 如子博弈精炼纳什均衡、贝叶斯纳什均衡、精炼贝叶斯纳什均衡均是在纳什均衡的基础上获得，而求纳什均衡就需要用优化的方法得到，当前多采用一元和多元极值常规方法进行求解.

当博弈模型中参与人数量较多，或策略较多，或支付效用函数形式复杂，如高次幂的非线性函数，且具有多个非线性约束和多个目标的支付函数，其求解也相当困难，可通过探讨利用概率模型构建进化算法、贝叶斯多目标优化算法等进化计算的最新前沿技术进行博弈模型的求解，寻找快速、精确地处理在多项式时间内求解困难的博弈模型，以期达到各种博弈模型在实际中的应用更具有合理性、精确性.

经济外交博弈模型的稳定性和灵敏度分析，也可结合博弈模型解的精确性分析进行，利用信息的价值、灵敏度分析、预测技术等技术及相互的结合对经济外交博弈模型的参数的取值范围进行分析，以达到对经济外交博弈模型的灵敏度分析. 除对系统内影响力大的要素和参数进行信息价值分析外，从支付的理性偏差及支付的非理性偏离两个角度分析支付效用函数的设计，进而为分析博弈模型的稳定性提供帮助.

1.3.3　辅助分析

近年来，面对复杂的外部形势，虽然中国外交决策科学化和民主化的程度在不断提升，但为了更有助于提高中国对外决策趋向专业化和增强处理重大危机的能力，中国外交决策的研究机制仍有许多方面需要进一步完善.

1. 建立科学的信息收集和处理系统

影响经济外交决策是否正确的一个重要因素是能否及时、科学地进行信息收集和处理. 由于经济外交决策往往具有信息来源更广阔且不可靠，相对缺少实验和重复的机会、信息分类构成特别等特点，且研究对象多具有定性描述、不确定性程度强、很多问题属于小样本事件等特点，一些现象不可能重复发生，相关数据没有过多的历史数据可统计、查询和推理. 尤其是面对信息爆炸的今天，当危机发生时，缺乏充足的时间论证，因此捕捉真正有价值的信息，剔除假信息、无价值或低价值的信息非常重要. 需要建立科学的信息收集和处理系统，像数据筛选、数据的模式识别、数据的聚类分析、对小样本数据进行扩充、数据变量间潜在关系的定性定量分析、不完备条件下数据的分析等信息收集处理技术，可尝试在外交决策中的应用. 包括可利用大数据处理技术和云计算处理技术的专门机构和人员来处理复杂决策问题的数据分析.

2. 进行经济外交决策的规范化、智能化建设

为适应经济外交的大背景，经济外交决策研究领域应以知识性、系统性、实用性、创新性和科学性为原则，引入人工智能技术进行决策场景模拟，进行经济外交决策的量化分析，建立决策支持辅助系统，并保证经济外交政策的制定过程中的博弈分析和一致性研究，即建立经济外交决策数据模块化和智能支持化，并不断完善，使经济外交决策的优化程度提高.

随着多媒体网络的快速发展，研究机构应该是具有多种专业背景的人员组成的团队，应包括政治学、国际关系学、经济学、金融学、管理学、计算机仿真、统计学、应用数学等不同学科的专业人员，综合研究国家对外政治、经济、军事、文化、宗教等交往中的一切事务.

建立突发事件快速反应机制，中国要全面融入国际社会，将来针对中国的突发事件还会增加，关于突发事件快速反应机制的建设还要加强. 建立民间外交决策咨询机构，如建立各种民间外交资讯机构，以帮助中国各级外交决策更加科学并易被社会各界赞同和支持. 建立公众及舆论对外交决策的监督机制和民间建议的反馈机制. 在处理重大外交事件的过程中，应采用数据说话，进行科学判断和决策.

本书是基于经济外交大背景的视角，在考虑经济外交对外交决策影响的前提下，结合决策学中的各种理论和方法及博弈论的理论体系，进行外交决策的理性选择模式探讨，也就是进行经济外交决策分析研究，以达到为外交决策的规范化、智能化、科学化提供帮助的目的. 外交决策学是决策科学发展的产物，本书结合决策分析中的不确定型决策、风险型决策、多属性决策、多目标决策，以及一些量化分析的技术，如信息的价值、灵敏度分析技术、预测技术等，对外交决策理性选择模式进行深化研究；并进一步利用博弈论的理论体系，对如何进行外交博弈模型的结构分析和构建，外交博弈模型类型选择，解的精确性、稳定性和灵敏度等方面，进行理性选择模式拓广性分析. 但由于篇幅有限，有些内容本书没有涉及.

第 2 章

经济外交基本概述

经济外交这一概念最早产生于 20 世纪 60 年代的日本，因为当时的日本作为战后的非正常国家，只能以经济活动为手段和载体来开展对外交往. 但日本学者的研究视角只局限于日本自身，认为经济外交是战后日本特有的一种外交行为，甚至直接把经济外交等同于对外援助，其在经济外交研究的议程设定和理论建构上并无太大的建树.

随后，一些欧美学者也陆续开始了对经济外交具体问题的研究. 但由于局限于对具体问题或案例的探讨，这些研究并没有构建起一个关于经济外交的基本研究框架，从而西方学者在经济外交领域并没有形成一个知识共同体，相互之间的交流也比较少.

2.1　经济外交概念

近年来，关于经济外交的研究在中国日益兴盛. 虽然经济外交的概念越来越常见，但比较混乱. 一般而言，对某一概念定义不清就意味着它指代的事物并不明确，也就必然导致学术讨论缺乏边界，难以对其展开精确的研究，相互之间也缺乏对话的空间，从而导致关于经济外交的讨论和研究难以进行知识积累.

学术研究始于明确的概念设定以及研究对象的界定，概念使用的混乱直接阻碍了经济外交研究的知识共同体在中国的形成. 因此，在中国现实的语境下，勾勒出一个内涵清晰、逻辑严谨和分析框架明确的经济外交概念是十分必要的.

不同学者基于不同的研究视角给出的定义.

(1) 从经济外交的目的视角

强调经济外交的目的是促进经济合作、实现经济利益, 金熙德在探讨日本经济外交的基础时认为, "所谓经济外交, 就是以实现各种经济利益为目的, 借助经济手段来进行的外交活动"①. 赵可金也认为, 经济外交是 "以和平方式处理国家之间在经济领域出现的摩擦与纷争的活动"②.

(2) 从经济外交的政治和战略意图视角

王德仁则看到了经济外交的政治和战略意图, 认为经济外交既是为了发展与他国的经济联系, 也是为了 "利用经济手段达到特定的政治目的或对外战略意图"③. 张健更进一步阐明了当经济与外交分别充当目标或手段时, 经济外交所表现出的含义与形式④. 张晓通则对经济外交进行了比较抽象的定义, 认为经济外交为 "一国政府在对外交往中主观能动地通过战略、策略与制度设计等方式实现财富与权力之间相互转化的行为、艺术以及转化过程"⑤.

(3) 从经济分析视角

周永生对经济外交的定义比较全面, 概括起来包括两个方面的内容: 一是为追求本国经济利益而执行的对外交往行为; 二是借助经济手段, 为实现并维护自身战略目标而执行的对外交往行为. 在此基础上, 李巍认为, 所谓经济外交, 就是一国中央政府及其所属具体职能部门围绕经济事务, 针对他国政府、国际组织或者跨国公司, 而对外开展的官方交往活动. 经济外交的本质是政府通过外交行为对国际经济关系所实施的一种干预行为, 其既可能是正向促进的, 也可能是负向阻碍的. 经济外交具有双重目的, 一是通过政府有形之手推动双边或多边国际经济合作, 二是通过与经济相关的外交活动来实现国家安全、政治稳定等非经济目的. 因此, 与传统外交相比, 经济外交的特征在于它围绕对外

---

① 金熙德. 战后日本经济外交的作用及其演变 [J]. 日本学刊, 1995 (4): 89-90.
② 赵可金. 经济外交的兴起: 内涵、机制与趋势 [J]. 教学与研究, 2011 (1): 57.
③ 王德仁. 记国际关系学科研究信息交流座谈会 [J]. 外交评论, 1995 (1): 20-22.
④ 张健. 战后日本经济外交 (1952—1972) [M]. 天津: 天津人民出版社, 1998.
⑤ 张晓通. 中国经济外交理论构建: 一项初步的尝试 [J]. 外交评论, 2013 (6): 53.

经济关系而展开，实现方式是促进或阻滞国际经济关系. 而与一般性经济往来相比，经济外交的特征在于其实施主体一定是中央政府及其相关机构，普通企业或其他经济单位所开展的对外交往活动不是经济外交. 这种特征就决定了经济外交本质上是一种政治活动，属于国际关系学科的研究范畴.

（4）从辨析经济与外交关系的视角

也有学者表示，对于"经济外交"的分析，首要的问题在于辨析经济与外交的关系：何者为工具，何者为目标. 近年来经济与外交的互动日益紧密，在现实中很难对其做黑白分明的区分，两者彼此促进的态势日趋明显. 因此，经济外交越来越呈现出一体两面的结构特征，一方面是处理经济政策问题的外交，其中也包括"商务外交"，如传统的伴随领导人出访的政府采购大单、"能源外交"以及近年来在基础设施投资领域出现的"核电外交""高铁外交"和"港口外交"等. 另一方面则是使用经济资源进行的外交工作，如援助和制裁等，即所谓"经济治国术". "经济治国术"旨在运用经济工具影响他国的政策行为，既包括正面手段也包括负面手段. 前者以商业妥协、技术转让等"经济诱导"为代表，后者则以经济制裁与限制为特征，两者相加，即传统的所谓"胡萝卜加大棒"政策的统一. 换言之，经济外交中的"经济"与"外交"都兼具工具与目的的双重特性，财富与权力之间的相互转化是经济外交的题中应有之义.

2.2 经济外交分类

经济外交虽由来已久，但其真正大规模兴起并成为一种惯常的国际现象，是最近一轮经济全球化发展的产物. 经济全球化使得经济管理不再是一国的内部事务，而需要频繁的政府间国际合作和协调来应对共同的外部挑战. 经济外交的表现形式主要是国际谈判、国际会议和跨国访问，其涵盖的内容很多，为了细化研究，需要对其进行分类.

1. 按经济内容划分

根据外交活动所体现的经济内容，经济外交可分为贸易外交、投资外交、财经外交、货币外交四大类.

（1）贸易外交

贸易是国际经济关系中最基本的内容，围绕贸易事务而展开的外交是经济外交中最普遍的形式之一.贸易外交主要是为了降低贸易壁垒、扩大贸易关系，或通过贸易制裁实现政治目的.两年一度的WTO部长级会议就是规模最大的全球多边贸易外交，而目前迅速兴起的各种区域或者双边自由贸易区谈判，也是贸易外交最为常见的形式.

（2）投资外交

投资外交主要围绕跨国直接投资和跨国生产问题展开.对一个特定的国家而言，由于跨国投资分为本国企业对外投资和外国企业对本国投资两方面，因此，投资外交的主要内容也可分为两个方面：一是清除对方国家的投资壁垒，消除投资保护主义，同时要求对方政府保护本国投资安全；二是为保护国内产业而对外来投资实施有效管理.近年来，美国围绕对外投资问题展开了一系列积极外交活动，与50多个国家签署了双边投资协定以保护美国的海外投资，这就是一项重要的投资外交.

（3）财经外交

财经外交主要围绕资本的跨国流动展开.它也包括两个方面的内容：一是政府之间的国际借贷行为，如欧债危机期间中国和欧洲国家之间围绕救援问题所展开的外交活动；二是主权国家政府与国际金融机构之间的外交关系，如中国围绕IMF份额权改革以及IMF总裁人选所展开的各种外交行为.

（4）货币外交

货币外交主要围绕货币关系展开，包括两方面的内容，分别是汇率的跨国协商与国际货币的使用.1944年的布雷顿森林会议旨在建立战后国际货币秩序，当时就是一场影响深远的全球多边货币外交.到了20世纪80年代，美日之间围绕日元汇率问题展开一系列外交活动并最终达成《广场协议》，这更是国际货币外交的经典案例.而对国际货币使用这一问题来说，1974年美国和沙特阿拉伯签署的以美元作为石油出口计价货币的协议以及当下中国央行对外签署的大量货币互换协议，都是非常重要的货币外交.

由于货币和资本流动问题通常紧密相连，资本的跨国流动一定会引起货币关系的变化，反之亦然，因此财经外交和货币外交也经常交织在一起，两者又合称金融外交.

2. 按经济领域划分

若从外交活动所发生的不同经济领域来看，经济外交又可分为技术外交、能源外交、矿产外交、粮食外交、环境外交、卫生外交、渔业外交、水源外交等，其中，目前最主要也是最政治化的就是能源外交和环境外交，因为前者涉及国家能源供给的安全，而后者关涉国家经济发展方式.

（1）能源外交

能源问题涉及生产、投资、贸易、金融和货币等多方面问题. 能源的跨国投资生产属于投资外交，能源的贸易和运输则属于贸易外交，而能源贸易所涉及的货币结算和资金信贷则分别属于货币外交和财经外交. 能源问题的重要性和能源外交的复杂性使之成为一国经济外交中的重点内容. 一方面，能源外交的开展加速了国家间的能源合作. 例如，当今在中俄关系中，能源外交已经成为两国战略关系的最重要内容之一. 中俄两国在 2008 年便构建了副总理级的能源谈判机制，每半年举行一次，2013 年该机制更名为中俄能源合作委员会. 2014 年 5 月，在上海亚信峰会期间，中国和俄罗斯签署了一份为期 30 年、估值 4000 亿美元的天然气协议，这一谈判历经十年之久，是中俄能源外交的重大成果. 另一方面，能源外交也被用于威慑、制裁的外交用途. 20 世纪 70 年代的"石油危机"就是阿拉伯国家对西方国家的一次能源制裁外交，而中国也曾经通过能源制裁惩罚过悍然进行核试验的朝鲜.

（2）环境外交

环境外交的核心问题是气候变化和二氧化碳减排问题，因此，又被称为气候外交. 由于环境问题涉及整个国家经济发展，它与经济问题高度相关，而且由于环境问题已成为各国利益博弈的新兴领域，因此环境外交也成为经济外交的重要组成部分.

以 2009 年中国时任国家主席胡锦涛出席纽约联合国气候变化峰会和时任总理温家宝参加哥本哈根气候变化会议为标志，中国成为国际环境外交的最重要参与者，这一方面源于全球环境治理的紧迫性，另一方面也源于中国开始以"负责任"态度看待国际环境问题. 在中国，环境外交的执行者是主管经济规划和产业发展事务的发展和改革委员会,这就使得环境外交一开始就被纳入经济外交体系.

3. 按外交关系的性质与手段划分

若根据外交关系的性质与手段,经济外交还可以分为援助型外交、合作型外交和制裁型外交.

(1)援助型外交

援助型经济外交主要是指官方发展援助,具体而言,它是指一国直接或者通过国际组织对另一国实施经济援助,包括直接的物资赠予、单边的贸易开放、优惠的资金帮助等.政府开展援助型经济外交的目的不仅在于获取经济利益,还涉及政治、军事、道义等方面的因素.冷战初期美国的"马歇尔计划"就是美国援助型经济外交的一个大手笔,不仅实现了扶欧抗苏的政治目的,同时也实现了以美元替代英镑成为欧洲主要国际货币的经济目的.在中国,对外援助也"日渐成为中国经济资源与权力转化为影响力与软权力的政策手段和治国方略".

(2)合作型外交

合作型经济外交则是指通过政府间的经济合作行为,包括降低经济交往壁垒、共同应对危机、跨国监管、制定共同的经济规则、协调经济政策等,来实现利益交换或创造共同利益.在合作型经济外交中,互利共赢是基石,平等协商是条件,规则机制是保障.在经济全球化迅速发展的当下,各国通过合作型经济外交挖掘共同发展机遇,不仅收获经济利益,更能外溢到政治、安全等领域,并获得"1+1>2"的效果.

(3)制裁型外交

制裁型经济外交是指一国直接或者通过国际组织切断与另一国的某种经济关系,通过破坏对方的经济稳定和经济秩序,来实施惩罚或者对对方的敌对行为进行报复.中国在历史上多次遭遇大国的国际经济制裁,但另一方面,随着中国实力的增强,中国也会通过经济制裁来传递威慑性外交信号,迫使对方改变外交政策,如2010年中国对参与对台军售的美国公司发出经济制裁警告.但总体而言,在实施制裁型经济外交时,中国表现得相对谨慎,以贸易制裁为主,金融制裁的作用尚未完全开发.

4. 按外交层次划分

除了上述几种划分方法，经济外交还可以根据层次进行划分，具体可分为全球经济外交、区域经济外交和双边经济外交.

（1）全球经济外交

全球经济外交通常以全球层次的国际组织或国际会议为平台展开. 当前最主要的就是 G20 峰会，它是各国开展综合性经济外交的核心平台，被认为是"经济联合国". WTO 则是全球贸易外交最主要的平台，两年一度的贸易部长会议是该组织的最高规格外交活动，而各种不定期小型部长会议也为各国提供了多元的经济外交空间. 近年来，WTO 也涉足投资外交的内容. 而在金融外交方面，由成员国财政部长和央行行长参加的 IMF 和世行的半年度年会则是最主要平台. 在这些全球经济外交会议上，各国不仅致力于解决共同关心的全球经济问题，还进行权力博弈，争夺世界经济规则与制度的制定权、话语权.

（2）区域经济外交

亚太经合组织、上海合作组织、东亚系列峰会和金砖合作机制，是中国参与区域经济外交的核心制度平台. 亚太经合组织是中国最早参与的区域经济外交平台. 上海合作组织初期专注于反恐等政治议题，但近年来越发突出区域经济合作内容，一年一度的总理会晤机制主要讨论区域经济合作问题. 东亚系列峰会特别是"10+1""10+3""10+6"会议，主要涉及构建自贸区等贸易外交问题，也涵盖地区货币互换等金融外交内容. 诞生于美国金融危机爆发后的金砖合作机制，则主要探讨国际金融体系改革等问题.

（3）双边经济外交

当全球和区域经济外交难以解决问题时，双边经济外交便成为一种自然的选择. 近年来，中国进一步深化与主要发达国家的经济外交. 例如，每年一度的中美战略与经济对话和中美商贸联委会是中美两大巨头在经济领域开展的高层次高规格对话与协商. 中欧经贸高层对话则是双方推动建立全面战略伙伴关系的重要桥梁. 此外，中国领导人每次的双边访问都会签署大量经济合作协议，这也都是双边层次的经济外交.

2.3　经济外交历史演变

在中华人民共和国成立后相当长一段时间里，由于中国奉行自给自足和国家计划的经济发展模式，同时受制于复杂的国际政治环境，中国很少参与国际经济活动．这段时间内，中国非常有限的经济外交主要是与苏东社会主义国家建立经济互助关系，同时通过对亚非发展中国家提供经济援助来获得它们的政治支持，但最终证明超出国力的对外援助难以持久．20 世纪 70 年代以后，中国的国际环境有所缓和．随着中国恢复在联合国的合法席位，中美建交、中日邦交正常化，中国的经济外交面临新的发展机遇．特别是 1978 年十一届三中全会召开以后，中国经济外交的大规模开展几乎与改革开放同时并进．从 1949 年中华人民共和国成立至今，中国的经济外交经历了大致四个阶段的演进，分别为接触性经济外交、融入性经济外交、参与性经济外交、领导性经济外交：

1. 接触性经济外交

时间大约为 1949—1978 年．中国开始运用具有经济外交性质的若干措施，但经济外交的自觉意识尚不明确，相关行动的范围、力度也往往极为有限．在该阶段之初，尽管新中国外交的基本职能包括发展"各国人民间的友好合作"，但实践中压倒性的重心则是与同属社会主义阵营的苏联、东欧国家之间的经济合作，表现出明显的"一边倒"倾向．约从 1960 年开始，随着"一边倒"时代的结束，中国开始拓展经济外交的对象，其中又包含两个方向：一是设法打破西方国家的经济制裁和禁运，并与之发展经贸关系；二是以提供援助等方式拓宽与亚非拉发展中国家的经济往来．

2. 融入性经济外交

时间大约为 1978—2001 年．十一届三中全会在明确改革开放路线的同时，也开启了经济外交的新时期．这一阶段，中国明确表现出参与、融入国际经济体系的意向，并且以坚定持久的态度将这一意向付诸实践．这方面的标志性事件是中国于 20 世纪 80 年代先后恢复在国际货币基金组织（IMF）和世界银行的成员国身份，又在 1986 年提出复关申请后，经过长期谈判，最终于 2001 年加入世界贸易组织（WTO）. 由于 IMF、世行、关贸总协定（GATT）被公认为布雷顿森林体系的三大支柱，中国在这些多边经济组织的成员国身份，无疑表明了其融入国际经济体系的阶段性成就. 至于双边、区域层面，中国这一时期的经济外交也有所进展，如向发达国家派出政府经济代表团以推动交往、促使美国放宽对华技术管制、加入亚太经济合作组织（APEC）等区域性经济机制等. 有学者将这一阶段中国经济外交的特点概括为"接触性""融入性"，即通过渐进式接触了解和学习国际经济规则.

3. 参与性经济外交

时间大约为 2001—2010 年. 随着中国加入 WTO 和经济全球化的迅速发展，这一阶段经济外交的地位呈上升之势. 在 2004 年的两次高层会议上，中国领导人明确提出"要加强经济外交"与"推动实施'引进来'和'走出去'相结合的对外开放战略"，并且强调对发展中国家经济外交工作的重要性，"推动对发展中国家的经济外交工作上一个新水平". 次年，"全面加强经济外交"的表述出现在《政府工作报告》之中. 这些动向既反映出中国拓展海外市场的意图，也蕴含着对开放进程中不确定性及风险因素的警惕和防范. 从具体举措来看，这一时期中国不仅致力于维护多边贸易机制，同时也在区域层面推动自由贸易区建设，如中国—东盟自贸区；不仅在全球金融危机之后推动二十国集团（G20）治理机制的升级，还积极参与区域金融外交，如清迈倡议.

4. 领导性经济外交

时间为 2010 年至今，仍在演进之中. 以 2008 年美国金融危机和 2010 年中国成为世界第二大经济体为标志，中国开始成为国际经济外交的领导者. 受金融危机和债务危机所累，美、欧的传统领导地位遭到削弱，中国由于巨大的经济体量和对世界经济的影响，在国际经济外交舞台上开始成为和美国、欧盟并肩的三大领导者之一. 十八大以来，中国领导层提出构建新型大国关系、坚持正确义利观、"亲、诚、惠、容"的周边外交理念等一系列经济外交重大战略思想，经济外交的新布局由此成形. 其中，"一带一路"作为新时期经济外交的顶层设计，定位于中国扩大对外开放的战略举措，既是对外合作的管总规划，也是推动全球治理体系变革的重要依托. 总体而言，这一时期经济外交"奋发有为"的态势愈加明显，其所展现的战略性思维，既有提升中国在国际事务中代表性与话语权的意向，也包含着应对各种不确定因素的未雨绸缪式考量. 从实践来看，中国在贸易、金融、投资等多个领域都加大了经济外交的力度，取得了令人瞩目的成就. 这种领导性作用主要体现在议题领导、人才领导和规则领导三个方面.

（1）议题领导

在过去，中国在国际经济外交舞台上缺乏议题倡议能力，而只是被动应对欧美倡议的议题，最为典型的就是美日欧联合发起的人民币汇率问题，中国只能被动接招. 如今，中国开始在国际经济外交舞台上提出自己的议题，比如，2009 年 G20 伦敦峰会前夕，中国人民银行时任行长周小川提议创建"超主权国际储备货币"以替代现行的"单一国际储备货币"，并进一步提出应提升特别提款权作为国际货币的功能，积极推动国际金融体系改革；在对美经济外交中，中国则提出在美外汇资产安全问题以及投资保护主义问题；在周边经济外交中，中国也提出建设"中巴经济走廊""中印缅孟经济走廊"等区域经济合作倡议；在金融领域，中国倡导筹建金砖国家新开发银行、上合组织开发银行和亚洲基础设施投资银行（简称亚投行）. 这一系列改革和合作倡议的提出，标志着中国开始成为国际经济外交的议题领导者.

（2）人才领导

在成为诸多国际经济组织的正常乃至核心成员之后，中国开始努力向这些组织输送更多的人才，从而加强中国的领导作用. 在贸易领域，原中国常驻 WTO 总代表易小准成为首位来自中国的 WTO 副总干事；在金融领域，中国经济学家林毅夫被任命为世界银行高级副行长兼首席经济学家，这是发展中国家人士首次出任这一要职；中国人民银行副行长朱民也成为首位中国籍 IMF 副总裁. 中国面孔在多个重要国际经济组织中的亮相，打破了欧美国家对这些经济组织领导权的垄断地位，也是国际社会对中国在国际经济机制中发挥领导作用的认可和期待. 通过输送人才，国际经济治理也必将更多体现中国理念.

（3）规则领导

早在 1955 年万隆会议上，中国政府提出的和平共处五项原则就是中国实施规则领导的首次尝试，只不过受实力所限，中国提出的国际关系新规则难以被接受. 虽然现今中国在国际规则制定方面总体上仍处于不利和弱势地位, 但中国已经开始在某些领域的国际规则制定上发挥领导作用, 比如, 中国在环境和气候外交中提出"共同但有区别的责任"原则, 就得到世界很多国家的认同, 并成为国际气候谈判的一项重要原则. 而国际气候制度的"新生性"、气候治理发展的"不确定性", 为中国重塑国际气候制度提供了良好契机. 美国金融危机之后, 中国强调要加强金融领域的监管, 反对美国式的放任自由, 这也成为国际金融治理领域的共同基调. 当然, 在国际规则制定中全方位发挥领导作用, 中国的经济外交还有很长的路要走. 总之, 经过 70 多年的实践和发展, 中国经济外交的能力和水平都已经大大提高, 这为中国在未来开展更加积极有为的经济外交活动夯下了坚实的基础.

2.4 经济外交的整体特征

2.4.1 经济外交的基本特征

具体来说, 经济外交具有四个基本特征:

(1) 经济外交的主体是国家和国家联合体

经济外交的主体依然是国家和国家联合体, 舍此不能称之为外交. 此外, 在国际上受到广泛认可、具有独立外交政策和行为能力的"争取独立的民族"的组织也可以作为经济外交的主体, 比如, 巴勒斯坦解放组织. 未经国家授权或者委托的任何企业、非政府组织和个人都不能被视作经济外交的主体.

(2) 经济外交的目的是执行特定的外交政策

执行外交政策和实现国家利益是一切外交的灵魂, 经济外交也不例外. 至于所执行的外交政策究竟是政治政策、安全政策, 还是经济政策和社会文化政策, 都无碍于经济外交. 作为执行政策的手段, 经济外交可以是为一个国家的战略和外交目的服务, 也可以是为一个国家的经济和社会目标服务, 这都取决于最高国家利益的优先次序. 当然, 对外经济政策本身不是经济外交, 这与外交政策（foreign policy）不等于外交（diplomacy）是同样的道理.

（3）经济外交的内容是处理经济领域中的纷争与摩擦

经济性是经济外交最鲜明的特征. 不管出于何种目的，经济外交所围绕的中心问题是国家与国家在经济领域出现的经济问题，包括贸易、投资、金融等领域的经济行为体之间在经济交流中出现的摩擦，也包括国家之间在经济政策上出现的纷争.

（4）经济外交的方式和手段是和平地协调利益冲突

不管是采取施加经济压力比如封锁、禁运、取消计划项目、撕毁合同、逼债或冻结资金等强硬的制裁方式，还是采取提供经济利益比如开放市场准入、优惠关税、开展经济合作、提供经济援助和技术引进与转让、实施经济政策协调等温和的引诱方式，只要没有采取爆发战争和其他暴力的非和平方式，都属于经济外交方式. 尤其是冷战后 20 多年来，通过政治、法律和外交手段来处理经济事务，调节经济政策，协调利益冲突，用政治手段达成一定的经济目的，成为各国经济外交的一个新发展.

2.4.2　经济外交的战略意图特征

70 多年来，中国经济外交的变化分期越来越短，第一个阶段接近 30 年，第二个阶段超过 20 年，而第三个阶段不足 10 年. 与之相反，后续阶段的内容及其变化却越来越丰富. 之所以会出现这一现象，与中国经济外交战略意图、影响因素和基本特征的动态演变是分不开的.

关于中国经济外交背后的战略意图，大致有以下观点.

（1）具有显著的内向型意义

从经济收益的视角，中国的对外经济政策具有显著的内向型意义，即建立对外经济联系的终极目标在于以直接或间接的方式促进国内经济发展. 也恰恰是出于这个逻辑，其他国家对于中国拓展对外经济联系背后的政治含义不无担忧，后者又反过来成为中国经济外交实践中面临的挑战之一.

（2）地缘政治视角

经济动因在中国经济外交中所扮演的角色较为有限，中国在选择经济合作伙伴时，更倾向于以其对中国主导的政治秩序的认同度为标准. 例如，根据这种解读，中国经由亚太跨区域开放合作战略所倡导的不仅是一种多边经济秩序，更是一种以中国为主导的政治安全秩序. 那些认为中美逐渐由经济相互依存向战略竞争转化的判断也源于这个逻辑.

（3）对现有国际政治经济学秩序做出的回应

中国的经济外交往往是对现有国际政治经济学秩序做出的回应. 例如，基于对跨太平洋伙伴关系（TPP）的不信任和对区域全面伙伴关系（RCEP）谈判现状的不满，中国寻求构建新的多边机制，以扩展自身在亚太经济秩序中的影响力. 近年来，国内和国际经济环境的变化为这一判断提供了一定的依据. 在中国经济发展进入"新常态"的背景下，增强经济发展动力和深化改革的需求愈加凸显了加大经济开放力度并以之激发国内改革的必要性. 与此同时，贸易保护主义的回潮与发展中国家对于经济合作的持续渴望同时作用于多边进程，在此情况下，塑造一个开放型经济秩序维护者的国家形象，对于拓展中国经济影响力的意义更为突出.

（4）对外援助与对外经济合作的界限较为模糊

在中国的实践中，对外援助与对外经济合作的界限较为模糊. 因此，有学者把中国的模式称为"发展引导型模式"，即通过"援助+合作"的方式帮助和引导受援国实现自主发展，并最终实现受援国与援助国共同发展的目的. 基于自身在改革开放和扶贫减贫中的正反经验，中国在非洲等地区的对外援助中采取了援助、投资、贸易、技术合作等多种手段合而为一的策略，也在相当程度上促进了当地的经济社会发展.

严格意义上的政府开发援助（ODA）主要基于外交政策考量，其他形式的援助则侧重经济利益考量，两者实现了较为有机的融合和互补. 又如，中国在非洲等地建立的海外经济特区就包含诸多战略和利益考量：既要确保资源、加速国内的经济结构转型、促进产品出口、减少贸易摩擦，又要加强"中国模式"和"中国经验"的软实力投射. 换言之，对于中国经济外交需避免简化论，而从更为多元和动态的视角进行分析.

事实上，与绝大部分国家一样；中国的经济外交背后往往蕴含着多种战略考量，"经济"本身兼具工具性和规范性要素. 自由主义与重商主义、理想主义与现实主义、国际主义与民族主义在不同阶段的实践中彼此交织、各有侧重，由此也在不同的案例中对多边、诸边、区域、双边、单边等不同层次的政策产生不同的行为偏好.

上述多样化的解读和诠释是当前中国经济外交战略尚未完全成形的折射,也表明中国的经济外交战略与方案的推进亟须域内外其他国家的理解与认同.如果不能有效降低这种猜疑、观望乃至恐惧,中国的经济外交在战略互信的构建上将面临重重障碍.

2.4.3　经济外交的影响因素特征

纵观不同时期的中国经济外交,其影响因素主要有以下四个,前两个因素属于客观条件,后两个因素属于主观认知,但两者又彼此联系.

(1) 中国自身综合国力特别是经济实力的变化

一般而言,市场力量越大,在经济外交中的谈判力量和杠杆作用就越明显,开展经济外交的效力也就越高.这种市场力量既包括自身的市场规模、购买能力等正面因素,也涉及实施经济制裁的可信度、有效性等负面手段.

(2) 世界经济以及经济全球化的发展态势

这一"大势"是开展中国外交的现实背景和基本格局,经济外交亦不例外.

(3) 中国对于国际格局及世界经济的战略立场

这一影响因素与前一点息息相关,当中国顺势而为、两者相向而行时,中国的经济外交就发展顺畅、成绩显著,当两者出现时滞、落差乃至背离时,中国的经济外交就相对举步维艰.

(4) 对于经济与外交关系的整体认知和态度

这一因素侧重技术性层面.贸易、金融、援助等各个领域在经济外交的分期和表现略有差异,因其体现了开展经济外交的不同能力和意愿.经济外交的具体行为在政策反应的战略性与应激性上也不尽相同.

由于上述四大影响因素,中国的经济外交也在 70 年内呈现出各具特色的四个阶段发展变化(见表 2-1).这些阶段性的变化符合历史制度主义的"关键节点"概念,均是在改革开放、加入世界贸易组织、全球金融危机等国际国内重大事件的背景下,由中国主动做出的调整乃至变革,是前述客观条件与主观认知共同作用的产物.

表 2-1 四个时期的中国经济外交及其影响因素

时期	自身经济实力变化	全球经济发展态势	中国的战略判断	经济与外交的关系	标志性领域和案例
接触性（1949—1978）	缓慢恢复	东西方对立	自力更生	经济从属和服务于外交	对亚非拉国际提供发展援助
融入性（1978—2001）	快速增长	全球化起步	改革开放	通过外交为经济建设保驾护航	开放市场、吸引外资
参与性（2001—2010）	加速增长	全球化加速	融入利用	相辅相成、彼此促进	加入世界贸易组织
领导性（2010 至今）	高位运行	深度调整	塑造引领	利用经济实力积极有所作为	提出"一带一路"倡议；设立亚洲基础设施投资银行

第 3 章

机器学习在经济外交决策中的应用

经济外交及国际经济关系研究要与数据打交道，离不开数据分析，也离不开预测分析，传统分析用的是样本小数据，包括计量经济学其优势在于解决样本数量不太大的问题. 随着国际交往的日益频繁和技术水平的提高，面对信息爆炸的今天，数据信息量越来越大，大数据出现及复杂程度增加，需要新的分析方法，需要采用统计机器学习的监督学习、无监督学习、强化学习和半监督学习功能及数据挖掘、知识发现等最新技术，应分析其在经济外交、国际经济关系研究的博弈模型中的应用，深入探讨博弈论在相关研究中的精确化、模型化和科学化进程的作用.

近 20 多年来兴起的机器学习是人工智能的核心，是研究如何使用机器来模拟人类学习活动的一门学科. 机器学习（Machine Learning）发展极其迅速，是一个多领域交叉广袤的学科，涉及概率论、统计学、逼近论、凸分析、算法复杂度理论等多门学科. 机器学习已经有了十分广泛的应用，人们日常生活中的数据安全性、个人安全、金融交易、个性化营销推广都用到机器学习. 或者说，数据挖掘、计算机视觉、自然语言处理、生物特征识别、搜索引擎、医学诊断、检测信用卡欺诈、证券市场分析、DNA 序列测序、语音和手写识别、战略游戏和机器人运用等，这些都需要应用机器学习.

3.1 机器学习相关概念

从广义上来说, 机器学习是一种能够赋予机器学习的能力, 以此让它完成直接编程无法完成的功能的方法. 或者说机器学习是一种通过利用数据, 训练出模型, 然后使用模型预测未来的一种方法. 机器学习不是基于编程形成的结果, 因此它的处理过程不是因果的逻辑, 而是通过归纳思想得出的相关性结论. 简单地说, 统计机器学习是基于对数据的初步认识以及学习目的的分析, 选择合适的数学模型, 拟定超参数, 并输入样本数据, 依据一定的策略, 运用合适的学习算法对模型进行训练, 最后运用训练好的模型对数据进行分析预测.

机器学习在数据挖掘领域的应用可分为三大部分: 分类与回归、关联分析和聚类分析.

(1) 分类 (classification) 与回归 (regression). 分为学习与预测两个阶段, 学习是建立输入到输出的映射, 预测是运用映射预测对应的输出.

分类针对输出是离散值的情况, 回归针对输出是连续值的情况. 经典的算法有决策树、CART 回归、线性回归、K 近邻、逻辑斯谛回归、SoftMax、最大熵、朴素贝叶斯、感知机、支持向量机、Adaboost、提升树以及随机森林.

(2) 关联分析 (association). 发现隐藏在大型数据集中的有意义的联系. 经典的算法有 Apriori 和 FP-Growth.

(3) 聚类分析 (cluster). 发现数据间的潜在关系, 自动将数据归类 (簇). 相关算法通常分为两类, 一类需要确定簇的个数, 例如, K 均值、谱聚类和高斯混合模型等; 另一类自动确定簇的个数, 例如, DBSCAN、MeanShift、标签传播等.

机器学习的三个要素:

(1) 模型 (model)

例如, 支持向量机、人工神经网络模型等. 模型在未进行训练前, 其可能的参数是多个甚至无穷的, 故可能的模型也是多个甚至无穷的, 这些模型构成的集合就是假设空间（hypothesis space）.

（2）策略（strategy）

策略指的是从假设空间中挑选出参数最优的模型的一种准则. 模型的分类或预测结果与实际情况的误差（损失函数）越小，模型就越好，那么策略就是误差最小. 针对样本数据的误差是经验风险，但样本数目较小时不能代替数据的全部信息，故容易出现过拟合现象，即模型过度拟合小容量样本数据，从而泛化能力降低. 期望风险就是针对所有数据的误差，但这里出现一个悖论，正因为存在需要预测的数据，才需要训练模型，如果所有数据的误差都能计算，那就无须训练了. 故引入结构风险，就是在经验风险的基础上引入罚项（penalty term）或称正则化项（regularization），表示模型的复杂程度，以防止过拟合.

（3）算法（algorithm）

算法即从假设空间中挑选模型的方法（等同于求解最佳的模型参数）. 机器学习的参数求解通常都会转化为最优化问题，例如，支持向量机实质上就是求解凸二次规划问题. 故学习算法通常是最优化算法，例如，最速梯度下降法、牛顿法以及拟牛顿法等.

模型的选择（model selection）是最为关键的. 首先没有哪一种算法是适用于所有情况的. 例如，朴素贝叶斯分类器在输入数据各维度间相关性较大时分类效果差，而使用最为普遍的支持向量机在多分类领域表现不如随机森林且计算耗时. 所以，选择模型需要建立在深刻明确学习目的，了解模型的理论、优缺点以及数据的特征基础上. 业界有句话：真正的数据挖掘高手往往都是擅长业务的. 因为业务能力强的人对数据的特征理解最为清楚.

选择好合理的模型后，超参数是需要人为设定的，例如，惩罚因子、学习率以及核函数等. 这些参数至关重要，直接决定训练结果的好坏. 如何选择这些设定参数呢？首先需要了解模型的理论，其次是丰富的调参经验（这需要建立在具体业务问题上，技术只有结合业务才能发挥用途）. Python 的 sklearn. model_ selection. GridSearchCV 可以实现自动化调参. 调参过程中有几个准则需要遵守：

正则化. 实质就是权衡损失函数与模型复杂度. 换句话说，在降低经验误差的同时，使模型尽量简单，保证其泛化能力. 这种思想符合奥卡姆剃刀（Occam's razor）原理.

交叉验证. 将训练样本分成 N 个大小相同的子数据集，每次训练选取其中一个作为测试数据集，其余均作为训练数据集. 选取 N 次训练的平均误差最小的参数.

这里给出数据分类的支持向量机方法. 分类作为数据挖掘领域中一项非常重要的任务，它的目的是学会一个分类函数或分类模型（或者叫作分类器）. 支持向量机学习属于分类学习，是一种监督式学习的方法，目的是基于训练集 D 在样本空间找到一个划分超平面，将不同类型的样本分开.

3.2 支持向量机模型的优化基础

因为涉及一些优化的理论和方法，这里首先对重要的几种方法予以介绍，包括拉格朗日乘数法、半正定矩阵、凸函数、判断凸函数极值的二阶充要条件、Karush-Kuhn-Tucker 最优化条件.

3.2.1 拉格朗日乘数法

要找函数 $z = f(x, y)$ 在附加条件 $\varphi(x, y) = 0$ 下的可能极值点，可以先作拉格朗日函数：

$$L(x, y) = f(x, y) + \lambda\varphi(x, y)$$

其中 λ 为参数. 求其对 x 与 y 的一阶偏导数，并使之为零，然后与约束条件方程联立起来：

$$\begin{cases} f_x(x, y) + \lambda\varphi_x(x, y) = 0 \\ f_y(x, y) + \lambda\varphi_y(x, y) = 0 \\ \varphi(x, y) = 0 \end{cases} \tag{3-1}$$

由这个方程组解出 x，y 及 λ，这样得到的 (x, y) 就是函数 $f(x, y)$ 在附加条件 $\varphi(x, y) = 0$ 下的可能极值点.

这种方法还可以推广到自变量多于两个而条件多于一个的情形. 例如，要求函数

$$u = f(x, y, z, t)$$

在附加条件

$$\varphi(x, y, z, t) = 0, \qquad \psi(x, y, z, t) = 0 \tag{3-2}$$

下的极值,可以先作拉格朗日函数:

$$L(x, y, z, t) = f(x, y, z, t) + \lambda\varphi(x, y, z, t) + \mu\psi(x, y, z, t)$$

其中 λ,μ 均为参数,求其一阶偏导数,并使之为零,然后与式(3-2)中的两个方程联立起来求解,这样得出的 (x, y, z, t) 就是函数 $f(x, y, z, t)$ 在附加条件式(3-2)下的可能极值点.

3.2.2 半正定二次型和半正定矩阵

定义 3.1 具有 n 阶对称矩阵 A 的二次型

$$f(X) = X^{\mathrm{T}}AX,$$

如果对于任何 $X = (x_1, x_2, \cdots, x_n)^{\mathrm{T}} \neq 0$,都有

$$X^{\mathrm{T}}AX \geq 0,$$

且存在 $X_0 = (x_1^0, x_2^0, \cdots, x_n^0)^{\mathrm{T}} \neq 0$,使 $X_0^{\mathrm{T}}AX_0 = 0$,则称二次型 $f(X) = X^{\mathrm{T}}AX$ 为半正定二次型,矩阵 A 称为半正定矩阵.

对称矩阵 A 是半正定矩阵的充分必要条件:

(1)存在可逆矩阵 C,使得 $A = C^{\mathrm{T}}C$(从而 $|A| \geq 0$);

(2)A 的特征值[1]全大于等于 0;

(3)A 的顺序主子式 Δ_k 都大于等于 0. 即

$$\Delta_k = \begin{vmatrix} a_{11} & a_{12} & \cdots & a_{1k} \\ a_{21} & a_{22} & \cdots & a_{2k} \\ \vdots & \vdots & & \vdots \\ a_{k1} & a_{k2} & \cdots & a_{kk} \end{vmatrix} \geq 0 \qquad (k = 1, 2, \cdots, n)$$

注 判断对称矩阵(二次型)是否半正定的常用方法有 3 种:

①定义法

即 $\forall X \neq 0, X^{\mathrm{T}}AX \geq 0$. 当证明若干个矩阵之和或之积为正定矩阵时用这种方法.

---

① 特征值:设 A 是 n 阶方阵,如果存在数 λ 和 n 维非零列向量 p,使得 $Ap = \lambda p$ 成立,则称 λ 为 A 的特征值,p 为 A 的对应于(或属于)特征值 λ 的特征向量.

②特征值法

所有特征值大于零时为半正定矩阵. 当证明矩阵的各种运算, 如次幂、逆矩阵、伴随矩阵、多项式矩阵等为半正定矩阵时, 常用此法.

③顺序主子式法

顺序主子式 Δ_k 均大于等于零时为半正定矩阵. 对于矩阵有具体的表达式, 且计算相对简单时用这种方法.

3.2.3 极值的必要和充分条件

定理 3.1 设 $f(X)$ 为定义在 $S \subset E^n$ 上的实函数, X^* 为 S 的内点, $f(X)$ 在 S 上二阶连续可微. 若 $f(X)$ 在 X^* 处取得局部极小 (大) 值, 则

(1) $\nabla f(X^*) = 0$; $\qquad\qquad\qquad\qquad\qquad\qquad\qquad\qquad$ (3-1)

(2) $\nabla^2 f(X^*)$ 半正 (负) 定. $\qquad\qquad\qquad\qquad\qquad\qquad\qquad$ (3-2)

式 (3-1) 称为一阶必要条件, 使它成立的点 X^* 称为驻点 (或稳定点), 它是函数 $f(X)$ 在 S 的内部可能取得极值的点, 即 $f(X)$ 在 S 内部的极值点必为驻点, 但驻点不一定是极值点. 式 (3-2) 称为二阶必要条件.

定理 3.2 设 $f(X)$ 在包含内点 X^* 的定义域 $S \subset E^n$ 上二阶连续可微, 若

① $\nabla f(X^*) = 0$;

② $\nabla^2 f(X^*)$ 正 (负) 定. $\qquad\qquad\qquad\qquad\qquad\qquad\qquad\qquad$ (3-3)

则 X^* 是 $f(X)$ 在 S 上的一个严格局部极小 (大) 点.

注释: 若 $f(X)$ 一阶连续可微, 则它的一阶偏导数构成的向量称为 $f(X)$ 的梯度向量, 简称梯度, 记为 $\nabla f(X)$, 即

$$\nabla f(X) = \left(\frac{\partial f}{\partial x_1}, \ \frac{\partial f}{\partial x_2}, \ \cdots, \ \frac{\partial f}{\partial x_n} \right)^{\mathrm{T}}$$

若 $f(X)$ 二阶连续可微, 则它的二阶偏导数构成的矩阵

$$H(X) = \begin{pmatrix} \dfrac{\partial^2 f}{\partial^2 x_1} & \dfrac{\partial^2 f}{\partial x_1 \partial x_2} & \cdots & \dfrac{\partial^2 f}{\partial x_1 \partial x_n} \\[2ex] \dfrac{\partial^2 f}{\partial x_2 \partial x_1} & \dfrac{\partial^2 f}{\partial^2 x_2} & \cdots & \dfrac{\partial^2 f}{\partial x_2 \partial x_n} \\[2ex] \vdots & \vdots & & \vdots \\[2ex] \dfrac{\partial^2 f}{\partial x_n \partial x_1} & \dfrac{\partial^2 f}{\partial x_n \partial x_2} & \cdots & \dfrac{\partial^2 f}{\partial^2 x_n} \end{pmatrix}$$

称为 $f(X)$ 的海赛矩阵，它也可记为 $\nabla^2 f(X)$.

3.2.4　KKT 条件

一般地，一个优化数学模型能够表示成下列标准形式：

$$\min f(X)$$

$$\text{s. t. } h_j(X) = 0, \ (j = 1, \ 2, \ \cdots, \ p)$$

$$g_k(X) \geqslant 0, \ (k = 1, \ 2, \ \cdots, \ q)$$

其中 $X \in R \subset E^n$. 所谓 Karush-Kuhn-Tucker 最优化条件，就是指上式的最小点 X^* 必须满足下面的条件：

（1）$h_j(X^*) = 0, \ (j = 1, \ 2, \ \cdots, \ p)$

$g_k(X^*) \geqslant 0, \ (k = 1, \ 2, \ \cdots, \ q)$

（2）$\nabla f(X^*) - \sum_{j=1}^{p} \lambda_j \nabla h_j(X^*) - \sum_{k=1}^{q} \mu_k \nabla g_k(X^*) = 0$

$\lambda_j \neq 0, \ \mu_k \geqslant 0, \ \mu_k g_k(X) = 0 \quad j = 1, \ 2, \ \cdots, \ p, \ k = 1, \ 2, \ \cdots, \ q$

3.3　四类超平面方程的求解

3.3.1　各类超平面方程的求解步骤

将线性划分超平面的方程、利用核函数将非线性划分转化为可线性划分、软间隔支持向量和支持向量回归四种方法进行平行学习. 它们共同的求解步骤：

第一步：利用最大间隔及相关约束，写出带有未确定参数的超平面方程模型，即支持向量机模型.

第二步：将支持向量机模型每个约束添加拉格朗日乘子得到拉格朗日函数. 如 SVM 模型每个约束添加拉格朗日乘子 $\alpha_i \geqslant 0$ 得到拉格朗日函数.

第三步：将支持向量机模型转化成对偶问题.

第四步：求解对偶问题中的参数.

对偶学习问题，让拉格朗日函数对参数的一阶导数为 0. 求出可能的极值点；

首先要让 L（w，b，a）关于 w，b 最小化，然后求对 α 的极大，利用 SMO 算法求对偶因子.

第五步：判断是否是最优解.

利用 KKT 条件（Karush-Kuhn-Tucker 最优化条件）判断是不是最优解.

第六步：得出超平面方程模型（第四种方法是得出支持向量回归模型）.

注释：

1. 利用 SMO 算法求对偶因子

（1）任选一对需要更新的变量 α_i 和 α_j；

（2）固定 α_i 和 α_j 以外的参数，求解对偶问题模型，活动更新后的 α_i 和 α_j.

2. 核函数

利用核函数将非线性划分转化为可线性划分，关于核函数，有下面特点：

（1）不容易选择，通过测试选择适当的；

（2）多在特殊函数中选择，如线性核、多项式核、高斯核、拉普拉斯核、Sigmoid 核等；

（3）核函数的选择需保证核矩阵是半正定矩阵.

表 3-1　四种支持向量机的特点

	适用问题	原理
"最大间隔"支持向量机（SVM）	线性划分	寻找"最大间隔"的划分超平面
支持向量展式（support vector expansion）	非线性划分	利用核函数将非线性划分转化为线性划分，在特征空间中寻找划分超平面. 核函数确定是关键
软间隔支持向量机	（1）难确定合适的核函数；（2）有过拟合担心；（3）support vector 里存在 outlier	允许某些样本不满足约束 $y_i(w^T x_i + b) \geq 1$. 使在最大化间隔的同时，不满足约束的样本应尽可能少 替代损失函数确定是关键
支持向量回归（SVR）	解决回归问题	用模型输出值 $f(x)$ 与真实输出 y 之间的差距来计算损失

3.3.2　四类超平面方程

表 3-2　线性划分与非线性划分

	线性划分超平面的方程（SVM）	支持向量展式（CVM）
划分超平面模型，即分类函数	$f(x) = w^{\mathrm{T}}x + b$	$f(x) = w^{\mathrm{T}}\varphi(x) + b$ $\varphi(x)$ 表示将 x 映射后的特征向量
支持向量机模型，也为优化目标	$\min\limits_{w,\,b} \dfrac{1}{2} \parallel w \parallel^2$ s. t. $y_i(w^{\mathrm{T}}x + b) \geqslant 1,\ i = 1,$ $2,\ \cdots,\ m$	$\min\limits_{w,\,b} \dfrac{1}{2} \parallel w \parallel^2$ s. t. $y_i(w^{\mathrm{T}}\varphi(x) + b) \geqslant 1,\ i = 1,$ $2,\ \cdots,\ m$
每个约束添加拉格朗日乘子 $\alpha_i \geqslant 0$ 得出拉格朗日函数	$L(w,\ b,\ \alpha) = \dfrac{1}{2} \parallel w \parallel^2 +$ $\sum\limits_{i=1}^{m} \alpha_i [1 - y_i(w^{\mathrm{T}}x_i + b)]$	$L(w,\ b,\ \alpha) = \dfrac{1}{2} \parallel w \parallel^2 +$ $\sum\limits_{i=1}^{m} \alpha_i [1 - y_i(w^{\mathrm{T}}\varphi(x_i) + b)]$
对偶问题	$\max\limits_{\alpha} \sum\limits_{i=1}^{m} \alpha_i - \dfrac{1}{2} \sum\limits_{i=1}^{m} \sum\limits_{j=1}^{m} \alpha_i \alpha_j y_i y_j$ $x_i^{\mathrm{T}} x_j$ s. t. $\sum\limits_{i=1}^{m} \alpha_i y_i = 0,$ $\alpha_i \geqslant 0,\ i = 1,\ 2,\ \cdots,\ m$	$\max\limits_{\alpha} \sum\limits_{i=1}^{m} \alpha_i - \dfrac{1}{2} \sum\limits_{i=1}^{m} \sum\limits_{j=1}^{m} \alpha_i \alpha_j y_i y_j \varphi\,(x_i)^{\mathrm{T}}$ $\varphi(x_j)$ s. t. $\sum\limits_{i=1}^{m} \alpha_i y_i = 0,$ $\alpha_i \geqslant 0,\ i = 1,\ 2,\ \cdots,\ m$
解出 α，w，b，可得到模型	$f(x) = w^{\mathrm{T}}x + b$ $= \sum\limits_{i=1}^{m} \alpha_i y_i x_i x + b$	$f(x) = w^{\mathrm{T}}\varphi(x) + b$ $= \sum\limits_{i=1}^{m} \alpha_i y_i \varphi\,(x_i)^{\mathrm{T}} \varphi(x_j) + b$ $= \sum\limits_{i=1}^{m} \alpha_i y_i \kappa(x_i,\ x_j) + b$ $\kappa(x_i,\ x_j)$ 为核函数

在现实任务中，往往会出现以下软间隔支持向量机可解决类似问题：

（1）往往很难确定合适的核函数，使得训练样本在特征空间内线性可分；

（2）过度拟合；

（3）因为超平面本身就是只由少数几个 support vector 组成的，如果这些 support vector 里又存在 outlier 的话，其影响就很大了.

表 3-3　软间隔支持向量机和支持向量回归模型

	软间隔（soft margin）支持向量机	支持向量回归（SVR）
优化目标，支持向量机模型	$\dfrac{1}{2}\|w\|^2 + C\sum\limits_{i=1}^{m} l(z)\left[y_i(w^T x_i + b) - 1\right]$ $l(z)$ 为替代损失函数	$\dfrac{1}{2}\|w\|^2 + C\sum\limits_{i=1}^{m}\eta_\varepsilon[f(x_i) - y_i]$ η_ε 为 ε 不敏感损失函数
超平面方程，需满足条件，引入松弛变量	$\min\limits_{w,b}\dfrac{1}{2}\|w\|^2 + C\sum\limits_{i=1}^{m}\xi_i$ s. t. $y_i(w^T x_i + b) \geqslant 1 - \xi_i$, $\xi_i \geqslant 0$ 为松弛变量，$i = 1$, $2, \cdots, m$. 这里特殊的取 $l(z) = \max(0, 1 - z)$	$\min\limits_{w,b}\dfrac{1}{2}\|w\|^2 + C\sum\limits_{i=1}^{m}(\xi_i + \hat{\xi}_i)$ s. t.　$f(x_i) - y_i \leqslant \varepsilon + \xi_i$ 　　　$y_i - f(x_i) \leqslant \varepsilon + \hat{\xi}_i$ ξ_i, $\hat{\xi}_i \geqslant 0$ 为松弛变量， $i = 1, 2, \cdots, m$.
每个约束添加拉格朗日乘子 $\alpha_i \geqslant 0$, $\mu_i \geqslant 0$ 得出拉格朗日函数	$L(w, b, \alpha, \xi, \mu) = \dfrac{1}{2}\|w\|^2$ $+ C\sum\limits_{i=1}^{m}\xi_i + \sum\limits_{i=1}^{m}\alpha_i[1 - \xi_i - y_i(w^T x_i + b)] - \sum\limits_{i=1}^{m}\mu_i\xi_i$	$L(w, b, \alpha, \hat{\alpha}_i, \xi, \hat{\xi}, \mu, \hat{\mu}) =$ $\dfrac{1}{2}\|w\|^2 + C\sum\limits_{i=1}^{m}(\xi_i + \hat{\xi}_i)$ $\sum\limits_{i=1}^{m}\mu_i\xi_i - \sum\limits_{i=1}^{m}\hat{\mu}_i\hat{\xi}_i + \sum\limits_{i=1}^{m}\alpha_i[f(x_i) - y_i - \varepsilon - \xi_i] + \sum\limits_{i=1}^{m}\hat{\alpha}_i[y_i - f(x_i) - \varepsilon - \hat{\xi}_i]$
对偶问题 dual problem	$\max\limits_{\alpha}\sum\limits_{i=1}^{m}\alpha_i$ $- \dfrac{1}{2}\sum\limits_{i=1}^{m}\sum\limits_{j=1}^{m}\alpha_i\alpha_j y_i y_j \varphi(x_i)^T\varphi(x_j)$ s. t. $\sum\limits_{i=1}^{m}\alpha_i y_i = 0$ $0 \leqslant \alpha_i \leqslant C$, $i = 1, 2, \cdots, m$.	$\max\limits_{\alpha}\sum\limits_{i=1}^{m}y_i(\hat{\alpha}_i - \alpha_i) - \varepsilon(\hat{\alpha}_i + \alpha_i)$ $- \dfrac{1}{2}\sum\limits_{i=1}^{m}\sum\limits_{j=1}^{m}(\hat{\alpha}_i - \alpha_i)(\hat{\alpha}_j - \alpha_j)x_i^T x_j$ s. t. $\sum\limits_{i=1}^{m}(\hat{\alpha}_i - \alpha_i) = 0$ $0 \leqslant \alpha_i, \hat{\alpha}_i \leqslant C$, $i = 1, 2, \cdots, m$.

续表

软间隔（soft margin）支持向量机	支持向量回归（SVR）
解出 α , w , b , 可得到模型	在引入核函数后可得支持向量展式	$f(x) = \sum_{i=1}^{m} (\hat{\alpha}_i - \alpha_i) x_i^{T} x_j + b$ 若考虑特征映射，有 $f(x) = \sum_{i=1}^{m} (\hat{\alpha}_i - \alpha_i) \kappa(x_i, x_j) + b$ $\kappa(x_i, x_j) = \varphi(x_i)^T \varphi(x_j)$ 为核函数

其中损失函数可选择0-1损失函数、平均损失函数、绝对损失函数、平方损失函数、绝对损失函数等.

3.4 相关推导

3.4.1 线性划分超平面的方程

给定训练样本集 $D = \{(x_1, y_1), (x_2, y_2), \cdots, (x_m, y_m)\}$, $y_i = \{-1, +1\}$, 进行正确划分.

划分超平面是线性方程：

$$w^T x + b = 0 \tag{3-4}$$

其中 $w = (w_1, w_2, \cdots, w_d)$ 为法向量，决定了超平面的方向，b 为位移项，决定了超平面与原点之间的距离. 样本空间的点 x 到超平面 (x, b) 的距离为：

$$r = \frac{|w^T x + b|}{\|w\|} \tag{3-5}$$

假设超平面 (x, b) 将训练样本正确分类，即对 $(x_i, y_i) \in D$, 有

$y_i = +1$ 时, $w^T x + b > 0$

$y_i = -1$ 时, $w^T x + b < 0$

故令

$$\begin{cases} w^{\mathrm{T}}x_i + b \geqslant 1, \ y_i = +1 \\ w^{\mathrm{T}}x_i + b \leqslant -1, \ y_i = -1 \end{cases} \qquad (3-6)$$

使（3-4）式成立的向量称为支持向量，即等号成立的向量，这些 supporting vector 刚好在边界上. 异类支持向量到超平面的距离之和为 $\gamma = \dfrac{2}{\|w\|}$，称为"间隔". 那如何确定 w 和 b 呢？答案是寻找两条边界端或极端划分直线中间的大间隔（之所以要寻大间隔是为了能更好地划分不同类的点）.

因为当 $y_i = -1$ 时，$w^{\mathrm{T}}x + b < 0$，故 $y_i(w^{\mathrm{T}}x + b) > 0$. 故找出"最大间隔"的划分超平面，且满足式（3-6），故有

$$\max_{w,\,b} \frac{2}{\|w\|}$$

$$\mathrm{s.\ t.}\ y_i(w^{\mathrm{T}}x + b) \geqslant 1, \ i = 1,\ 2,\ \cdots,\ m$$

由于最大化 $\|w\|^{-1}$，等价于最小化 $\|w\|^2$，故上式变为

$$\min_{w,\,b} \frac{1}{2}\|w\|^2 \qquad (3-7)$$

$$\mathrm{s.\ t.}\ y_i(w^{\mathrm{T}}x + b) \geqslant 1, \ i = 1,\ 2,\ \cdots,\ m$$

这就是支持向量机（SVM）的基本型.

3.4.2　求出线性划分超平面的方程

式（3-7）本身是凸二次规划问题，可以用现成的优化计算包求解. 这里可以用更高效方法求解，将（3-7）式利用拉格朗日乘子法得对偶问题进行求解.

对式（3-7）每个约束添加拉格朗日乘子 $\alpha_i \geqslant 0$，则该问题的拉格朗日函数可写为

$$L(w,\ b,\ \alpha) = \frac{1}{2}\|w\|^2 + \sum_{i=1}^{m} \alpha_i[1 - y_i(w^{\mathrm{T}}x_i + b)] \qquad (3-8)$$

其中，$\alpha = (\alpha_1,\ \alpha_2,\ \cdots \alpha_m)$. 下面求出驻点，再利用 KKT 条件（Karush-Kuhn-Tucker 最优化条件）判断是不是最优解.

由 $\dfrac{\partial L(w,\ b,\ \alpha)}{\partial w} = 0$，$\dfrac{\partial L(w,\ b,\ \alpha)}{\partial b} = 0$ 得

$$w = \sum_{i=1}^{m} \alpha_i y_i x_i \qquad (3-9)$$

$$0 = \sum_{i=1}^{m} \alpha_i y_i \qquad (3-10)$$

将式（3-9）带入式（3-8），并考虑式（3-10），得到式（3-10）的对偶问题（原问题求最小，对偶问题求最大）.

$$\max_{\alpha} \sum_{i=1}^{m} \alpha_i - \frac{1}{2} \sum_{i=1}^{m} \sum_{j=1}^{m} \alpha_i \alpha_j y_i y_j x_i^{\mathrm{T}} x_j$$

$$\text{s. t. } \sum_{i=1}^{m} \alpha_i y_i = 0, \quad \alpha_i \geqslant 0, i = 1, 2, \cdots, m \qquad (3-11)$$

解出 α，w，b，即可得到模型：

$$f(x) = w^{\mathrm{T}} x + b$$

$$= \sum_{i=1}^{m} \alpha_i y_i x_i x + b$$

对偶学习问题，首先要让 $L(w, b, \alpha)$ 关于 w，b 最小化，然后求对 α 的极大，利用 SMO 算法求解对偶因子.

3.4.3 非线性划分转化为线性划分

前面是假设训练样本是线性的且正确可分的，但在现实中会有不是线性可分的. 可将样本从原始空间映射到一个更高维的特征空间，使得样本在这个特征空间内线性可分.

令 $\varphi(x)$ 表示将 x 映射后的特征向量，于是在特征空间中寻找划分超平面，和前面寻找超平面的方法类似，所对应的模型（分类函数）可表示为

$$f(x) = w^{\mathrm{T}} \varphi(x) + b$$

其中 w 和 b 为参数，类似式（3-7），有

$$\min_{w, b} \frac{1}{2} \| w \|^2 \qquad (3-12)$$

$$\text{s. t. } y_i [w^{\mathrm{T}} \varphi(x) + b] \geqslant 1, i = 1, 2, \cdots, m$$

其对偶问题是

$$\max_{\alpha} \sum_{i=1}^{m} \alpha_i - \frac{1}{2} \sum_{i=1}^{m} \sum_{j=1}^{m} \alpha_i \alpha_j y_i y_j \varphi(x_i)^{\mathrm{T}} \varphi(x_j)$$

$$\text{s. t.} \sum_{i=1}^{m} \alpha_i y_i = 0, \quad \alpha_i \geqslant 0, i = 1, 2, \cdots, m \tag{3-13}$$

求解后可得

$$f(x) = w^{\mathrm{T}} \varphi(x) + b = \sum_{i=1}^{m} \alpha_i y_i \varphi(x_i)^{\mathrm{T}} \varphi(x_j) + b$$

$$= \sum_{i=1}^{m} \alpha_i y_i \kappa(x_i, x_j) + b$$

其中，记 $\kappa(x_i, x_j) = [\varphi(x_i)^{\mathrm{T}}, \varphi(x_j)] = \varphi(x_i)^{\mathrm{T}} \varphi(x_j)$ ，称为核函数.

3.4.4 软间隔支持向量机和支持向量回归模型

在现实任务中，往往很难确定合适的核函数，使得训练样本在特征空间内线性可分，这时考虑软间隔.

允许某些样本不满足约束 $y_i(w^{\mathrm{T}} x_i + b) \geqslant 1$. 当然，在最大化间隔的同时，不满足约束的样本应尽可能少. 优化目标为

$$\frac{1}{2} \| w \|^2 + C \sum_{i=1}^{m} l(z) [y_i(w^{\mathrm{T}} x_i + b) - 1]$$

支持向量回归（SVR）是考虑回归问题，给定训练样本集

$D = \{(x_1, y_1), (x_2, y_2), \cdots, (x_m, y_m)\}$, $y_i \in R$,

希望学习到形如 $f(x) = w^{\mathrm{T}} x + b$ 的回归模型，使得 $f(x)$ 与 y 尽可能接近.

其余步骤与前两种支持向量机的推导，具体见表3-2、表3-3.

第4章

经济外交决策分析的基本方法

本章介绍了经济外交决策分析的相关基础知识，包括经济外交决策的相关概念、经济外交决策的分类、不确定型经济外交决策、风险型经济外交决策、多属性经济外交决策等.

4.1 经济外交决策基础知识

4.1.1 经济外交决策的概念

经济外交决策是指经济外交主体特别是主权国家采取正式的经济外交行动之前所做的对行动目标与手段的探索、判断和抉择的过程. 经济外交决策是否正确，直接关系经济外交活动的成败，关系经济外交战略目标的实现.

经济外交决策是一个过程. 人们对行动方案的确定，有一个反复考虑和思考的过程，并不是突然做出的，要经过提出问题、确定目标、搜集资料、拟订方案、分析评价到最后的抉择等一系列过程. 即经济外交决策是由一系列具体程序所组成的一个完整过程，是由发现问题、确定目标、拟订方案、分析咨询、进行选择、实施与调整等具体环节构成的. 因此，我们认为把经济外交决策理解为一个全过程更确切些.

从经济外交决策的含义可见，经济外交决策与人类社会活动的关系非常密切，关系人类活动的各个领域，从而认识到经济外交决策的重要性. 下面就经济外交决策在管理活动中的地位，管理与经济外交决策的关系进行介绍. 这里讨论非紧急情况，也就是不是短瞬间内仓促做出的决策.

4.1.2   经济外交决策的分类

关于经济外交决策的分类，已有许多不同的方法，简述如下.

（1）按经济外交决策者分类

①按经济外交决策者的地位，可分为高层经济外交决策、中层经济外交决策、基层经济外交决策，或宏观经济外交决策、中观经济外交决策、微观经济外交决策；

②按经济外交决策者的人数，可分为个人经济外交决策、集体经济外交决策（或称群经济外交决策，如各类各级委员会经济外交决策）；

③按经济外交决策者的岗位，可分为领导经济外交决策、专家咨询经济外交决策、群众经济外交决策（如职工代表大会）；

④按经济外交决策者对风险所持态度，可分为冒险型（驱险型）经济外交决策、中立型经济外交决策、保守型（避险型）经济外交决策.

（2）按经济外交决策目标分类

①按目标的个数，可分为单目标经济外交决策、多目标经济外交决策；

②按目标达成的时间，可分为远期经济外交决策、中期经济外交决策、近期经济外交决策；

③按目标的重要程度，可分为战略经济外交决策、战术经济外交决策；

④按目标达到的程度，可分为最优经济外交决策、满意经济外交决策；

⑤按目标的性质，可分为政策经济外交决策、军事经济外交决策、文化教育经济外交决策.

（3）按经济外交决策方案分类

①按方案的实施次数，可分为一次性经济外交决策、重复性经济外交决策；

②按方案的复杂程度，可分为单级经济外交决策、序贯经济外交决策（序列经济外交决策）；

③按方案的可数程度，可分为离散方案经济外交决策、连续方案经济外交

决策.

（4）按经济外交决策状态分类

①按状态的性质，可分为自然状态经济外交决策、竞技状态经济外交决策；

②按状态的可数程度，可分为离散状态经济外交决策、连续状态经济外交决策；

③按经济外交决策者对状态发生规律的认识程度，可分为确定型经济外交决策、不定型经济外交决策、风险型经济外交决策.

（5）按经济外交决策后果指标分类

按经济外交决策后果指标，可分为损益经济外交决策、效用经济外交决策.

（6）按经济外交决策过程的规范程度

按经济外交决策过程的规范，可分为规范化经济外交决策、半规范化经济外交决策、非规范化经济外交决策，或谓程序化经济外交决策、半程序化经济外交决策、非程序化经济外交决策.

（7）按经济外交决策问题的量化程度分类

按经济外交决策问题的量化程度，可分为定性经济外交决策和定量经济外交决策.

4.1.3　经济外交决策的过程

如前所述，经济外交决策是一个过程，应包括若干阶段或分为若干步骤. 这类划分或粗或细、或多或少，也是见仁见智. 而西蒙提出的"参谋、设计、选择、执行"4 个阶段已获公认，下面予以简单解释.

（1）参谋阶段

其主要任务是明确问题，建立目标. 首先需要明确问题所在，分析其形成原因及影响，然后据以建立一个解决问题的恰当目标，目标要概念清楚、时间明确、条件容许、指标量化. 有无目标以及目标恰当与否至关重要.

（2）设计阶段

其主要任务是设计方案. 应针对所要解决的问题与所提出的经济外交决策目标，尽可能多、尽可能全地发现、发明实现目标的各种备择方案，这又可分为大胆构思与精心设计两个环节. 由于在整个经济外交决策过程的 4 个阶段中，本阶段最需要创新精神，因此应集思广益、群策群力，精心组织、精心设计，力争创设出较高层次、较高水平的可行方案，并对每一方案进行状态分析、信息分析与后果评估. 必要时也须重返第 1 阶段，调整、修订原目标.

（3）选择阶段

其主要任务是从备择方案中选出一个最优方案或满意方案. 首先需要选定一种经济外交决策准则，恰当建立相应的经济外交决策模型，并采用适当的方法进行计算、比较和优选，初步确定一个较优方案. 然后对该方案进行检查和参数分析，若经检验与分析得以通过，则付诸实施. 否则，需要重新选择方案；或重返第 2 阶段，改进、补充方案；或重返第 1 阶段，调整、修订目标.

（4）执行阶段

其主要任务是实施选定的方案，并在执行既定经济外交决策的过程中，随时了解新情况，发现新问题，及时予以解决. 必要时，也须调整、改进原方案，或调整、修订原目标，或针对新问题，开始新一轮的经济外交决策分析.

总之，经济外交决策是一个动态反馈、盘旋演进的过程.

4.1.4 经济外交决策分析的基本要素

（1）经济外交决策者

经济外交决策者即经济外交决策主体，可以是个体，也可以是群体. 其行为受社会、政治、经济、文化、心理等因素的影响.

（2）经济外交决策目标

经济外交决策者必须有一个希望达到的明确的目标，可以是单个目标，也可以是多个目标. 经济外交决策目标既体现了经济外交决策者的主观意愿，也反映了客观事实，没有目标经济外交决策就无从谈起.

（3）经济外交决策方案

经济外交决策必须至少有两个可供选择的可行方案，它是实现经济外交决策目标的具体措施和手段. 经济外交决策方案的个数可以是有限多个，也可以是无限多个. 前者是指有有限个明确的方案，后者一般只对产生方案可能的约束条件加以描述，其经济外交决策方案可能是有限多个也可能是无限多个，要找出合理或最优的方案需借助运筹学的各种方法.

（4）自然状态

自然状态是指决策者采取某种经济外交决策方案时决策环境客观存在的各种状态. 自然状态可以是确定的, 也可以是不确定的, 其中不确定的又分为离散的和连续的两种情况. 每个方案实施后可能出现一个或多个自然状态, 如果每个方案只有一个自然状态, 就称为确定型经济外交决策; 如果每个方案至少产生两个以上的自然状态, 就称为不确定型经济外交决策或风险型经济外交决策.

（5）经济外交决策结果

经济外交决策结果即采取某种经济外交决策方案在不同的自然状态下所出现的结果. 经济外交决策结果可以是收益值、损益值或效用值; 可以是离散的, 也可以是连续的.

（6）经济外交决策准则

经济外交决策准则是为实现经济外交决策目标而选择行动方案所依据的价值标准和行为准则, 它是评价方案是否达到经济外交决策目标的价值标准, 也是选择方案的依据. 一般来说, 经济外交决策准则依赖于决策者的价值取向或偏好态度.

4.2 不确定型经济外交决策

由于在经济外交决策的 6 个要素中, 唯独自然状态是决策者不可控的要素, 面对自然状态发生规律的认识也就至关重要, 因此按自然状态分类对经济外交进行决策就格外引人关注, 也最便于经济外交决策规则的分类, 从而成为广为应用的主要分类. 下面概述 "确定型经济外交决策、不确定型经济外交决策、风险型（概率型）经济外交决策" 的基本内涵.

①确定型经济外交决策

若一个经济外交决策问题每一个方案未来面临的状态都是唯一确定的, 则称为确定型经济外交决策问题, 如运筹学分支研究的都是这类问题. 有些确定型经济外交决策问题, 除了运筹学, 还需其他科学方能解决.

②不确定型经济外交决策

若一个经济外交决策问题至少有一个方案未来面临的状态并不唯一，而且关于状态发生的规律毫无信息，则称为不确定型经济外交决策问题，简称不定型经济外交决策问题.

③风险型（概率型）经济外交决策

若一个经济外交决策问题至少有一个方案未来面临的状态并不唯一，但是所有状态发生的概率均为已知或可知，则称为概率型经济外交决策问题. 由于解决这类问题都须依据数理统计学，并且付诸实施都有一定的风险，所以概率型经济外交决策问题也称为风险型（统计型）经济外交决策问题.

风险型经济外交决策与不定型经济外交决策的相同之处是事先都不能确定未来发生的状态，其区别在于状态概率是否可知. 本章主要针对这两种类型进行讲述.

4.2.1 不确定型经济外交决策表

不确定型经济外交决策应具有：

①判断经济外交决策问题可能出现的几种自然状态 θ_1，$\cdots$，θ_j，$\cdots$，θ_n，拟订经济外交决策问题的备选方案 s_1，$\cdots$，s_i，$\cdots$，s_m；

②推测出各个方案在各种自然状态下的收益值 $a_{ij}(s_i, \theta_j)$.

这些以经济外交决策表（见表4-1）的形式给出.

表 4-1　不确定型经济外交决策表（决策矩阵）

s_i \ θ_j	θ_1	θ_2	$\cdots$	θ_n
s_1	a_{11}	a_{12}	$\cdots$	a_{1n}
s_2	a_{21}	a_{22}	$\cdots$	a_{2n}
$\vdots$	$\vdots$	$\vdots$		$\vdots$
s_m	a_{m1}	a_{m2}	$\cdots$	a_{mn}

4.2.2　不确定型经济外交决策的基本准则

常用的经济外交决策准则有乐观准则、悲观准则、折中准则、等可能准则和后悔值准则，下面分别介绍.

1. 乐观准则

如果经济外交决策者对未来总抱有乐观的态度，考虑、解决问题时，即便情况不明，也总是从可能获取最大利益的情况出发，哪怕其可能性很小，也不惜一切代价而冒险趋向于此，则称之为乐观主义经济外交决策者，相应的经济外交决策准则就是乐观准则.

为便于理解、记忆，乐观准则可称为好中求好准则，即收益大中取大，损失小中取小.

例 4.1　某公司欲购进一种海外新产品在国内销售，有三种可供选择的方案，即大批量购进、中批量购进、小批量购进，在各种市场需求下推销该产品的获利情况如表 4-2 所示，其中负数表示亏损.

表 4-2　不同市场需求下三种方案获利情况

单位：万元

市场情况 利润 方案	畅销	一般	滞销
大批量购进	500	100	−180
中批量购进	300	200	−120
小批量购进	100	0	−110

用乐观准则进行经济外交决策.

解　找出每一个方案的最好结果：

大批量购进为 $\max\{500, 100, -180\} = 500$（万元）.

中批量购进为 $\max\{300, 200, -120\} = 300$（万元）.

小批量购进为 $\max\{100, 0, -110\} = 100$（万元）.

从上面三个结果中选择最好结果 $\max\{500, 100, -180\} = 500$（万元），即根据乐观准则，大批量购进为最优经济外交决策方案.

2. 悲观准则

如果经济外交决策者由于未来情况不明而总报以悲观的态度，考虑、解决问题时总是从最坏的情况出发，然后再考虑从中选取一个相对较好的结果，这就是悲观主义经济外交决策者及其悲观准则.

悲观准则可称为坏中求好准则，即收益小中取大，损失大中取小.

例 4.2 对例 4.1 用悲观准则进行经济外交决策.

解 找出每一个方案的最坏结果：

大批量购进为 $\min\{500, 100, -180\} = -180$（万元）.

中批量购进为 $\min\{300, 200, -120\} = -120$（万元）.

小批量购进为 $\min\{100, 0, -110\} = -110$（万元）.

从上面三个结果中选择最好结果 $\max\{-180, -120, -110\} = -110$（万元），即根据悲观准则，小批量购进为最优经济外交决策方案.

3. 折中准则

若经济外交决策者认为乐观准则太冒险，悲观准则太保守，而将这二者予以折中，这就是折中准则.

更具体而言，先取一个乐观系数 $\alpha \in [0, 1]$，表示经济外交决策者对未来的乐观程度，亦即对最好后果发生概率的一种定量评估；则 $(1 - \alpha) \in [0, 1]$，就是悲观系数，表示经济外交决策者对未来的悲观程度，亦即对最坏后果发生的一种定量评估. 这样，可据以计算每个方案 α 的预期损益折中值：

折中值 = 乐观系数 × 乐观值 + 悲观系数 × 悲观值

例 4.3 对例 4.1 用折中准则（乐观系数 $\alpha = 0.4$）进行经济外交决策.

解 以 $\alpha = 0.4$ 和 $1 - \alpha = 0.6$ 分别作为各个方案在最好与最差状态下的权重，计算每个方案的期望收益：

大批量购进期望收益为 $500 \times 0.4 + (-180) \times 0.6 = 92$（万元）.

中批量购进期望收益为 $300 \times 0.4 + (-120) \times 0.6 = 48$（万元）.

小批量购进期望收益为 $100 \times 0.4 + (-110) \times 0.6 = -26$（万元）.

从上面三个结果中选择最好结果 $\max\{92, 48, -26\} = 92$（万元），即根据折中准则（乐观系数 $\alpha = 0.4$）进行经济外交决策，大批量购进为最优经济外交决策方案.

4. 等可能准则

因无法确知各种自然状态发生的概率，可以认为它们有同等的可能性，每一个自然状态发生概率都是 1/状态数. 在此基础上，计算各个方案的期望收益值，然后进行比较. 等可能准则也称为拉普拉斯准则或 Laplace 准则.

例 4.4　对例 4.1 利用等可能准则进行经济外交决策.

解　题中有三种可能的自然状态，依据等可能准则，每种状态出现的概率都是 1/3. 计算每个方案的期望收益：

大批量购进期望收益为 $500 \times \frac{1}{3} + 100 \times \frac{1}{3} + (-180) \times \frac{1}{3} = 140$ （万元）.

中批量购进期望收益为 $300 \times \frac{1}{3} + 200 \times \frac{1}{3} + (-120) \times \frac{1}{3} = 126.7$ （万元）.

小批量购进期望收益为 $100 \times \frac{1}{3} + 0 \times \frac{1}{3} + (-110) \times \frac{1}{3} = -3.3$ （万元）.

选择三个期望收益值中最大值 $\max\{140,\ 126.7,\ -3.3\} = 140$ （万元），即根据等可能准则，大批量购进为最优经济外交决策方案.

5. 后悔值准则

后悔值准则也称为最小遗憾值准则. 由于自然状态的不确定性，在经济外交决策实施后决策者很可能会觉得：如果采取了其他方案将会有更好的收益或更小的损失，由决策者所造成的损失价值，称为后悔值. 根据后悔值准则，每个自然状态下的最高收益（或最小损失）为理想值，该状态下每个方案的收益值（或损失值）与理想值之差作为后悔值，记为 r_{ij}. 决策者追求最小后悔值，经济外交决策步骤是，在各个方案中选择最大后悔值，比较各个方案的最大后悔值，从中选择最小者对应的方案为最优经济外交决策方案.

例 4.5　对例 4.1 利用后悔值准则进行经济外交决策.

解　利用后悔值准则进行经济外交决策，在状态为畅销时最高收益 500 为理想值，在状态为一般时最高收益 200 为理想值，在状态为滞销时最高收益 -110 为理想值，如表 4-3 所示.

表 4-3 　　　　　　　　　　　　　　　　　　　　　　　　　　　单位：万元

市场情况 利润 方案	畅销	一般	滞销	最大后悔值 $\max_j\{r_{ij}\}$
大批量购进 中批量购进 小批量购进	0 200 400	100 0 200	70 10 0	100* 200 400
后悔值法经济外交决策	$f(s^*)=\min_i\max_j\{r_{ij}\}$			100

选择后悔值最小 $\min\{100,200,400\}=100$，即大批量购进为最优经济外交决策方案.

注：利用乐观准则、悲观准则、等可能准则、折中准则的决策过程可以统一用表 4-4 给出.

表 4-4

市场情况 利润 方案	畅销	一般	滞销	$\max_j\{a_{ij}(s_i,\theta_j)\}$	$\min_j\{a_{ij}(s_i,\theta_j)\}$	$\frac{1}{n}\cdot a_{ij}(s_i,\theta_j)$	$\alpha\max_j\{a_{ij}(s_i,\theta_j)\}+(1-\alpha)\min_j\{a_{ij}(s_i,\theta_j)\}$
大批量购进 中批量购进 小批量购进	500 300 100	100 200 0	−180 −120 −110	500* 300 100	−180 −120 −110*	140* 126.7 −3.3	92* 48 −26
最优方案				大批量 购进	小批量 购进	大批量 购进	大批量 购进

4.3　风险型经济外交决策

如果在不确定型经济外交决策中，可以估算每种自然状态发生的概率 $p(\theta_j)$，该类不确定型经济外交决策就是风险型经济外交决策. 风险型经济外交决策问题区别于严格不确定型经济外交决策问题的关键就是对于两种或两种以上的自然状态,虽然不能确定具体哪种状态会发生,但是每种自然状态发生的概率是可以估计的,决策者无论选取哪种方案都会承担一定的风险.本节中,我们将介绍三种基本的风险型经济外交决策准则(表4-5).

表 4-5　风险型经济外交决策的决策表(决策值矩阵)

方案＼状态	θ_1	θ_2	...	θ_n
	$p(\theta_1)$	$p(\theta_2)$	...	$p(\theta_n)$
s_1	a_{11}	a_{12}	...	a_{1n}
s_2	a_{21}	a_{22}	...	a_{2n}
$\vdots$	$\vdots$	$\vdots$		$\vdots$
s_m	a_{m1}	a_{m2}	...	a_{mn}

4.3.1　最大可能性法

最大可能性法也称最似然法,是以概率论为基础的,最容易理解和应用的方法之一.依据概率论知识,在一次随机试验中,概率最大的那个状态比其余状态更有可能发生,从而,我们可以利用这一思想进行经济外交决策.在风险型经济外交决策问题中,存在多个发生概率可以估算的自然状态,那么,选取发生概率最大的自然状态而不考虑其他状态,这样就将一个风险型经济外交决策问题转化为确定型经济外交决策问题.

例如,在表4-6中,由于 $p(\theta_1) = 0.6$ 为最大概率,在 θ_1 状态下,方案 s_3 收益最大,故方案 s_3 为最优方案.

表 4-6　三种方案在三种状态下的预期收益值

单位:万元

收益值＼状态 方案	θ_1(高需求) $p(\theta_1) = 0.6$	θ_2(中需求) $p(\theta_2) = 0.2$	θ_3(低需求) $p(\theta_2) = 0.2$
s_1	300	150	20
s_2	350	180	50
s_3	410	200	−150

该方法的具体经济外交决策步骤如下：

①判断经济外交决策问题可能出现的几种自然状态 θ_1, …, θ_j, …, θ_n, 拟订经济外交决策问题的备选方案 s_1, …, s_i, …, s_m;

②推测出各个方案在各种自然状态下的收益值 $a_{ij}(s_i, \theta_j)$;

③估算各个自然状态发生的概率 $p(\theta_j)$;

④选择发生概率最大的自然状态记作 θ^*, $p(\theta^*) = \max\limits_{j}\{p(\theta_j)\}$;

⑤比较状态 θ^* 下各个方案的收益值，从中选出最大值

$$f(s^*) = \max_{i}\{a_{ij}(s_i, \theta^*)\}$$

该值所对应的方案 s^* 即为经济外交决策者所选取的方案.

最大可能性法简便易行，但须注意两个前提条件：

①最大概率明显大于其他概率；

②损益矩阵中的元素相差不是很悬殊.

对于风险型经济外交决策问题，当各种自然状态中某一种状态发生的概率较其他状态发生的概率大得多时，可以考虑采用较为直接简便的最大可能性法. 但是这种方法，也伴随着较大的风险，因为决策者认为其他状态发生的概率太小完全可以忽略，忽略了除发生概率最大的自然状态以外的其他状态，不能完全利用信息，不能很好地规避风险，建议经济外交决策者慎用.

4.3.2 期望值法（EV 准则）

期望值法也称期望值准则，简称 EV 准则，是风险型经济外交决策分析最主要的经济外交决策准则. 它以目标函数的数学期望为基础，是一种通过计算、比较各方案的损益期望值而从中择优的经济外交决策准则. 具体而言，即以最大收益期望值或最小损失期望值对应的方案为最优方案，故此分为相应的两种具体准则：ER 准则与 EL 准则. 如前所述，在经济外交决策中，多用金钱的损益作为后果指标，因而 EMV 准则，往往成为概率型经济外交决策的主要依据.

简单地说，期望值准则将各个不同行动方案在各个自然状态下的期望收益值进行比较，选择最大的期望收益值对应的方案为最优方案. 最简单的一种是主观概率是等可能性概率，若有 n 个状态，则认定每一状态的概率均为 $1/n$.

期望值法的具体经济外交决策步骤如下:

①判断经济外交决策问题可能出现的几种自然状态 θ_1, $\cdots$, θ_j, $\cdots$, θ_n, 拟订经济外交决策问题的备选方案 s_1, $\cdots$, s_i, $\cdots$, s_m;

②推测出各个方案在各种自然状态下的收益值 $a_{ij}(s_i, \theta_j)$;

③估算各个自然状态发生的概率 $p(\theta_j)$;

④计算各个行动方案的期望收益值,就是各个方案在不同自然状态下收益值 $a_{ij}(s_i, \theta_j)$ 乘以相对应的发生概率 $p(\theta_j)$ 之和,然后选取其中最大值

$$f(s^*) = \max_i \left[\sum_j^n p(\theta_j) a_{ij}(s_i, \theta_j) \right]$$

对应的方案 s^* 为最优方案.

如果有两个或者两个以上的期望收益值相等且最大,可以计算这些方案的离差,从而选择离差最小的方案为最优方案.

此处定义的离差为

$$\sigma(s_i) = \left| \sum_j^n p\left[(\theta_j) a_{ij}(S_i, \theta_j) \right] - \max_j a_{ij}(s_i, \theta_j) \right|$$

例4.6 某厂要扩大生产,有三种方案可供选择,不同方案在不同的市场状态下的收益值及市场状态发生的概率如表4-7所示. 试用期望值法对此问题进行经济外交决策分析,选出最优方案.

表4-7 三种方案在三种状态下的预期收益值

单位:万元

收益值 \ 状态 方案	θ_1(高需求) $p(\theta_1) = 0.5$	θ_2(中需求) $p(\theta_2) = 0.3$	θ_3(低需求) $p(\theta_3) = 0.2$	期望收益值
s_1	300	150	50	205
s_2	550	350	−50	370
s_3	700	300	−350	370

解 计算各个方案的期望收益值和离差,结果如表4-8的经济外交决策矩阵所示. 如果按照期望值法的一般步骤为

$$f(s^*) = \max_i \{205, 370, 370\} = 370 \text{(万元)}$$

此时 $s^* = s_2 = s_3$. 这样经济外交决策者又将面临一个决策问题，还是不能做出最终选择.

表 4-8　经济外交决策期望值法矩阵表

单位：万元

收益值＼状态　方案	θ_1（高需求）$p(\theta_1)=0.5$	θ_2（中需求）$p(\theta_2)=0.3$	θ_3（低需求）$p(\theta_3)=0.2$	期望值	离差
s_1	300	150	50	205	
s_2	550	350	−50	370*	180*
s_3	700	300	−350	370*	330*
期望值法				370	320

计算方案 s_2 和方案 s_3 的离差，见表 4-8 的最后一列所示. 当收益期望值相同时，方案 s_2 的离差 180 万元小于方案 s_3 的离差 330 万元，按此方法最终经济外交决策者将选择方案 s_2 为最优方案.

尽管期望值法已经在一定程度上综合运用已知信息，但也不是通用的方法，通常来说期望值法一般适用于以下三种情况：

（1）概率的出现具有明显的客观性质，而且比较稳定；

（2）经济外交决策不是解决一次性问题，而是解决多次重复的问题；

（3）经济外交决策的结果不会对决策者带来严重的后果.

4.3.3　经济外交决策树法

经济外交决策树分析法是进行风险型经济外交决策的重要方法之一，该方法将决策过程以图解的方式表现，直观地表达了整个经济外交决策的阶段、层次和经济外交决策标准，因此在经济外交决策活动中被广泛应用. 经济外交决策树是一种用来描述各个方案在未来可能出现的各种状态下的损益情况的树形图，它借助若干个节点和分支形象地描述了这些方案可能出现的状态及其概率、各方案在各种状态下的损益值等信息. 经济外交决策树法是利用经济外交决策树图进行经济外交决策分析的经济外交决策方法，它具有直观易懂、清晰明了的特点. 根据经济外交决策问题是否具有阶段性, 经济外交决策树法可以分为单阶段经济外交决策树法和多阶段经济外交决策树法, 我们将分别介绍单阶段经济外交决策树法和多阶段经济外交决策树法.

1. 基本概念

图 4-1 显示了一个经济外交决策树中各符号之间关系.

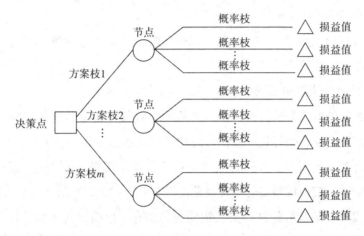

图 4-1　经济外交决策树中各符号之间关系

图 4-1 中各符号的含义如下:

（1）经济外交决策（节）点

经济外交决策（节）点用方框 "□" 表示, 是经济外交决策的起点, 一般位于经济外交决策树的最左端, 通常称作 "根节点". 如果做多阶段经济外交决策, 在多阶段经济外交决策树形图的中间也可以有多个决策点, 但是仍以决策树 "根节点" 为最终经济外交决策方案.

（2）状态节点

状态节点是以圆圈 "○" 表示, 是经济外交决策分枝的终点, 也是表示一个备选方案可能遇到的自然状态的起点. 节点上方的数字表示该方案的期望损益值.

（3）方案枝

方案枝是连接经济外交决策点与状态节点之间的若干条直线, 每条直线表示一个备选方案. 方案枝表示解决问题的途径, 即可能采取的被选方案, 通常是两枝或两枝以上.

（4）概率枝

概率枝是从状态节点引出的若干条直线，每条直线代表着一种自然状态及其可能出现的概率，经济外交决策树的每条概率枝上面注有自然状态及其发生的概率.

（5）结果节点

结果节点用三角形"△"表示，在概率枝末端.结果点处要标明备选方案在此条概率枝上的损益值.

2. 经济外交决策树形图的绘制

使用经济外交决策树法进行决策分析的过程实际上就是绘制经济外交决策树形图的过程，在这个过程中要拟订各种可行的备选方案，分析各种自然状态、估算各状态的发生概率，计算备选方案的期望损益值等.具体在绘制经济外交决策树形图时，应该按照图的结构规范由左至右逐步分析绘制，一般步骤如下：

（1）全面收集实际经济外交决策问题的信息，根据这些已知信息，以初始决策点为经济外交决策树的根节点，从此出发由左及右分别绘制出决策节点、方案枝、状态节点、概率枝和结果节点等经济外交决策树信息.

（2）从右端结果点的损益值出发，向左逐步计算各状态节点的期望损益值，并将数值标注在状态节点的上方.

（3）比较从同一个经济外交决策点延伸出的各个状态节点的期望值，选取期望收益值最大的方案，对其他期望损益值较小的方案进行"剪枝"，即在被剪去的方案枝上画上"∥"符号.最后留下的一条方案即为最优方案.

3. 单阶段经济外交决策树法

单阶段经济外交决策树一般只有一个决策点，指经济外交决策问题只需要进行一次决策活动，便可做出选择.单阶段经济外交决策树法的决策规则和期望值法完全相同，只是表现形式不同.单阶段经济外交决策树法是用树状图的形式，而期望值法是用表格形式，下面直接用例题进行学习.

例4.7 某企业计划研制开发新产品，决定对生产线进行技术改造，通过调查研究拟订了两种备选方案，方案一是全部改造，方案二是部分改造.采用方案一全部改造需投入资金300万元，如果新产品销路好年盈利将达100万元，如果市场需求量低销路差时每年将亏损 25 万元；采用方案二部分改造只需投入资金 150 万元，如果新产品销路好年盈利为 50 万元，如果市场需求量低销路差时年盈利为 10 万元．两个方案的预计使用期均是 10 年．目前根据市场调查研究及预测分析可知，前 5 年销路好的概率为 0.7，且前 5 年销路好后 5 年销路也好的概率为 0.8；但若前 5 年销路差，后 5 年销路也差的概率为 0.6．试问在这种情况下，企业经济外交决策采用哪个方案更好？

解　具体经济外交决策步骤如下：

（1）绘制经济外交决策树，如图 4-2 所示．

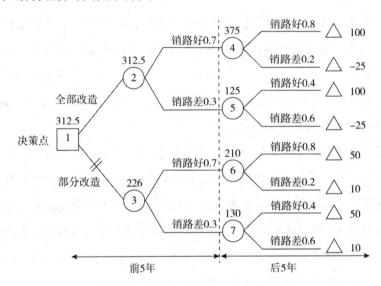

图 4-2　单阶段经济外交决策树

（2）计算各节点处的期望收益值．

按照从右至左的顺序，首先计算后 5 年的期望收益值：

节点 4：$[100×0.8+（-25）×0.2]×5=375$（万元）

节点 5：$[100×0.4+（-25）×0.6]×5=125$（万元）

节点 6：$（50×0.8+10×0.2）×5=210$（万元）

节点 7：$（50×0.4+10×0.6）×5=130$（万元）

然后计算 10 年计划期内的期望收益值，除了包括后 5 年的期望收益值外，要计算前 5 年的期望收益值，还要减去投入的成本 300 万元，具体计算过程如下：

节点 2：[100×0.7+（-25）×0.3]×5+375×0.7+125×0.3-300=312.5（万元）

节点 3：（50×0.7+10×0.3）×5+210×0.7+130×0.3-150=226（万元）

其中方案一（对应节点 2）前 5 年的期望收益值 [100×0.7+（-25）×0.3]×5 的计算仍然是：如果新产品销路好年盈利将达 100 万元，如果销路差时每年将亏损 25 万元. 将以上计算结果填至经济外交决策树的相应节点上方.

（3）剪枝经济外交决策. 参照图 4-2 经济外交决策树的结果可以看出，采用方案一全部改造可以得到净收益 312.5 万元，采用方案二部分改造仅可得到净收益 226 万元，因此，企业的决策者将选择方案一全部改造为最优方案. 故在经济外交决策树上保留最优方案枝，即全部改造，剪掉方案二所在的方案枝.

4. 多阶段经济外交决策树法

对于一个经济外交决策问题，如果需要考虑两次或者两次以上的决策，才能做出最终决策，即在一个经济外交决策问题的决策方案中又包含着另一个或几个经济外交决策问题，那么这种决策就称为多阶段经济外交决策，又叫作多级经济外交决策. 对于这种问题可以采用多阶段经济外交决策树法. 多阶段经济外交决策树通常多于一个决策点，是指通过一次决策不能解决问题，而是要通过一系列相互联系的经济外交决策才能选出较满意的方案.

4.4 多属性经济外交决策

在日常生活中，经常面临多准则权衡问题. 如顾客购买冰箱，会考虑功能、耗电量、价格、售后服务、款式、颜色等多项指标，经过综合分析与权衡后，选出较称心如意的予以购买，这类问题就是多属性决策问题.

多属性决策，或称为多准则决策（multiple criteria decision making, MCDM），是现代决策科学的一个重要组成部分，它的理论和方法在经济、管理、工程设计和军事等诸多领域中有着广泛的应用，如投资经济外交决策、项目评估、工厂选址、维修服务、武器系统性能评定、产业部门发展排序以及经济效益综合评价等. 近年来，由于客观事物的复杂性、不确定性以及人类思维的模糊性，对不确定环境下的多属性经济外交决策问题的研究已引起人们的极大关注.

多目标经济外交决策与多属性经济外交决策的主要区别是：前者的经济外交决策空间是连续的，即其备选方案数有无限多个，而后者的经济外交决策空间（经济外交决策变量）是离散的. 多属性经济外交决策的实质是利用已有的经济外交决策信息通过一定的方式对一组（有限个）备选方案进行排序并择优. 它主要由两部分组成：

（1）获取经济外交决策信息. 经济外交决策信息一般包括两个方面的内容：属性权重和属性值（属性值主要有三种形式：实数、区间数和语言），其中，属性权重的确定是多属性经济外交决策中的一个重要研究内容.

（2）通过一定的方式对经济外交决策信息进行集结并对方案进行排序和择优.

4.4.1 多属性经济外交决策的基本模型

一个方案的某一属性的具体状态称为该方案的该属性值，它可以是数值，也可以是文字，而且可能因人而异，反映经济外交决策者的个人偏好，因此可以是个模糊观念. 如衬衫的式样、质料、颜色属性，其属性值可能是用"喜欢"或"不喜欢"这类模糊语言来描述的，而且某一款式的衬衫对顾客甲来说可能是"喜欢"，而对顾客乙来说可能是"不喜欢".

总之，多属性经济外交决策问题有3个要素，即方案、属性与方案的属性值. 而多属性经济外交决策，就是根据各方案诸多属性的不同值，来综合分析与权衡各方案的优劣，从中选出一个满意方案加以实施，或排定各方案的优劣顺序.

由于对多属性经济外交决策问题进行经济外交决策时，要知道所有可行方案关于每一属性的属性状况. 故多属性经济外交决策模型的基本结构是有序3元组（A，H，X），其中 A 是方案集，H 是属性集，$X = (x_{ij})_{m \times n}$ 是属性值矩阵，又称为经济外交决策矩阵（或经济外交决策指标矩阵）. 多属性经济外交决策的基本模型是多属性经济外交决策表，其一般形式如表4-9所示. 表中 x_{ij} 为方案 $A_i(i=1, 2, \cdots, m)$ 在属性 $H_j(j=1, 2, \cdots, n)$ 下的属性值，也称为指标值.

表4-9　多属性经济外交决策的属性值矩阵 X

H_j \ A_i	H_1	H_2	$\cdots$	H_n
A_1	x_{11}	x_{12}	$\cdots$	x_{1n}
A_2	x_{21}	x_{22}	$\cdots$	x_{2n}
$\vdots$	$\vdots$	$\vdots$		$\vdots$
A_m	x_{m1}	x_{m2}	$\cdots$	x_{mn}

4.4.2　多属性经济外交决策的基本特性

1. 属性的随机性

多属性经济外交决策问题的有些属性，如"择业问题"的"前途"属性，"经营经济外交决策问题"的"销量"属性，等等，都是随机变量. 对这类随机属性，总能评定其先验概率分布，也就总能评定每一方案在该随机属性下的期望值或效用值，从而可视之为每一方案该属性的确定性数值. 因此，多属性经济外交决策问题的不定型、概率型总能转化为确定型.

本书只研讨确定型多属性经济外交决策问题.

2. 多属性的层次性

有些多属性经济外交决策问题的属性具有层次性，形成属性层次体系，也可谓指标层次体系. 如顾客买衬衫时，衬衫的"尺码"是第1层次的一个属性，而身长、胸围、领围则是其下第2层次的3个子属性；再如各类人员的考评指标体系也都具有层次性，等等.

应当强调指出，对解决实际问题而言，构建合理的多属性层次体系至关重要，这是应用多属性经济外交决策分析方法的前提. 多属性层次体系的建立方法见相应的参考文献.

3. 多属性的独立性

在构建属性层次体系时，必须满足独立性，即同一层次的各个（子）属性必须相互独立. 例如, 不能将"尺码"与"身长"并列, 也不能将"月收入"与"月工资"并列, 因为后者都从属于前者, 二者相关.

4. 多属性值的混合性

有些属性值, 如轿车价格、功率、油耗等属性的值, 都是数量指标, 称为定量属性值; 有些属性值, 如衣服式样、做工、质料、颜色、品牌等属性的值, 则是定性指标, 称为定性属性值. 有些定性属性值是用诸如"很好""好""一般""差""很差""漂亮""不漂亮"等模糊语言表述的, 称为模糊属性值, 这些模糊属性值反映了一种顺序关系, 也可谓半定量属性值.

属性值定量与定性相混合, 给经济外交决策分析造成不便. 因此, 必须将定性属性值和模糊属性值予以量化, 如将模糊属性通过隶属转化为模糊数, 转化为定量属性值.

5. 多属性量纲的不一致性

不同属性的定量属性值, 其量纲或计量单位往往不同, 如汽车的价格、功率、油耗 3 个属性的值, 其量纲全都不同, 因而这些不同量纲的属性值之间就不能比较、权衡孰优孰劣. 为了便于经济外交决策分析, 必须将不同量纲的属性值规一化, 使其均无量纲.

6. 多属性导向的不一致性

有些属性值, 如功率, 其导向为正, 即值越大越好; 有些属性值, 如价格、油耗, 其导向为负, 即值越小越好; 有些属性值, 如室内温度, 高低都不好, 越接近标准值越好, 即越接近标准室温越好, 因而这些导向不同甚至相反的不同属性值之间也无从比较、权衡优劣.

为了便于经济外交决策分析, 必须将不同导向的属性值都化为同一导向.

7. 多属性的重要度

多属性经济外交决策分析的基本思想是将每一方案诸属性的多个指标合并为一个综合指标. 而不同属性的重要性不尽相同, 这就需要权衡、确定不同属性的重要度并予以量化. 通常经济外交决策者采用基数型标度来表示属性的相对重要性, 即一般通常所说的权重. 有关权重确定的主要方法有: α 方法、老手法、最小平方法、层次分析法中的特征向量法等. 特征向量法较好地避免了主观色彩，是层次分析法的重要内容①.

8. 目标准则

所谓"属性"也可谓目标或目标准则，因此，多属性经济外交决策也称为多准则经济外交决策. 由于不同目标准则往往是相互矛盾的，因此一般不能求得所有目标都为最优的方案，而只能由经济外交决策者根据其偏好选出一个较满意的方案. 即多属性经济外交决策通常是满意经济外交决策，而非最优经济外交决策.

9. 经济外交决策准则与方法

同单目标经济外交决策一样，多属性经济外交决策也须依据一定的经济外交决策准则，也须采用一定的经济外交决策方法. 由于其分类比较复杂，方法很多，这里只介绍其中几种较常用的简单方法.

正是由于多属性值的混合性、量纲的不一致性、导向的不一致性，不同的评价属性存在不可公度性，即量纲、量级、最佳值不同，属性缺乏统一的度量标准，难以进行属性值之间的比较和运算，因此当对实际问题建立多属性经济外交决策表后，还须将其规范化，有必要用一个统一的价值形式对其进行处理，以达到属性之间的可操作运算，下面介绍规范化的方法.

4.4.3　属性值的规范化

属性值的规范化也称为标准化、规一化，属性值的规范化处理有不同的方法，这里介绍几种方法.

属性按不同的类型可分为效益（正向）型属性、成本（逆向）型属性、固定型属性、偏离型属性、区间型属性. 效益型属性是指属性值越大越好的属性；成本型属性是指属性值越小越好的属性；固定型属性是指属性值越接近某个固定值越好的属性；偏离型属性是指越偏离某个固定值越好的属性；区间型属性是指属性值越接近某个固定区间 $[a, b]$ 越好的属性. 这里只讨论前两种，另外三种见相应的参考文献.

---

①　韩大卫. 管理运筹学——模型与方法 [M]. 北京：清华大学出版社，2009：371-375.

1. 向量归一化法

在经济外交决策矩阵 $X = (x_{ij})_{m \times n}$ 中，令

$$r_{ij} = \frac{x_{ij}}{\sqrt{\sum\limits_{i=1}^{m} x_{ij}^2}} \qquad i = 1, 2, \cdots, m; j = 1, 2, \cdots, n \qquad (4-1)$$

矩阵 $R = (r_{ij})_{m \times n}$ 称为向量归一标准化矩阵. 经过归一化处理后，其属性值均满足 $0 \leqslant r_{ij} \leqslant 1$, $\sum\limits_{i=1}^{m} r_{ij}^2 = 1$, 即 R 的列向量的模等于 1，并且正、逆向属性的方向没有发生变化.

2. 线性比例变换法

记 $\begin{cases} x_j^{\max} = \max\limits_{1 \leqslant i \leqslant m} x_{ij} \\ x_j^{\min} = \min\limits_{1 \leqslant i \leqslant m} x_{ij} \end{cases}$ （$i = 1, 2, \cdots, m; j = 1, 2, \cdots, n$）. 在 $X = (x_{ij})_{m \times n}$ 中，

对于正向属性 j，取 $x_j^{\max} \neq 0$，则

$$r_{ij} = \frac{x_{ij}}{x_j^{\max}} \qquad i = 1, 2, \cdots, m; j = 1, 2, \cdots, n \qquad (4-2)$$

对于逆向属性 j，取 $x_i^{\min} \neq 0$，则

$$r_{ij} = \frac{x_j^{\min}}{x_{ij}} \qquad i = 1, 2, \cdots, m; j = 1, 2, \cdots, n \qquad (4-3)$$

矩阵 $R = (r_{ij})_{m \times n}$ 称为线性比例标准化矩阵. 经过线性比例归一化变换后，其属性值均满足 $0 \leqslant r_{ij} \leqslant 1$，最优值为 1，最劣值为 0，并且正、逆向属性均化为正向属性，但这时的式（4-3）不是线性变换了.

3. 极差变换法

对于正向属性 f_j，令

$$r_{ij} = \begin{cases} \dfrac{x_{ij} - x_j^{\min}}{x_j^{\max} - x_j^{\min}} & x_j^{\max} \neq x_j^{\min} \\ 1 & x_j^{\max} = x_j^{\min} \end{cases} \qquad (4-4)$$

$i = 1, 2, \cdots, m; j = 1, 2, \cdots, n$

对于逆向属性 f_j，令

$$r_{ij} = \begin{cases} \dfrac{x_j^{\min} - x_{ij}}{x_j^{\min} - x_j^{\max}} & x_j^{\max} \neq x_j^{\min} \\ 1 & x_j^{\max} = x_j^{\min} \end{cases} \tag{4-5}$$

$$i = 1, 2, \cdots, m; \ j = 1, 2, \cdots, n$$

矩阵 $R = (r_{ij})_{m \times n}$ 称为极差变换标准化矩阵. 经过极差变换后, 均有 $0 \leqslant r_{ij} \leqslant 1$, 并且正、逆向属性均化为正向属性.

但在现实生活中, 虽然效益型属性指的是属性值越大越满意的属性, 可当属性值超过一定值后, 满意度增加的速度减慢, 转化函数不应是直线型, 而应是曲线型, 可将式 (4-4) 变形为

$$r_{ij} = \begin{cases} \left(\dfrac{x_{ij} - x_j^{\min}}{x_j^{\max} - x_j^{\min}} \right)^p & x_j^{\max} \neq x_j^{\min} \\ 1 & x_j^{\max} = x_j^{\min} \end{cases}$$

$$i = 1, 2, \cdots, m; \ j = 1, 2, \cdots, n$$

其中 p 是由经济外交决策者确定的参数, 式 (4-4) 讨论的它的线性处理, 即 $p = 1$.

同样成本型属性类似于效益型属性, 当属性值超过一定值后, 不满意度的增加不是线性变化, 式 (4-5) 可变形为下面的形式, 其中 p 是由经济外交决策者确定的参数.

$$r_{ij} = \begin{cases} \left(\dfrac{x_j^{\min} - x_{ij}}{x_j^{\min} - x_j^{\max}} \right)^p & x_j^{\max} \neq x_j^{\min} \\ 1 & x_j^{\max} = x_j^{\min} \end{cases}$$

$$i = 1, 2, \cdots, m; \ j = 1, 2, \cdots, n$$

另外属性值的规范化也可以是效用转换, 将问题的各属性都采用相应的效用 (各属性对于经济外交决策者欲望的满意程度) 函数来刻画. 当属性具有模糊性, 可用模糊数学的隶属函数进行转化.

4. 定性属性量化处理方法

在多属性经济外交决策中, 有些属性是定性属性, 其状况只能做定性描述, 如 "员工素质" "健康状况" 等. 对定性属性需做量化处理, 常用的方法是将这些属性依问题性质划分为若干级别, 分别赋予不同的量值. 一般可划分为 5 个级

别，最优值 10 分，最劣值 0 分，其余级别赋予适当分值. 具体分值见表 4-10.

表 4-10

定性标度	很低	低	一般	高	很高
正向属性	1	3	5	7	9
逆向属性	9	7	5	3	1

将每个方案 A_i（$i=1$，2，$\cdots$，m）的 n 个属性 H_j（$j=1$，2，$\cdots$，n）的优劣状况，都转换成统一用定量的数值 x_{ij} 表示的形式，再规范化.

4.4.4 多属性经济外交决策的求解方法

多属性经济外交决策的基数型求解方法：经济外交决策者所依据的各个属性优劣状况最终都可以用定量的数值表示，因而整个经济外交决策过程只需要进行数值运算.

1. 线性加权方法

这里介绍的线性加权方法是最简单的线性加权方法，假设各属性偏好相对独立.

步骤 1：确定经济外交决策矩阵 $X = \begin{pmatrix} x_{11} & x_{12} & \cdots & x_{1n} \\ x_{21} & x_{22} & \cdots & x_{2n} \\ \vdots & \vdots & & \vdots \\ x_{m1} & x_{m2} & \cdots & x_{mn} \end{pmatrix} = (x_{ij})_{m \times n}$，即确

定方案、属性及各方案的属性值；

步骤 2：属性值规范化处理，得规范化矩阵 $R = (r_{ij})_{m \times n}$，使本来不可比的各个属性间具有可比性；

步骤 3：确定各个属性的相对重要性，即权重 $w = (w_1, w_2, \cdots, w_n)^T$，满足 $w_1 + w_2 + \cdots + w_n = 1$；

步骤 4：用 $Rw = \sum_{j=1}^{n} w_j r_j$ 的值的大小进行排序.

2. 逼近理想解方法

逼近理想解方法，又称为 TOPSIS 方法（technique for order preference by similarity to ideal solution），是通过构造多属性问题的理想解和负理想解，并以靠近理想解和远离负理想解两个基准作为评价可行方案的依据. 所谓理想解，是指各属性都达到最满意的解；所谓负理想解，是指各属性都达到最不满意的解.

步骤 1：确定经济外交决策矩阵 $X = (x_{ij})_{m \times n}$.

步骤 2：利用式（4-1）或其他方法将属性值规范化处理，得规范化矩阵 $R = (r_{ij})_{m \times n}$.

步骤 3：确定属性的权值矩阵 $W = \begin{pmatrix} w_1 & & & \\ & w_2 & & \\ & & \ddots & \\ & & & w_n \end{pmatrix} = \mathrm{diag}$，（$w_1$,

w_2, …, w_n) ①，其中 $w_1 + w_2 + \cdots + w_n = 1$.

步骤 4：利用公式 $V = (v_{ij})_{m \times n} = RW = \begin{pmatrix} w_1 r_{11} & w_2 r_{12} & \cdots & w_n r_{1n} \\ w_1 r_{21} & w_2 r_{22} & \cdots & w_n r_{2n} \\ \vdots & \vdots & & \vdots \\ w_1 r_{m1} & w_2 r_{m2} & \cdots & w_n r_{mn} \end{pmatrix}$ 进行属性

值加权规范化；

步骤 5：确定理想方案 A^* 及确定负理想方案 A^-.

$$A^* = (v_1^*, v_2^*, \cdots, v_n^*), \qquad A^- = (v_1^-, v_2^-, \cdots, v_n^-)$$

求理想方案时，当属性值为效益型，v_j^*（$j = 1, 2, \cdots, n$）对应每列中的 max 值，当属性值为损失型，v_j^- 对应每列中的 min 值；求负理想方案时，当属性值为效益型，v_j^* 对应每列中的 min 值，当属性值为损失型，v_j^- 对应每列中的 max 值.

步骤 6：利用公式 $s_i^* = \sqrt{\sum_{j=1}^{n} (v_{ij} - v_j^*)^2}$ 确定各方案离理想方案的距离，利用公式 $s_i^- = \sqrt{\sum_{j=1}^{n} (v_{ij} - v_j^-)^2}$ 确定各方案离负理想方案的距离.

s_i^*，s_i^- 也可采用下面的公式计算：

———————————

① diagΛ 表示对角矩阵 Λ.

66

$$s_i^* = \Big[\sum_{j=1}^{n} (v_{ij} - v_j^*)^k \Big]^{\frac{1}{k}} , \qquad s_i^- = \Big[\sum_{j=1}^{n} (v_{ij} - v_j^-)^k \Big]^{\frac{1}{k}}$$

特别地，当 $k = 1$，TOPSIS 方法等价于线性加权法，故将步骤 4 中的矩阵 $V = (v_{ij})_{m \times n}$ 每行元素求和即为各个方案的综合评价得分；当 $k = 2$，TOPSIS 方法中的测度是欧氏距离，即传统的 TOPSIS 方法，因此 TOPSIS 方法实质上也是基于加权和法.

步骤 7：利用公式 $c_i = \dfrac{s_i^-}{s_i^- + s_i^*}$（ $i = 1, 2, \cdots, m$ ）计算相对接近度 c_i.

很明显 $0 \leqslant c_i \leqslant 1$. 当 $A_i = A^*$ 时，即方案为理想方案时，$c_i = 1$；当 $A_i = A^-$ 时，即方案为负理想方案时，$c_i = 0$；当 $c_i \to 1$ 时，$A_i \to A^*$，即方案逼近理想方案而远离负理想方案. 因此相对接近度 c_i 是理想解排序的依据.

步骤 8：根据 c_i（ $i = 1, 2, \cdots, m$ ）的大小对各方案进行排序.

第 5 章

多目标经济外交决策

人们在进行经济外交决策时，往往需要考虑许多目标，并希望都能优化. 如企业考虑境外投资时，往往希望投资省、见效快、质量好、利润高、对生态环境的影响小，同时要考虑投资对象国的安全性等. 这种情形中，所要考虑的目标较多（至少是两个），而这些目标往往很不协调，甚至相互矛盾，而且衡量这些目标优劣的数量指标的量纲也可能并非一致. 那么，在一定的条件下，如何寻找一个使各个目标都能达到比较满意水平的方案呢？这类问题就是经济外交多目标优化与决策问题.

多目标经济外交决策是指经济外交决策所要实现的并不只是一项目标，而是希望同时实现两项或两项以上的目标. 多目标经济外交决策一般用来应对比较复杂的经济外交问题. 在进行多目标经济外交决策时，由于必须兼顾多项目标、区分目标主次、考虑无形目标，因此决策难度较大.

5.1 多目标经济外交决策基本概念

5.1.1 规范化模型

一般的经济外交多目标优化问题包含多个优化目标，仿照非线性规划，可将一般的经济外交多目标优化（规划）问题（MOP）写成下述的 p 个最小化目标、n 个变量、m 个约束条件的标准形式：

$$V - \min F(X) = [f_1(X), f_2(X), \cdots, f_p(X)]^T$$

$$\text{s. t. } | g_i(X) \geq 0, (i = 1, 2, \cdots, m) \tag{5-1}$$

其中 $X = (x_1, x_2, \cdots, x_n)^T$ 是一个 n 维向量，且 $p \geq 2$.

由于 $F(X)$ 是向量，式（5-1）表示使函数向量 $F(X)$ 最小化，应注意"向量最小化"区别于单目标函数的最小化.

5.1.2　可行解

一般称 $F(X)$ 为 X 的像，也可称为 X 的函数值. 记

$$R = \{ X | g_i(X) \geq 0, i = 1, 2, \cdots, m \} \tag{5-2}$$

称为问题（5-1）的可行集、或可行域、或决策空间；称 $X \in R$ 为 MOP 模型式（5-1）的可行解. 相应于所有可行解 X 的目标函数值组成的集合称为目标空间，记为 $F = \{F(X) | X \in R\}$.

例 5.1　某公司考虑生产两种运往非洲的光电太阳能电池：产品甲和产品乙. 这种生产会引起空气放射性污染. 因此，公司经理有两个目标：极大化利润与极小化总的放射性污染. 已知在一个生产周期内，每单位产品的收益、放射性污染排放量、机器能力（小时）、装配能力（人时）和可用的原材料（单位）的限制如表 5-1 所示. 假设市场需求无限制，两种产品的产量和至少为 10，则公司该如何安排一个生产周期内的生产.

表 5-1　生产单位产品占用设备台时、原材料的消耗

资源＼产品	甲	乙	资源限量
设备工时	0.5	0.25	8
工人工时	0.2	0.2	4
原材料	1	5	72
利润	2	3	
污染排放	1	2	

解　这是两目标线性规划问题.

设 x_1，x_2 分别表示甲乙两种产品在一个生产周期内的产量，记 $X = (x_1, x_2)^T$，则该问题的目标函数为

利润极大化：$\max f_1(X) = 2x_1 + 3x_2$

污染极小化：$\min f_2(X) = x_1 + 2x_2$

约束条件分如下 4 类.

(1) 设备工时约束

$$0.5x_1 + 0.25x_2 \leqslant 8$$

(2) 工人工时约束

$$0.2x_1 + 0.2x_2 \leqslant 4$$

(3) 原材料约束

$$x_1 + 5x_2 \leqslant 72$$

(4) 产量约束

$$x_1 + x_2 \geqslant 10$$

所以，数学模型为

$$\min\{-f_1(X), f_2(X)\}$$

$$\text{s. t.} \begin{cases} 0.5x_1 + 0.25x_2 \leqslant 8 \\ 0.2x_1 + 0.2x_2 \leqslant 4 \\ x_1 + 5x_2 \leqslant 72 \\ x_1 + x_2 \geqslant 10 \\ x_1, x_2 \geqslant 0 \end{cases}$$

例 5.2 某企业根据发展需要，拟定了 n 个境外待建项目，其中项目 j 需要投资 a_j 万元，将来可收益 c_j 万元. 若企业现阶段拥有资金 b 万元，则应如何投资才能使效益最佳？

解 设 $X = (x_1, x_2, \cdots x_n)^T$，且

$$x_j = \begin{cases} 1 & \text{对项目 } j \text{ 投资} \\ 0 & \text{对项目 } j \text{ 不投资} \end{cases} \qquad j = 1, 2, \cdots, m$$

为使投资效益最佳，应考虑：少花钱、多办事、多创收，可建模如下：

$$\min f_1(X) = \sum_{j=1}^{n} a_j x_j$$

$$\max f_2(X) = \sum_{j=1}^{n} x_j$$

$$\max f_3(X) = \sum_{j=1}^{n} c_j x_j$$

$$\text{s. t. } \begin{cases} \sum_{j=1}^{n} a_j x_j \leqslant b \\ x_j = 0, \ 1 \end{cases} \qquad j = 1, \ 2, \ \cdots, \ n$$

这是具有 3 个目标的 0-1 规划. 由于 0-1 型约束等价于下述非线性约束:

$$x_j(1 - x_j) = 0 \quad j = 1, \ 2, \ \cdots, \ m$$

因此, 也能把此规划问题转化为一个具有 3 个目标的非线性规划问题.

5.1.3　最优解

设 $X^* \in R$, 若对任意 $X \in R$ 都有 $F(X^*) \leqslant F(X)$, 且至少存在某一 $k_0 \in \{1, \ 2, \ \cdots, \ k, \ \cdots, \ p\}$, 使

$$f_{k_0}(X^*) < f_{k_0}(X)$$

则称 X^* 为 MOP 问题的最优解, 称 $F(X^*)$ 为最优值; 把问题的最优解的全体记为 R^*, 称为最优解集.

5.1.4　向量的序

由于式 (5-1) 是建立在集合论基础上对多目标解的一种向量评估方式, 一般不可能像单目标数学规划那样存在最优解, 需要引入非劣解的概念.

首先介绍向量空间中向量之间的比较关系.

定义 1　设 $\alpha = (a_1, \ a_2, \ \cdots, \ a_n)^T, \beta = (b_1, \ b_2, \ \cdots, \ b_n)^T$ 是 n 维空间 R^n 的两个向量.

①若 $a_i = b_i$ ($i = 1, \ 2, \ \cdots, \ n$), 则称向量 α 等于向量 β, 记作 $\alpha = \beta$.

②若 $a_i \leqslant b_i$ ($i = 1, \ 2, \ \cdots, \ n$), 则称向量 α 小于等于向量 β, 记作 $\alpha \leqslant \beta$.

③若 $a_i \leqslant b_i$ ($i = 1, \ 2, \ \cdots, \ n$), 且至少有一个是严格不等式, 则称向量 α 小于向量 β, 记作 $\alpha \leqslant= \beta$.

④若 $a_i < b_i$ ($i = 1, \ 2, \ \cdots, \ n$), 则称向量 α 严格小于向量 β, 记作 $\alpha < \beta$.

5.1.5 非劣解（有效解）

设 $X^* \in R$，若不存在 $X \in R$，使得

$$F(X) \leqslant F(X^*) \qquad \text{且 } F(X) \neq F(X^*)$$

则称 X^* 为经济外交多目标优化问题式（5-1）（MOP）的非劣解，也称有效解、非优超解、Pareto 最优解（帕雷托最优解），或 Pareto 解，把问题的有效解的全体称为有效解集. 而相应的函数值 $F(X^*)$ 则称为有效值，有效值的全体称为非劣目标空间.

这个定义表明，Pareto 最优概念是建立在集合论基础上对多目标解的一种向量评估方式. 即有效解是这样的一种解，在向量不等式 " $\leqslant=$ " 下，在所考虑的模型的约束集中已找不到比它更好的解.

或定义为：设 $X^* \in R$，如果不存在任一可行解 X 使

$$f_i(X) \leqslant f_i(X^*) \qquad i = 1, 2, \cdots, m$$

且不等号至少对一个序号 j 成立，称 X^* 为有效解（非劣解）.

在连续的情况下，所有有效解构成的集合实际上是一个有效前沿面.

5.1.6 选好解

一般来说，MOP 问题的有效解数目很多，而决策者最终只能从中选择其一；由于诸有效值往往无法比较大小，因此决策者必须依据其他准则加以权衡，这样最终选择出的好解就称为选好解.

5.1.7 无量纲化

为了便于数学处理，需要事先把具有不同量纲的目标函数规范化，使其无量纲，这里只简单介绍，更多的相关内容见参考书①. 例如，对有量纲的目标函数 $\min f_k(X)$，可令

$$\bar{f}_k(X) = \frac{f_k(X)}{f_k} \tag{5-3}$$

---

① 韩大卫. 管理运筹学——模型与方法 [M]. 北京：清华大学出版社，2009：368-370.

其中

$$f_k = \left| \min_{X \in R^n} f_k(X) \right| \tag{5-4}$$

这样，$\bar{f}_k(X)$ 就是规范化的目标函数.

例 5.3 将下面模型规范化处理

$$\max f_1(X) = 5x_1 + 3x_2$$

$$\max f_2(X) = x_1 + x_2$$

$$\text{s. t.} \begin{cases} 2x_1 + 2x_2 \leqslant 160 \\ 3x_1 + x_2 \leqslant 180 \\ 2x_1 + 3x_2 \leqslant 210 \\ x_1, \ x_2 \geqslant 0 \end{cases} \tag{5-5}$$

解　可化成标准形如下：

$$V - \min \bar{F}(X) = [\bar{f}_1(X), \ \bar{f}_2(X)]^{\text{T}} = (-5x_1 - 3x_2, \ -x_1 - x_2)^{\text{T}}$$

$$\text{s. t.} \begin{cases} g_1(X) = 160 - 2x_1 - 2x_2 \geqslant 0 \\ g_2(X) = 180 - 3x_1 - x_2 \geqslant 0 \\ g_3(X) = 210 - 2x_1 - 3x_2 \geqslant 0 \\ g_4(X) = x_1 \geqslant 0 \\ g_5(X) = x_2 \geqslant 0 \end{cases}$$

由图形易知，$f_1(X) = -5x_1 - 3x_2$ 在可行域 R 上的最小值为

$$-5x_1 - 3x_2 = -5 \times 50 - 3 \times 30 = -340$$

则

$$f_1 = |\min f_1(X)| = |-340| = 340$$

故 $f_1(X)$ 可规范化为

$$\bar{f}_1(X) = -\frac{5}{340}x_1 - \frac{3}{340}x_2$$

类似可规范化 $f_2(X)$，于是模型式（5-5）的规范标准形为

$$V - \min \bar{F}(X) = \left(-\frac{5}{340}x_1 - \frac{3}{340}x_2, \ -\frac{1}{80}x_1 - \frac{1}{80}x_2 \right)^{\text{T}}$$

以下几节介绍寻找有效解（或弱有效解）的方法. 为叙述简便，不妨假定

MOP 模型式（5-5）已经规范化了.

5.2 经济外交决策评价函数法

设经济外交多目标优化（MOP）问题的一般模型可描述为：

$$V - \min_{X \in R} F(X) = \min \left[f_1(X), f_2(X), \cdots, f_p(X) \right]^T \tag{5-6a}$$

$$s. \ t. \ g_i(X) \geqslant 0 \qquad (i = 1, 2, \cdots, m) \tag{5-6b}$$

其中 $X = [x_1, x_2, \cdots, x_n]^T$ 是一个 n 维向量.

评价函数法就是把模型中的分目标（多目标）函数聚合成单目标的方法，因此利用评价函数把 MOP 问题的求解化为求解一个单目标规划. 先根据 MOP 问题的目标函数向量 $F(X)$ 构造一个评价函数 $U[F(X)]$，然后求解下属单目标规划问题：

$$\min_{X \in R} U[F(X)] \tag{5-7}$$

其中

$$R = \{ X \mid g_i(X) \geqslant 0 (i = 1, 2, \cdots, m) \}$$

为可行域. 设 X^* 为问题（5-7）的最优解，则自然希望 X^* 是有效解，起码应有 X^* 是弱有效解，这就取决于评价函数 $U[F(X)]$ 的性质. 可以证明：

（1）若 $U[F(X)]$ 关于 F 为单调的，则 X^* 是 MOP 问题弱有效解；

（2）若 $U[F(X)]$ 关于 F 严格单调，则 X^* 是 MOP 问题有效解.

由于评价函数 $U[F(X)]$ 可以有许多不同的单调形式，因此也有许多不同的评价函数法. 下面概述几种常用方法.

5.2.1 线性加权和法

线性加权和法，也称纯权重方法，简称加权法. 它是利用加权系数将经济外交多目标优化问题转化为一个单目标优化问题（Single-objective Optimization Problem）. 然而加权法存在一个突出问题，那就是对于非凸的可行域不能得到所有的 Pareto 最优解，并且加权系数的确定也会影响最终结果. 这样就需要多次独立运行，每次设置不同的加权系数以得到 Pareto 优解集.

由于 MOP 问题所有目标求最小化，则为了求解 MOP 模型式（5-6），可构造评价函数

$$\min z = \sum_{i=1}^{m} \lambda_i f_i(X)$$

其中 λ_1，λ_2，$\cdots$，λ_p 为权数，记 $\lambda = (\lambda_1, \lambda_2, \cdots, \lambda_p)^T$. 设得到的最优解为 X^*，当 $\lambda \geq 0$ 时，X^* 为有效解；当 $\lambda > 0$ 时，X^* 为弱有效解.

简单地说，该方法的基本思想是根据目标的重要性确定一个权重，以目标函数的加权平均值为评价函数，使其达到最优. 该方法的基本步骤如下.

第一步：确定每个目标的权系数.

$$0 \leq \lambda_k \leq 1, k = 1, 2, \cdots, p, \text{且} \sum_{k=1}^{p} \lambda_k = 1.$$

第二步：写出评价函数 $\sum_{k=1}^{p} \lambda_k f_k$.

第三步：求评价函数最优值

$$\min \sum_{k=1}^{p} \lambda_k f_k,$$

$$s.\ t.\ X \in R.$$

例 5.4 利用线性加权法求解例 5.1. 两个目标函数的权重都取 0.5，多目标规划问题归结为如下的线性规划问题.

$$\min f = 0.5(-2x_1 - 3x_2) + 0.5(x_1 + 2x_2)$$

$$s.\ t. \begin{cases} 0.5x_1 + 0.25x_2 \leq 8 \\ 0.2x_1 + 0.2x_2 \leq 4 \\ x_1 + 5x_2 \leq 72 \\ x_1 + x_2 \geq 10 \\ x_1,\ x_2 \geq 0 \end{cases}$$

利用单纯形方法或直接用 Matlab 软件，求得上述线性规划问题的最优解为

$$x_1 = 7, x_2 = 13$$

利润为 53，污染物排放量为 33. 此时生产甲产品 7 件，乙产品 13 件，作为多目标规划的满意解.

例5.5 用加权法求下述问题的非劣解.

$$\max[f_1(x_1, x_2), f_2(x_1, x_2)]$$

$$\text{s. t.} \begin{cases} -x_1 + x_2 \leqslant 4 \\ x_1 + x_2 \leqslant 9 \\ x_1 \leqslant 5 \\ x_2 \leqslant 5 \\ x_1, x_2 \geqslant 0 \end{cases}$$

其中 $f_1(x_1, x_2) = 2x_1 - x_2$; $f_2(x_1, x_2) = -x_1 + 3x_2$.

解 记可行集为

$$X = \{(x_1, x_2) \in R^2 \mid -x_1 + x_2 \leqslant 4, x_1 + x_2 \leqslant 9, 0 \leqslant x_1, x_2 \leqslant 5\}$$

目标函数的加权和为 $\omega_1 f_1 + \omega_2 f_2 \omega_1 f_1 + \omega_2 f_2$, 相应的加权和单目标规划为

$$\max[\omega_1 f_1(x_1, x_2) + \omega_2 f_2(x_1, x_2)]$$

$$\text{s. t.} (x_1, x_2) \in X$$

其中 ω_1, $\omega_2 > 0$ 为加权因子. 此加权问题的最优解 $(x_1, x_2)(x_1, x_2)$ 应满足 Kuhn-Tucker 条件: 对应于可行解的 6 个约束条件存在 6 个 Lagrange 乘子 $\mu_i(i = 1, 2, \cdots, 6)$, 使

$$\frac{\partial}{\partial x_i}[\omega_1 f_1(x_1, x_2) + \omega_2 f_2(x_1, x_2)] - \sum_{j=1}^{b} \mu_j \frac{\partial}{\partial x_i} g_j(x_1, x_2) = 0, \quad i = 1, 2$$

$$\mu_j g_j(x_1, x_2) = 0, \quad j = 1, 2, \cdots, 6$$

成立, 即

$$\begin{cases} 2\omega_1 - \omega_2 + \mu_1 - \mu_2 - \mu_3 + \mu_5 = 0 \\ -\omega_1 + 3\omega_2 - \mu_1 - \mu_2 - \mu_4 + \mu_6 = 0 \\ (-x_1 + x_2 - 4)\mu_1 = 0 \\ (x_1 + x_2 - 9)\mu_2 = 0 \\ (x_1 - 5)\mu_3 = 0 \\ (x_1 - 5)\mu_4 = 0 \\ x_1\mu_5 = 0 \\ x_2\mu_6 = 0 \\ \mu_1, \cdots, \mu_6 \geqslant 0 \end{cases}$$

考虑约束 $x_2 \leqslant 5$, 因为当 $x_2 = 5$, 有

$$\mu_1, \mu_2, \mu_3, \mu_5, \mu_6 = 0$$

则当 $x_2 \leqslant 5$, 解得 $(\omega_1, \omega_2) = \left(\dfrac{1}{3}, \dfrac{2}{3}\right)$, $\mu_4 = \dfrac{5}{3}$, 表示 CD 线段; 当

$x_1 + x_2 \leqslant 9$, 解得 $(\omega_1, \omega_2) = \left(\dfrac{4}{7}, \dfrac{3}{7}\right)$, $\mu_2 = \dfrac{5}{7}$, 表示 DE 线段; 当 $x_1 \leqslant 5$,

解得 $(\omega_1, \omega_2) = \left(\dfrac{3}{4}, \dfrac{1}{4}\right)$, $\mu_3 = \dfrac{5}{4}$, 表示 EF 线段.

分析其他情况没有得到新的非劣解. 因此折线 $CDEF$ 是非劣解, 见图 5-1.

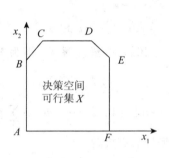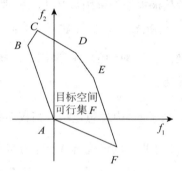

图 5-1

5.2.2　理想点法

先求解 p 个单目标规划

$$\min_{X \in R} f_k(X), \ (k = 1, 2, \cdots, p) \tag{5-8}$$

记其最优值为 $f_k^*(k = 1, 2, \cdots, p)$, 可得空间 E^p 中的一个 "理想点":

$$F^* = (f_1^*, f_2^*, \cdots, f_p^*)^{\mathrm{T}}$$

由于可行解往往达不到这个理想目标 F^*, 因此希望在 R 中找到一点 X, 使其目标 $F(X)$ 距离理想点 F^* 最近, 即取目标 $F(X)$ 与理想点 F^* 之间的 "距离" $\| F(X) - F^* \|$ 为评价函数, $\| F(X) - F^* \|$ 表示向量 $F(X) - F^*$ 的模.

将求解模型 (5-8) 转换为求解数值极小化问题:

$$\min_{X \in R} \| F(X) - F^* \| \tag{5-9}$$

通常采用下列形式定义的模函数：

①距离模评价函数（最短距离法）：

$$U[F(X)] = \| F(X) - F^* \| = \left\{ \sum_{k=1}^{p} [f_k(X) - f_k^*]^2 \right\}^{1/2} \qquad (5\text{-}10\text{a})$$

②带权 q -模评价函数（q -模理想点法）：

$$U[F(X)] = \| F(X) - F^* \| = \left\{ \sum_{k=1}^{p} \lambda_k [f_k(X) - f_k^*]^q \right\}^{1/q} \qquad (5\text{-}10\text{b})$$

其中 $q > 1$ 为整数.

这是距离模评价函数的更一般的形式.

③带权极大模评价函数（极大模理想点法）：

$$U[F(X)] = \| F(X) - F^* \| = \max_{1 \le k \le m} |\lambda_k[f_k(X) - f_k^*]| \qquad (5\text{-}10\text{c})$$

定理：（1）对于最短距离法，问题式（5-10a）的最优解 X^* 即为 MOP 模型的有效解；

（2）对于 q -模理想点法，当权系数 $\lambda_k > 0(k = 1, 2, \cdots, p)$ ，$\sum_{k=1}^{p} \lambda_k = 1$，问题式（5-10b）的最优解 X^* 即为 MOP 模型的弱有效解.

（3）对于极大模理想点法，当权系数 $\lambda_k > 0(k = 1, 2, \cdots, p)$ ，$\sum_{k=1}^{p} \lambda_k = 1$，问题式（5-10c）的最优解 X^* 即为 MOP 问题的弱有效解.

理想点法的求解步骤如下.

第一步：求理想点. 求出各个分目标的最小点和最小值：

$$f_k^* = f_k(X_k) = \min_{X \in R^n} f_k(X) \qquad (k = 1, 2, \cdots, p)$$

第二步：检验理想点.

若 $X_1 = \cdots = X_p$ ，则输出绝对最优解 $X^* = X_k (k = 1, 2, \cdots, p)$ ，否则转第三步.

第三步：求解数值最小化问题：

$$\min_{X \in R} \| F(X) - F^* \|$$

设求得最优解 $\tilde{X}$ ，输出 $\tilde{X}$.

由于式（5-10c）求解麻烦，为简化运算，引进一个数值变量 W ：

$$W = \max_{1 \le k \le m} |\lambda_k[f_k(X) - f_k^*]|$$

于是经济外交多目标优化问题 MOP 转化成

$$\min W$$

$$\text{s. t.} \begin{cases} g_i(X) \geqslant 0 \\ |\lambda_k [f_k(X) - f_k^*]| \leqslant W \\ W \geqslant 0 \end{cases} \quad \begin{matrix} i = 1, 2, \cdots, m \\ k = 1, 2, \cdots, p \end{matrix}$$

设该问题的最优解为 $(X^{*\,\mathrm{T}}, W)^{\mathrm{T}}$，则 X^* 即为

$$\min_{X \in R} \max_{1 \leqslant k \leqslant m} |\lambda_k [f_k(X) - f_k^*]|$$

的最优解.

简单地说，该方法的基本思想是：以每个单目标最优值为该目标的理想值，使每个目标函数值与理想值的差的加权平方和最小. 该方法的基本步骤如下.

第一步：求出每个目标函数的理想值. 以单个目标函数为目标构造单目标规划，求该规划的最优值 $f_k^* = \min_{X \in R} f_k(X)$，$k = 1, 2, \cdots, p$.

第二步：构造每个目标与理想值的差的加权平方和，作出评价函数 $\sum_{k=1}^{p} \lambda_k [f_k(X) - f_k^*]^2$，

其中，权重通常进行归一化处理，即满足 $\lambda_k \geqslant 0$，$\sum_{k=1}^{p} \lambda_k = 1$.

第三步：求评价函数的最优值 $\min_{X \in R} \sum_{k=1}^{p} \lambda_k [f_k(X) - f_k^*]^2$.

该方法需要求解 $p + 1$ 个单目标规划.

为了简化计算过程，可以不考虑权重，上式可以改写为

$$\min_{X \in R} \sum_{k=1}^{p} [f_k(X) - f_k^*]^2.$$

例 5.6　求解多目标规划问题：

$$\max f_1(X) = \max(2x_1 + 3x_2)$$

$$\min f_2(X) = \min(x_1 + 2x_2)$$

其中各个分目标重要程度的权系数没有要求，约束集 R 为

$$R = \left\{ (x_1,\ x_2)^{\mathrm{T}} \left| \begin{array}{l} 0.5x_1 + 0.25x_2 \leq 8 \\ 0.2x_1 + 0.2x_2 \leq 4 \\ x_1 + 5x_2 \leq 72 \\ x_1 + x_2 \geq 10 \\ x_1,\ x_2 \geq 0 \end{array} \right. \right\}$$

解　转化为目标极小化问题：

$$V - \min_{X \in R} F(X) = \min\{-f_1(X),\ f_2(X)\}$$
$$= \min\{-2x_1 - 3x_2,\ x_1 + 2x_2\}$$

首先求两个分目标的最小值.

$$\min(2x_1 + 3x_2)$$

$$\text{s. t.} \begin{cases} 0.5x_1 + 0.25x_2 \leq 8 \\ 0.2x_1 + 0.2x_2 \leq 4 \\ x_1 + 5x_2 \leq 72 \\ x_1 + x_2 \geq 10 \\ x_1,\ x_2 \geq 0 \end{cases}$$

是单目标线性规划问题，利用单纯形方法容易求得它的最优解为 $f_1^* = -53$.

$$\min(x_1 + 2x_2)$$

$$\text{s. t.} \begin{cases} 0.5x_1 + 0.25x_2 \leq 8 \\ 0.2x_1 + 0.2x_2 \leq 4 \\ x_1 + 5x_2 \leq 72 \\ x_1 + x_2 \geq 10 \\ x_1,\ x_2 \geq 0 \end{cases}$$

是单目标线性规划问题，利用单纯形方法容易求得它的最优解为 $f_2^* = 10$.

问题的理想解 $F^* = (f_1^*,\ f_2^*)^{\mathrm{T}} = (-53,\ 10)^{\mathrm{T}}$.

考虑求解二次规划问题：

$$\min f = (-2x_1 - 3x_2 + 53)^2 + (x_1 + 2x_2 - 10)^2$$

$$s.\ t.\ \begin{cases} 0.5x_1 + 0.25x_2 \leqslant 8 \\ 0.2x_1 + 0.2x_2 \leqslant 4 \\ x_1 + 5x_2 \leqslant 72 \\ x_1 + x_2 \geqslant 10 \\ x_1,\ x_2 \geqslant 0 \end{cases}$$

这是单目标规划问题，利用 Matlab 容易求得它的最优解，得多目标规划的满意解为 $x_1 = 13.36$，$x_2 = 5.28$，为原问题的弱有效解.

5.2.3 平方和加权法

先对每个目标 $f_k(X)$ 的最优值估计一个尽量好的下界 f_k^- ，即有

$$\min_{X \in R} f_k(X) \geqslant f_k^-,\qquad (k = 1,\ 2,\ \cdots,\ p)$$

据以构造评价函数

$$U[F(X)] = \sum_{k=1}^{p} \lambda_k [f_k(X) - f_k^-]^2 \tag{5-11}$$

其中，$\lambda_k \geqslant 0(k = 1,\ 2,\ \cdots,\ p)$ 为事先给定的一组权数，满足 $\sum_{k=1}^{p} \lambda_k = 1$. 容易证明：当 $\lambda \geqslant 0$ 时，式（5-11）关于 F 单调，则 X^* 为弱有效解；当 $\lambda > 0$ 时，式（5-11）关于 F 严格单调，则 X^* 为有效解.

5.2.4 虚拟目标法

先确定 $f_k^-(\neq 0)$，使满足

$$\min_{X \in R} f_k(X) \geqslant f_k^-,\qquad (k = 1,\ 2,\ \cdots,\ p)$$

据以构造评价函数

$$U[F(X)] = \left\{ \left[\sum_{k=1}^{p} [f_k(X) - f_k^-]/f_k^- \right]^2 \right\}^{\frac{1}{2}} \tag{5-12}$$

然后以式（5-12）为目标函数，求问题（5-6）的最优解 X^*.

容易证明：式（5-12）关于 F 严格单调，因此 X^* 为有效解.

5.2.5 最小最大（min max）法

如果决策者考虑问题总是从最坏的情况出发，然后从中找出一个最好的方

案，那么为了求解 MOP 问题：

$$\min_{X \in R} F(X) = [f_1(X), f_2(X), \cdots, f_p(X)]^{\mathrm{T}}$$

由于这里目标函数是求最小，可构造评价函数

$$U[F(X)] = \max_{1 \leq k \leq p} \{f_k(X)\} \tag{5-13a}$$

然后求规划问题

$$\min_{X \in R} U[F(X)] = \min_{X \in R} \max_{1 \leq k \leq p} \{f_k(X)\}$$

的最优解 X^*.

也可选取一组适当的权数 $\lambda_k \geq 0 (k = 1, 2, \cdots, p)$，满足

$$\sum_{k=1}^{p} \lambda_k = 1$$

据以构造评价函数

$$U[F(X)] = \max\{\lambda_k f_k(X)\} \tag{5-13b}$$

然后求规划问题

$$\min_{X \in R} U[F(X)] = \min_{X \in R} \max_{1 \leq k \leq p} \{\lambda_k f_k(X)\}$$

容易证明：式（5-13a）关于 F 为单调的，求得的最优解 X^* 即为原 MOP 问题的弱有效解.

由于式（5-13b）这个方法要先做最大化选择，再进行最小化运算，为避免在实际求解时不方便，可通过引进一个数值变量 W，简化运算，令

$$W = \max_{1 \leq k \leq p} \{\lambda_k f_k(X)\}$$

于是经济外交多目标优化问题转化成

$$\min W$$

$$\text{s. t.} \begin{cases} g_i(X) \geq 0 & i = 1, 2, \cdots, m \\ \lambda_k f_k(X) \leq W & k = 1, 2, \cdots, p \end{cases}$$

当权系数 $\lambda_k > 0 (k = 1, \cdots, p)$，且 $\sum_{k=1}^{p} \lambda_k = 1$ 时，该问题的最优解为 $(X^{*\mathrm{T}}, W)^{\mathrm{T}}$，则 X^* 即为原 MOP 问题的弱有效解.

5.2.6 乘除法

该方法的前提条件是：对任意 $X \in R$，都有 $f_k(X) > 0 (k = 1, 2, \cdots, p)$.

不妨设目标函数中要求最小化的为

$$f_1(X)，f_2(X)，\cdots，f_s(X)，(s < p)$$

要求最大化的为

$$f_{s+1}(X)，f_{s+2}(X)，\cdots，f_p(X)$$

可构造评价函数

$$U[F(X)] = \frac{\prod\limits_{k=1}^{s} f_k(X)}{\prod\limits_{k=s+1}^{p} f_k(X)} \tag{5-14a}$$

也可选取一组适当的权数 $\lambda_k \geqslant 0 (k = 1，2，\cdots，p)$，满足 $\sum\limits_{k=1}^{p} \lambda_k = 1$.

据以构造评价函数

$$U[F(X)] = \frac{\prod\limits_{k=1}^{s} \lambda_k f_k(X)}{\prod\limits_{k=s+1}^{p} \lambda_k f_k(X)} \tag{5-14b}$$

然后以式（5-14a）为目标函数，求问题（5-6）的最优解 X^*.

容易证明：式（5-14a）关于 F 严格单调，故 X^* 为 MOP 问题的有效解.

而对式（5-14b）中的评价函数 $U(F)$：

①当 $\lambda \geqslant 0$ 时，U 关于 F 为单调的，这时 X^* 为 MOP 问题弱有效解.

②当 $\lambda > 0$ 时，U 关于 F 严格单调，这时 X^* 为 MOP 问题有效解.

以上介绍了 6 种常用的评价函数法. 另外，也可构造其他形式的评价函数，当然也应满足单调性.

5.3　约束法与分层序列法

5.3.1　约束法

该方法是从 MOP 问题的诸目标 $f_1(X)，f_2(X)，\cdots，f_p(X)$ 中选择一个函数

$f_l(X)$ 单独作为目标，而将其他目标转化为下述不等式约束：

$$f_k(X) \leqslant \delta_k, (k = 1, 2, \cdots, p, \text{且} k \neq l)$$

从而得到下述单目标规划问题：

$$[P_l(\delta)]: \min f_l(X)$$

$$\text{s. t.} \begin{cases} g_i(X) \geqslant 0 & i = 1, 2, \cdots, m \\ f_k(X) \leqslant \delta_k & k = 1, 2, \cdots, p, \text{且} k \neq l \end{cases} \tag{5-15}$$

其中 $\delta = (\delta_1, \cdots, \delta_k, \cdots, \delta_p)$ $(k \neq l)$ 是一个 $p - 1$ 维的向量.

可以证明：问题

$$V - \min F(X)$$

$$\text{s. t.} g_i(X) \geqslant 0, (i = 1, 2, \cdots, m)$$

的一切有效解，可由求解一系列的单目标规划问题

$$[P_l(\delta)], \quad (l = 1, 2, \cdots, p)$$

而获得.

同线性加权法和问题的求解一样，问题 $[P_l(\delta)]$ 的求解，也有分析法（这时 δ 为特定）和数值法（这时 δ 为给定）两种方式，而后者只能求得一个或一部分有效解.

5.3.2　分层序列法

该方法要把 MOP 问题的 p 个目标按重要性依序排列如下：

$$f_1 \geqslant f_2 \geqslant \cdots \geqslant f_k \geqslant \cdots \geqslant f_p$$

先求第一个目标的最优值 f_1^*：

$$(P_1): \min f_1(X)$$

$$\text{s. t.} g_i(X) \geqslant 0, i = 1, 2, \cdots, m$$

若 (P_1) 只存在唯一的最优解 X_1^*，则 X_1^* 即整个 MOP 问题在分层标准下的选好解；否则再求第二个目标最优值 f_2^*：

$$(P_2): \min f_2(X)$$

$$\text{s. t.} \begin{cases} g_i(X) \geqslant 0 & i = 1, 2, \cdots, m \\ f_1(X) \leqslant f_1^* \end{cases}$$

若（P$_2$）只有唯一的最优解 X_2^*，则 X_2^* 即整个问题的选好解；否则再求第三个目标最优值.

如此进行下去，直到求出第 p 个目标的最优值为止（如果前面 $p-1$ 个单目标规划问题的最优解都不唯一的话）.

一般说来，求第 k 个目标最优值的规划问题可表述为

（P$_k$）：min$f_k(X)$

$$\text{s. t.}\begin{cases} g_i(X) \geqslant 0 & i = 1, 2, \cdots, m \\ f_r(X) \leqslant f_r^* & r = 1, 2, \cdots, k-1 \end{cases} \tag{5-16}$$

设 X^* 为分层序列所产生的选好解

$$X^* = X_k^*, \qquad k \in \{1, 2, \cdots, p\}$$

则可以证明：X^* 为 MOP 的有效解.

应当指出，该方法的特点是优先满足重要程度大的目标的优化，因此当各个目标的重要性相差比较明显时，采用该方法是比较合理的. 然而，当几个目标重要性差不多时，由于该方法对诸目标的不同排序会产生不同的结果，而且结果可能相差很大，这样就不尽合理了.

例 5.7 用优先级法（序贯解法）求解例题 5.1

由理想点解知，第一个目标函数的最优值为-53.

以第二个作为目标函数，问题的原始约束条件再加第一个目标函数等于其最优值的约束条件，构造如下的线性规划模型：

$$\min(x_1 + 2x_2)$$

$$\text{s. t.}\begin{cases} 0.5x_1 + 0.25x_2 \leqslant 8 \\ 0.2x_1 + 0.2x_2 \leqslant 4 \\ x_1 + 5x_2 \leqslant 72 \\ x_1 + x_2 \geqslant 10 \\ -2x_1 - 3x_2 = -53 \\ x_1, \ x_2 \geqslant 0 \end{cases}$$

求解得多目标规划的满意解为

$$x_1 = 7, x_2 = 13,$$

此时的利润为 53，排放污染物为 33.

5.4 经济外交目标规划法

关于经济外交多目标规划中的多目标线性规划（MOLP），目前已有许多算法，多目标单纯形法①和目标规划是其中的有效方法和常用方法，下面介绍目标规划法，主要解决一类特殊的多目标线性规划问题——目标是用理想值衡量的多目标线性规划. 它以线性规划为基础，通过衡量目标值逼近理想值的程度进行求解.

目标规划和线性规划比较，具有以下特点：

①线性规划只讨论单目标线性函数在一组线性约束条件下的最优值问题，而目标规划能统筹兼顾处理实际问题中出现的多种目标关系，求得更切合实际的解.

②线性规划是求最优解，而目标规划是求满意解.

③线性规划将约束条件看成同样重要，而目标规划依实际情况将约束条件主次有别地进行求解.

多目标单纯形法与目标规划法的区别是：前者是每个目标越大或越小越好，而后者是除了单个目标越大或越小越好，也可以每个目标有目标的期望值，越接近这个期望值越好.

用目标规划方法处理经济外交多目标规划问题时，决策者首先给出各目标的期望值（理想值、目标值）；然后给出各目标的主次轻重顺序（优先因子）；评价一个决策方案是否满意时，考察决策方案所得的各个目标函数值（实现值）是否与期望值接近，即用"偏差"来衡量决策方案的优劣、好坏.

设 e_i 是 $f_i(x)$ 的期望值. 那么 $minz = \sum_{i=1}^{n} P_i |f_i(x) - e_i|$ 就是决策者追求的目标. P_i 是第 i 个目标函数的优先因子. 下面通过例题介绍基本概念和数学模型.

---

① 韩大卫. 管理运筹学——模型与方法［M］. 北京：清华大学出版社，2009：265-269.

5.4.1 基本概念

例 5.8 某厂生产甲、乙两种出口产品,已知有关数据如表 5-2 所示.

表 5-2 单位产品资源需求、利润及资源限制

	甲	乙	拥有量
原材料	4	2	22 千克
设备	2	4	20 台时
利润/万元	1.6	2	

如果不考虑其他因素就可给出最优的生产方案,这是一单目标线性规划模型. 实际上工厂决策者在安排生产时要考虑在原材料供应受严格限制的基础上要(按以下顺序)满足:

(1) 根据市场信息,产品甲的销售量有下降的趋势,故决定产品甲的生产量不超过产品乙的生产量;

(2) 尽可能地使用设备,但不加班;

(3) 尽可能地达到并超过计划利润指标 11.2 万元.

这样在进行生产计划安排时,就要考虑这 3 个目标,并且要考虑目标值越逼近理想值越好,这里探讨用目标规划进行求解,有两个问题需要解决:

①如何将多目标规划转化为单目标规划求解;

② K 个目标函数对决策者来说,有主次之分,如何表示多目标的主次顺序.

目标规划的基本方法是,对每一个目标函数引进一个期望值,由于条件限制,这些目标值不尽然都能达到. 通过引入正、负偏差变量,表示实际值与期望值的偏差,并将目标函数转化为约束条件,与原有约束条件构成新的约束条件组. 引入目标的优先等级和权系数,构造新的单一的目标函数,将多目标问题转化为单目标问题求解.

1. 目标函数的期望值

对于多目标线性规划的每一个目标函数值 z_k($k = 1, 2, \cdots, K$),根据实际情况和决策者的希望,确定一个期望值 e_k. 由于 K 个目标的期望值难以全部达

到，寻求可行解应该使这些目标的期望值最接近地得以实现.

2. 绝对约束和目标约束

绝对约束是指必须严格满足的等式和不等式约束；如线性规划问题的所有约束条件，不能满足这些约束条件的解称为非可行解，所以它们是硬约束（也称系统约束）. 目标约束是目标规划特有的，对于每一个目标函数，引入了目标值以后形成了目标函数不等式，即为目标约束，把约束右端项看作要追求的目标值. 在达到此目标值时允许发生正或负偏差，因此在这些约束中加入正、负偏差变量，它们是软约束.

3. 正、负偏差变量

对于目标函数值，分别引入正、负偏差变量 d_k^+、d_k^-，且 d_k^+、$d_k^- \geq 0$（$k = 1, 2, \cdots, K$）.

正偏差变量 d_k^+ 表示第 k 个目标超出期望值 e_k 的数值，负偏差变量 d_k^- 表示第 k 个目标未达到期望值 e_k 的数值.

对于同一个目标函数，d_k^+、d_k^- 至少有一个为零，即 $d_k^+ \cdot d_k^- = 0$.

引入偏差变量之后，目标函数就变成了约束条件，成为约束条件组的一部分. 原有的约束条件，也可以用引入偏差变量的办法，将不等式约束变成等式约束，偏差变量起着松弛变量的作用.

4. 达成函数

各个目标函数引入期望值和偏差变量后，已并入约束条件组，需要构造新的目标函数. 目标规划模型的目标函数称为达成函数（准则函数），是一个以各偏差变量取最小值，单一综合性的目标函数. 通过构造达成函数，多目标问题就转化为单目标问题. 达成函数的一般形式为

$$\min z_k = f(d_k^+, d_k^-)$$

其具体形式有三种：

（1）要求某个目标恰好达到期望值，则正、负偏差变量 d_k^+、d_k^- 都应该取最小值，可取和式 $d_k^+ + d_k^-$ 达到最小值. 达成函数的形式为

$$\min z_k = f(d_k^+ + d_k^-)$$

（2）要求某个目标不低于期望值，即该目标的正偏差变量 d_k^+ 不受限制，负

偏差变量 d_k^- 取最小值，达成函数形式为

$$\min z_k = f(d_k^-)$$

（3）要求某个目标不高于期望值，即该目标的负偏差变量 d_k^- 不受限制，正偏差变量 d_k^+ 取最小值. 达成函数形式为

$$\min z_k = f(d_k^+)$$

将各目标不同形式取最小值的偏差变量相加，就得到达成函数

$$\min z = \sum_{k=1}^{K} f(d_k^+, d_k^-)$$

5. 优先因子和权系数

各个目标有主次之分，为此引进优先因子 P_i（$i=1, 2, \cdots, l$），表示目标属于第 i 个优先级别，共有 l 个优先等级. 例如，$P_1(d_k^+)$ 表示第 k 个正偏差变量列入第 1 个优先级别. 优先因子 P_i 不仅作为一种记号，还可以看作偏差变量的一种特殊正系数，参加一般运算.

相邻优先级别的关系是" $P_i > P_{i+1}$ "，规定级别 P_i 比 P_{i+1} 有更大的优先权. 首先必须保证级别 P_i 的目标实现，其后再考虑 P_{i+1} 级目标. 由于 P_i，P_{i+1} 不是同一级别的量，对于任意正数 M，均有 $P_i > MP_{i+1}$，例如，$P_i > 10P_{i+1}$ 等.

在同一优先级别中，为了区分不同目标偏差变量的重要程度，引入权系数 ω_{ij}，$\sum_{j=1}^{3} \omega_{ij} = 1$. 权系数的数值根据实际情况而定.

根据上述讨论，目标规划的模型的一般形式是

$$\min z = \sum_{i=1}^{l} P_i \sum_{k=1}^{K} (\omega_{ik}^- d_k^- + \omega_{ik}^+ d_k^+)$$

$$\text{s. t.} \begin{cases} \sum_{j=1}^{n} c_{kj} x_j + d_k^- - d_k^+ = e_k, & k = 1, 2, \cdots, K \\ \sum_{j=1}^{n} a_{ij} x_j \leqslant (=, \geqslant) b_i, & i = 1, 2, \cdots, m \\ x_j \geqslant 0, & j = 1, 2, \cdots, n \\ d_k^-, d_k^+ \geqslant 0, & k = 1, 2, \cdots, K \end{cases} \quad (5\text{-}17)$$

5.4.2 目标规划模型的建立

目标规划的建模步骤是：

步骤1：假设决策变量；

步骤2：建立约束条件；

步骤3：建立各个目标函数；

步骤4：确定各目标期望值，引入偏差变量，将目标函数转化为约束方程；

步骤5：确定各目标优先级别和权系数，构造达成函数.

根据上面的分析，我们对例5.8建立数学模型.

解 设 x_1，x_2 分别为产品甲、乙的生产量，则原材料供应受严格限制是绝对约束，即

$$4x_1 + 2x_2 \leqslant 22$$

目标约束为

$$\begin{cases} x_1 - x_2 \leqslant 0 \\ 2x_1 + 4x_2 \leqslant 20 \\ 1.6x_1 + 2x_2 \geqslant 11.2 \end{cases}$$

加入偏差变量

$$\begin{cases} x_1 - x_2 + d_1^- - d_1^+ = 0 \\ 2x_1 + 4x_2 + d_2^- - d_2^+ = 20 \\ 1.6x_1 + 2x_2 + d_3^- - d_3^+ = 11.2 \end{cases}$$

由于第一个目标要求产品甲的生产量不超过产品乙的生产量，故第一优先级 P_1 对应的目标函数为 $P_1 d_1^+$；第二个目标要求尽可能地使用设备，但不加班，故第二优先级 P_2 对应的目标函数为 $P_2(d_2^- + d_2^+)$；第三个目标要求尽可能地达到并超过计划利润指标11.2万元，故第三优先级 P_3 对应的目标函数为 $P_3 d_3^-$.
故目标规划的数学模型

$$\min z = P_1 d_1^+ + P_2(d_2^- + d_2^+) + P_3 d_3^-$$

$$\text{s. t.}\begin{cases}4x_1 + 2x_2 \leqslant 22 \\ x_1 - x_2 + d_1^- - d_1^+ = 0 \\ 2x_1 + 4x_2 + d_2^- - d_2^+ = 20 \\ 16x_1 + 20x_2 + d_3^- - d_3^+ = 112 \\ x_1,\ x_2 \geqslant 0 \\ d_i^-,\ d_i^+ \geqslant 0, \quad i = 1,\ 2,\ 3\end{cases}$$

例 5.9　生产某种出口产品的公司，在生产周期内的正常生产时间为 100 小时. 为了提高产品产量，该公司可以加班生产、转承包生产和雇用临时工. 已知有关数据如表 5-3 所示.

表 5-3　单位产品资源需求、利润及资源限制

	正常生产	加班生产	转承包	雇用临时工
小时/单位产品	2	2	2.5	3
费用（元/小时）	100	150	80	80
平均优质水平	99%	98%	95%	90%

公司决策者的目标是：第一优先级目标，尽量满足 100 单位产品的市场需求；第二优先级目标，优质品不低于 98% 的水平；第三优先级目标，生产费用不超过 22000 元. 为满足上述目标应如何安排生产？

解　设 x_1, x_2, x_3, x_4 分别为正常生产、加班生产、转承包生产和雇用临时工的生产量，则

$$\min z = P_1 d_1^- + P_2 d_2^- + P_3 d_3^+$$

$$\text{s. t.}\begin{cases}2x_1 \leqslant 100 \\ x_1 + x_2 + x_3 + x_4 + d_1^- - d_1^+ = 100 \\ 0.99x_1 + 0.98x_2 + 0.95x_3 + 0.9x_4 - 0.98(x_1 + x_2 + x_3 + x_4) + d_2^- - d_2^+ = 10 \\ 200x_1 + 300x_2 + 200x_3 + 240x_4 + d_3^- - d_3^+ = 22000 \\ x_1,\ x_2,\ x_3,\ x_4 \geqslant 0 \\ d_i^-,\ d_i^+ \geqslant 0;\ i = 1,\ 2,\ 3\end{cases}$$

可以利用计算机软件 Matlab 进行求解，得出答案：第一和第二优先级目标可以达到，第三优先级目标无法达到（生产费用超出 1333.33），总偏差为 1333.33，所得到的满意解为：正常生产 50 单位，加班生产 33.33 单位，转承包生产 16.67单位.

*5.4.3　目标规划的单纯形解法

由于目标规划和线性规划其模型结构没有本质区别，因此单纯形解法[①]是目标规划求解方法之一. 在单纯形解法中应充分注意目标规划的特点. 首先，达成函数是求各偏差变量的最小值，优先因子和权系数是单纯形表中的价值系数 c_j行. 其次，不同等级的优先因子分属不同级别，检验数行 $z_j - c_j$ 是一行，而是 l行，与优先级别数相同. 最优性检验应该从最高级别 P_1 开始，依次检验，直到各级检验数都满足要求. 目标规划单纯形解法的基本步骤是：

1. 建立初始单纯形表

表中检验数行按优先因子顺序排成 l 行，并从左到右分别计算各列的检验数$z_j - c_j$.

2. 选择调入变量，寻找最优列

先在 P_1 行中寻找最大正检验数. 若 P_1 行无正检验数，则转入 P_2 行，如此继续. 若某检验数行有两个以上的最大正检验数，依次检查级别较低一行相应列的正检验数，以最大者所在列为最优列. 如果检验结果仍相同，则规定列标号小者为最优列.

3. 确定调出变量，寻找关键行

用常数列除以对应最优列的正系数，按最小比值原则确定关键行，若有几个最小比值，则规定优先级别最高的变量所在行为关键行.

4. 求出新的基可行解

关键行和最优列相交点的元素称为主元素，进行换基迭代，建立新单纯形表.

5. 判别是否为最优解

优先级别从高到低检查各检验数行，全部非正，则已是最优解，算法终止；

---

① 教材编写组. 运筹学［M］. 5 版. 北京：清华大学出版社，2021：348-362.

若某检验数行存在正检验数，该正检验数同列级别较高的检验数行中存在负检验数，说明该目标虽未达到最优，但已无法继续改进，停止计算. 否则，不是最优解，转入步骤二，继续迭代，直至计算终止. 目标规划单纯形解法的计算框图如图 5-2 所示.

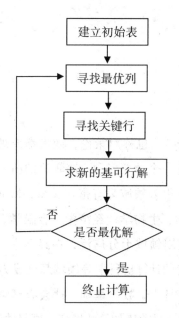

图 5-2

第 6 章

博弈论的基础知识

博弈论（Game Theory），也称对策论，或者赛局理论，是应用数学的一个分支，或者说是运筹学的一个重要学科. 博弈论的研究对象与社会、政治、经济、军事、科学、技术等很多领域都有密切关系，博弈论涉及的学科甚广，包括数学、统计学、工程学、生物学、经济学、金融学、市场学、政治科学以及管理科学等. 博弈论的应用领域十分广泛，在经济学、政治科学、军事战略问题、进化生物学以及当代的计算机科学等领域都已成为重要的研究和分析工具. 此外，它还与会计学、统计学、数学基础、社会心理学以及诸如认识论与伦理学等哲学分支有重要联系. 目前诸如算法博弈、网络博弈、组合拍卖、合作的演化、由具有有限理性的行为主体参与的博弈以及博弈理论在可持续发展等问题中的应用研究则构成博弈理论最为前沿和热点的研究领域.

或者说，博弈是指在一定的规则约束下，基于直接相互作用的环境条件，各参与者依靠所掌握的信息，选择各自策略（行动），以实现利益最大化和风险成本最小化的过程. 通俗地讲，博弈是指在游戏中的一种选择策略的研究，博弈的英文为"game"，在英语中，"game"即是人们遵循一定规则的活动，进行活动的人的目的是让自己"赢". 而在和对手竞赛或游戏的时候怎样使自己赢？这不但要考虑自己的策略，还要考虑其他人的选择.

简而言之，博弈即个人或组织面对一定的环境条件，在一定的规则约束下，依靠所掌握的信息，同时或先后，一次或多次，从各自允许的行为或策略中进行选择并加以实施，各自取得相应结果的过程. 比如，日常生活中的下棋、打牌等.

由于博弈论是研究决策主体的行为发生直接相互作用时的决策及其决策均衡问题的理论，所以博弈的基础也是决策分析，主要讨论多个决策主体之间的策略互动关系.

博弈论研究的是对于某种活动的参与人，一方的支付不仅取决于自己选择的行动，也取决于对方选择的行动，在这种具有利益依存关系的状况下，参与人如何进行决策以实现自己的最大利益，从而达到一种均衡结果的问题. 因此，博弈论与常规的决策理论的区别：决策理论讨论的一般是仅有一个决策者，他从个人效用最大化出发进行决策；博弈论是研究互动决策的理论，博弈论中有多个决策主体，这些主体之间是利益相关的，博弈方之间行为和利益有交互作用和制约.

6.1　博弈论的基本概念

一个博弈必须包含四个要素，即参与者、策略、规则、收益，或者称为博弈方、策略空间、博弈的次序和得益（函数）. 其中博弈的规则包括三个内容，即参与者每个步骤的时机与顺序，参与者在每个步骤中所能采取的行动，参与者在每个步骤时拥有的信息. 这就涉及信息结构、博弈方的行为逻辑和理性层次等，也是博弈问题隐含或者需要明确的内容.

6.1.1　博弈的基本构成要素

1. 参与者

参与者（players）也称参与人或博弈方，指的是博弈中的决策主体，即是谁进行博弈. 参与者的目的在于通过选择行为或策略来使自己的支付（或收益）最大化. 每个参与者必须有可供选择的策略和明确的偏好函数. 不做决策的被动主体只能作为博弈的参数，

自然①（nature）被看作一个虚拟参与人（pseudo-player），指决定外生的

————————————

① 在第 7 章介绍"自然"的概念.

随机变量的概率分布的机制，它没有自己的目标函数和支付，即所有结果对它而言都是无差异的.

一般用 $i = 1$，2，$\cdots$，n 代表参与人，0 代表"自然".

2. 博弈规则

博弈规则（rules of game）即谁在什么时候行动，人们行动时知道些什么信息，他们可以怎么做.

（1）参与人的策略

策略（strategy）是指参与人在给定信息集条件下的行动规则，它规定参与人在什么时候选择什么行动. 它指的是参与者选择行动的规则，如"以牙还牙"就是一种策略.

策略空间（strategy set）：参与人 i 的所有可能选择的策略的全体，记为 $S_i = \{s_i\}$（$i = 1$，2，$\cdots$，n）.

策略组合（strategy profile）：n 个参与人的策略的有序集合，记为 $s = (s_1$，s_2，$\cdots$，$s_n)$.

（2）参与人的行动

行动（actions）：参与人在某个时点的决策. 它可以是离散的，也可以是连续的.

行动空间（action set）：参与人 i 的所有可能选择的行动的全体，记为 $A_i = \{a_i\}$（$i = 1$，2，$\cdots$，n）.

行动组合（action profile）：n 个参与人的行动的有序集合，记为 $a = (a_1$，a_2，$\cdots$，$a_n)$.

策略与行动的区别与联系：策略是行动规则而不是行动本身；在静态博弈中，策略和行动是相同的.

（3）参与人的行动顺序

参与人的行动顺序（the order of play）指参与人决策的顺序，同时或先后.

（4）信息

信息（information）指参与人有关博弈的知识，包括对其他参与人（包括"自然"）的特征、策略空间和支付函数及博弈进程的有关知识.

完全信息（complete information）与不完全信息（incomplete information）：

完全信息指每一个参与人对其他所有参与人的特征、策略空间和支付函数有准确知识的情况；不完全信息指每一个参与人对其他所有参与人的特征、策略空间和支付函数没有准确知识的情况.

共同知识：指所有参与人知道，所有参与人知道所有参与人知道，所有参与人知道所有参与人知道所有参与人知道，等等. 在博弈论中，一般假定参与人的行动空间和行动是所有参与人的共同知识.

3. 参与人的支付函数

参与人的支付函数（payoff function）指在特定的策略组合下参与者得到的效用或预期效用. 收益是客观存在的，是博弈参与者真正关心的东西，但这并不意味着各博弈方都了解各方的收益情况. 参与人对这些可能的博弈结果有着怎样的偏好？或效用函数？用参与人的支付函数表示.

支付（payoff）：指在一个特定策略组合下参与人得到的确定的效用水平（期望效用水平）. 即在行动结束之后，每个参与人得到些什么（支付是所有行动的函数）.

支付组合（payoff profile）：n 个参与人的支付的有序集合，记为 $u = (u_1, u_2, \cdots, u_n)$，其中 $u_i = u_i(s_1, s_2, \cdots, s_n)$ 表示第 i 个参与人的支付.

博弈结果（game outcome）：对于每个参与人的可能行为，博弈的结果是怎样的.

从上面可以看出，设定一个博弈必须确定的方面包括：

（1）博弈方，即博弈中进行决策并承担结果的参与者；

（2）策略（空间），即博弈方选择的内容，可以是连续的数量水平等；

（3）得益或得益函数，即博弈方行为、策略选择的相应后果、结果，必须是数量或者能够折算成数量；

（4）博弈次序，即博弈方行为、选择的先后次序或者重复次数等；

（5）信息结构，即博弈方相互对其他博弈方行为或最终利益的了解程度；

（6）行为逻辑和理性程度，即博弈方是依据个体理性还是集体理性行为[1]，

---

[1] 理性人是指能设身处地地考虑其他参与人的利益及其决策，从而最终选定对自身最有利的行动方案.

以及理性的程度等.

在博弈分析中，个人理性追求自身效用最大化，往往以效用值为支付值，用效用函数值的最大化作为分析的目标. 效用理论的核心部分是它放弃了把使用价值当作一个常量的传统看法，认为使用价值的大小是由人的主观评价决定的. 为避免不合理现象发生，关键是支付效用函数的设计，也就是说支付效用函数的设计是博弈论应用的重要环节. 而支付效用函数的设计要涉及效用理论①.

6.1.2　博弈的分类

由于分类角度不同，博弈有不同的分类.

（1）根据博弈方的行为逻辑，是否允许存在有约束力协议，博弈可以分为合作博弈（cooperative game）和非合作博弈（non-cooperative game）.

博弈论的两个经典框架：非合作博弈与合作博弈. 二者的区别主要在于人们的行为相互作用时，参与人能否达成一个具有约束力的协议（binding agreement）. 如果有，就是合作博弈；如果没有，就是非合作博弈.

非合作博弈中，决策主体从纯粹的个人理性出发，以最大化自身利益为策略选择的出发点，其核心问题是策略选择，研究参与人如何在利益相互影响的情况下做出最有利于自己的选择. 即非合作博弈强调个体理性、个体最优决策，其结果可能是有效率的，也可能是无效率的. 研究的重点在于，各参与人能够采取怎样的行动，以及这些行动是怎样共同决定每个人的支付的. 因徒困境以及公共资源悲剧都是典型的非合作博弈.

两类博弈的根本区别在于有无严格外生的执行协议. 然而，尽管合作博弈的研究重点、分析方法、思维角度与非合作博弈都有明显差别，但在研究对象、所感兴趣等许多现实问题方面又与非合作博弈有许多交叉. 一方面，通过讨价还价等，合作博弈有融入非合作博弈中的趋势；另一方面，非合作博弈提供合作能够达到更合意的均衡，有助于实现均衡选择.

（2）根据博弈过程，博弈可以分为静态博弈、动态博弈.

静态博弈指参与者同时采取行动，或者尽管参与者行动的采取有先后顺序，

---

①　参见运筹学相关书籍.

但后采取行动的人不知道先采取行动的人采取的是什么行动.

动态博弈指参与者的行动有先后顺序, 并且后采取行动的人可以知道先采取行动的人所采取的行动.

如"囚徒困境"就是同时决策的, 属于静态博弈; 而棋牌类游戏等决策或行动是有先后次序的, 属于动态博弈.

(3) 按照参与人对其他参与人的了解程度博弈可以分为完全信息博弈和不完全信息博弈.

信息是博弈论中重要的内容. 完全信息博弈指参与者对所有参与者的策略空间及策略组合下的支付有"完全的了解", 否则是不完全信息博弈. 严格地讲, 完全信息博弈是指在博弈过程中, 每一位参与人对其他参与人的特征、策略空间及收益函数有准确的信息. 如果参与人对其他参与人的特征、策略空间及收益函数信息了解得不够准确, 在这种情况下进行的博弈就是不完全信息博弈. 对于不完全信息博弈, 参与者所做的是努力使自己的期望支付或期望效用最大化.

完全信息静态博弈的基本特征是所有参与人同时选择策略, 每个参与人对所有其他参与人的特征 (包括策略空间和支付函数等) 有完全了解的博弈. 其中同时选择并不是强调时间上的同步, 关键是参与人在自己选择之前不能知道其他参与人的策略. 对于完全信息静态博弈, 策略型博弈模型对它是很好的刻画, 可以用纳什均衡预测博弈的结果.

完全信息动态博弈又可分为完全且完美信息动态博弈、完全但不完美信息动态博弈两类.

在动态博弈中, 如果后行动者在自己行动之前能够完全了解先行动者的行动, 则称这样的参与人为"具有完美信息的参与人". 如果动态博弈中所有参与人都具有完美信息, 则该动态博弈称为"完美信息动态博弈", 也称为多阶段博弈、序列博弈或扩展型博弈.

如果后行动者在自己行动之前不完全了解先行动者的行动, 则称这样的参与人为"具有不完美信息的参与人", 如果动态博弈中具有这样的参与人, 则该动态博弈称为"不完美信息动态博弈".

非合作博弈分类如表 6-1 所示.

表 6-1 非合作博弈的分类

行动顺序 信息	静态	动态
完全信息	完全信息静态博弈	完全信息动态博弈
不完全信息	不完全信息静态博弈	不完全信息动态博弈

（4）根据博弈方的理性层次，博弈可以分为完全理性博弈和有限理性博弈两大类.

完全理性博弈指博弈中的参与人有始终追求最大利益的完美意识、分析推理和准确行为的能力. 不能完全满足理性要求的就是有限理性，以有限理性为基础的博弈称为有限理性博弈. 有限理性博弈也就是进化博弈，其有效分析框架是借鉴生物进化博弈理论发展起来的.

（5）根据博弈的特征，博弈可以分为零和博弈、常和博弈、负和博弈、正和博弈和变和博弈.

收益可以是正值，也可以是负值，它是分析一个博弈模型的标准和基础. 所有参与者的收益总和为负的称为"负和博弈"，为正的称为"正和博弈". 如果博弈所有参与者的支付总和始终为 0 的称为"零和博弈"，如果为某一非 0 常数，则称为"常和博弈"，不具备这两种特征的博弈则称为"变和博弈".

零和博弈在现实生活最常见，如棋局比赛，胜负分明，如果存在赢家，那么另一方必定是输家. 零和博弈也称零和游戏、定和博弈、游戏理论，是指有赢家必有输家的竞争与对抗，参与博弈的双方，在严格竞争下，一方的收益必然意味着另一方的损失，博弈各方的收益和损失相加的总和永远为"零". 双方不存在合作的可能. 零和博弈的结果是一方吃掉另一方，一方的所得正是另一方的所失，整个社会的利益并不会因此而增加一分.

零和博弈又分为二人有限零和博弈和二人无限零和博弈（对抗博弈）. 二人有限零和博弈也称矩阵博弈，是指只有两个参与人，每个参与人都只有有限个策略可供选择. 在任一局势下，参与人 1 的赢得就是参与人 2 的损失，即两个参与人的赢得之和总是等于零. 它是研究最早也是最多的博弈问题.

常和博弈是零和博弈的扩展，与零和博弈一样，常和博弈中各方的利益关系也是对立的，博弈方之间仍属于竞争关系，常和博弈中利益的对立性体现在各博弈方所得利益的多寡. 由于博弈本身并非公平竞争，收益之和并不为零，而是一个常数，这就是常和博弈.

负和博弈是指双方冲突、对抗和斗争的结果，是所得小于所失，就是博弈结果的总和为负数，这是一种两败俱伤的博弈，结果是双方都有不同程度的损失. 可以说像这种情况，在我们的生活中是经常出现的，如在人们相处过程中，由于交往双方为了各自的利益或占有欲，而不能达成相互间的统一，使交际产生冲突和矛盾，结果是交际的双方都从中受到损失，"博弈论"把这种情况叫"负和博弈"."囚徒困境"就是一个经典的负和博弈.

零和博弈与常和博弈之外的所有博弈都称为"变和博弈". 变和博弈是指在不同策略组合下各博弈方的利益之和往往是不一样的，如囚徒困境就是一种变和博弈. 变和博弈是最一般的博弈类型，常和博弈与零和博弈都是它的特例. 变和博弈的不同策略组合会使得总收益的大小产生巨大的差别.

（6）根据博弈中博弈方的数量，可将博弈分为单人博弈、两人博弈和多人博弈.

（7）根据博弈方策略的数量，博弈可以分为有限博弈和无限博弈两类.

如果博弈活动中每个参与人的行动集合都是有限集，且每个参与人的行动的次数也是有限的，则该博弈被称为有限博弈（finite game），否则称为无限博弈.

（8）根据博弈的数学特征，可分为矩阵博弈、连续博弈、微分博弈、凸博弈、随机博弈等.

（9）根据博弈模型进一步研究的热点和趋势，分为演化博弈、随机博弈、微分博弈、凸博弈、网络博弈、算法博弈、量子博弈、超模博弈（见本章6.4）、模糊博弈（见第8章）等.

6.1.3 博弈的表述

1. 博弈的基本表述方式

在博弈论中，一个博弈可以有三种表述形式.

一是策略式表述（strategic form representation）：不描述每个参与人的行为，

而是突出每个参与人的行动或策略的表述形式.

用策略式表述的博弈模型称为策略型博弈模型,其结构简单,但它忽略了博弈的时序与信息,侧重点在于分析参与人的策略选择,主要用来分析静态博弈,对于信息完全静态博弈用策略型博弈刻画更为合适.

二是扩展式表述(extensive form representation):刻画出每个参与人所有可能采取的每个步骤的表述方式,它主要借助"博弈树"来展开博弈过程,博弈树既可以表述静态博弈,也可以表述动态博弈.

用扩展式表述的博弈模型称为扩展型模型,其完整地刻画了一项博弈活动,即博弈树是扩展型模型的形象刻画. 但由于它仅描述了有限的博弈模型,主要用来分析动态博弈,对信息完全的动态博弈,用扩展型博弈模型描述更为合适.

三是特征方程式(characteristic function form representation),或联盟式(coalitional form representation):主要突出博弈最后达成的结果,它主要用来分析合作博弈.

2. 博弈的策略式表述

策略式表述又称为标准式表述. 在这种表述中,所有参与人同时选择各自的策略,所有参与人选择的策略一起决定每个参与人的支付.

策略式表述给出:

(1)博弈的参与人集合:$i \in \{1, 2, \cdots, n\}$.

(2)每个参与人的策略空间:$S_i = \{s_i\}$($i = 1, 2, \cdots, n$).

(3)每个参与人的支付函数:$u_i = u_i(s_1, s_2, \cdots, s_n)$($i = 1, 2, \cdots, n$).

该博弈的策略式表述为:

$$G = \langle N; S_1, \cdots, S_n; u_1, \cdots, u_n \rangle$$

两人有限博弈的策略式表述可以用矩阵直观给出,被称为支付矩阵.

例 6.1 两人有限策略型博弈模型

在甲、乙两人有限策略博弈中 $G = \langle N, S_1, S_2, u_1, u_2 \rangle$,$N = \{1, 2\}$,甲、乙的策略集合分别为 $S_1 = \{\alpha_1, \alpha_2, \cdots, \alpha_m\}$,$S_2 = \{\beta_1, \beta_2, \cdots, \beta_n\}$,则 G 可由支付矩阵

$$
\begin{array}{c c c c c}
 & \beta_1 & \beta_2 & \cdots & \beta_n \\
\alpha_1 & (a_{11},\ b_{11}) & (a_{12},\ b_{12}) & \cdots & (a_{1n},\ b_{1n}) \\
\alpha_2 & (a_{21},\ b_{21}) & (a_{22},\ b_{22}) & \cdots & (a_{2n},\ b_{2n}) \\
\vdots & \vdots & \vdots & & \vdots \\
\alpha_m & (a_{m1},\ b_{m1}) & (a_{m2},\ b_{m2}) & \cdots & (a_{mn},\ b_{mn})
\end{array} \tag{6-1}
$$

完全描述. 称

$$
A = \begin{array}{c}
\begin{array}{cccc} \beta_1 & \beta_2 & \cdots & \beta_n \end{array} \\
\begin{array}{c} \alpha_1 \\ \alpha_2 \\ \vdots \\ \alpha_m \end{array}
\begin{pmatrix}
a_{11} & a_{12} & \cdots & a_{1n} \\
a_{21} & a_{22} & \cdots & a_{2n} \\
\vdots & \vdots & & \vdots \\
a_{m1} & a_{m2} & \cdots & a_{mn}
\end{pmatrix}
\end{array}
$$

为参与人 1 的支付矩阵. 称

$$
B = \begin{array}{c}
\begin{array}{cccc} \beta_1 & \beta_2 & \cdots & \beta_n \end{array} \\
\begin{array}{c} \alpha_1 \\ \alpha_2 \\ \vdots \\ \alpha_m \end{array}
\begin{pmatrix}
b_{11} & b_{12} & \cdots & b_{1n} \\
b_{21} & b_{22} & \cdots & b_{2n} \\
\vdots & \vdots & & \vdots \\
b_{m1} & b_{m2} & \cdots & b_{mn}
\end{pmatrix}
\end{array}
$$

为参与人 2 的支付矩阵.

因而两人有限策略型博弈 G 也称为双矩阵博弈，记为 $G = \{A,\ B\}$.

如果是双人对立博弈，这时参与人 1 的收益就是参与人 2 的损失，支付矩阵可简化如下：

$$
A = \begin{pmatrix}
a_{11} & a_{12} & \cdots & a_{1n} \\
a_{21} & a_{22} & \cdots & a_{2n} \\
\vdots & \vdots & & \vdots \\
a_{m1} & a_{m2} & \cdots & a_{mn}
\end{pmatrix}
$$

a_{ij} 表示在策略集合下甲的收益，$-a_{ij}$ 为乙的收益，A 为局中人甲的收益矩阵，$-A$ 为局中人甲的收益矩阵.

当参与人有甲、乙、丙三人时，仍然可以用支付矩阵，假设参与人丙的策

略集合为 $S_3 = \{\gamma_1, \gamma_2, \cdots, \gamma_l\}$，则可固定丙的策略 $s_3 = \gamma_k$（$k = 1, 2, \cdots,$ l），支付矩阵如下，仍然可以利用划线法进行求解，具体求解固定对手时是固定两个参与人.

$$
\begin{array}{cccc}
 & \beta_1 & \beta_2 & \cdots & \beta_n \\
\alpha_1 & (a_{11k}, b_{11k}, c_{11k}) & (a_{12k}, b_{12k}, c_{12k}) & \cdots & (a_{1nk}, b_{1nk}, c_{1nk}) \\
\alpha_2 & (a_{21k}, b_{21k}, c_{21k}) & (a_{22k}, b_{22k}, c_{22k}) & \cdots & (a_{2nk}, b_{2nk}, c_{2nk}) \\
\vdots & \vdots & \vdots & & \vdots \\
\alpha_m & (a_{m1k}, b_{m1k}, c_{m1k}) & (a_{m2k}, b_{m2k}, c_{m2k}) & \cdots & (a_{mnk}, b_{mnk}, c_{mnk})
\end{array}
$$

3. 非合作博弈对应的均衡概念

非合作博弈对应的均衡概念如表 6-2 所示

表 6-2　非合作博弈对应的均衡概念

行动顺序／信息	静态	动态
完全信息	完全信息静态博弈纳什均衡（Nash equilibrium）	完全信息动态博弈子博弈精炼纳什均衡（subgame perfect Nash equilibrium）
不完全信息	不完全信息静态博弈贝叶斯纳什均衡（Bayesian Nash equilibrium）	不完全信息动态博弈精炼贝叶斯纳什均衡（perfect Bayesian Nash equilibrium）

纳什均衡是完全信息静态博弈的解，对于非合作博弈，求子博弈精炼纳什均衡、贝叶斯纳什均衡、精炼贝叶斯纳什均衡，原理上都是落在求纳什均衡.

（1）子博弈精炼纳什均衡的寻找是在每个子博弈上求纳什均衡，进行逆序求解，最后求得的均衡就是子博弈精炼纳什均衡；

（2）贝叶斯纳什均衡是利用涉及类型的概率分布，就是支付考虑期望值的寻找纳什均衡，落脚是利用期望值求纳什均衡；

（3）精炼贝叶斯纳什均衡就是子博弈精炼纳什均衡和叶斯纳什均衡的结合.

所以纳什均衡的获得非常重要，纳什均衡的典型应用为多人参与博弈形式的囚徒困境及其扩展.

6.1.4　纳什均衡

对于完全信息静态博弈，策略型博弈模型对它是很好的刻画，可以用纳什均衡预测博弈的结果.

1. 纳什均衡的定义

纳什均衡（Nash Equilibrium）是 20 世纪 80 年代初才被广泛使用的一个概念，它描述的是这样一个状态：在一个策略组合中，所有的参与者面临这样一种情况，当其他人不改变策略时，他此时的策略是最好的. 也就是说，此时如果他改变策略，他的支付将会降低. 在纳什均衡点上，每一个理性的参与者都不会有单独改变策略的冲动. 所以所谓纳什均衡，它是一个稳定的博弈结果.

简单地说，只要任一博弈方单独改变策略不会增加得益，策略组合就是纳什均衡了. 单独改变策略只能得到更小得益的策略组合是严格纳什均衡，是比纳什均衡更强的均衡概念.

下面是纳什均衡的等同描述：

（1）在一个策略组合中，所有的参与者面临这样一种情况，当其他人不改变策略时，他此时的策略是最好的；

（2）在纳什均衡点上，此时如果有一个参与者改变策略，他的支付将会降低；

（3）在纳什均衡点上，每一个理性的参与者都不会有单独改变策略的冲动；

（4）只要任一参与者单独改变策略不会增加得益，策略组合就是纳什均衡了；

（5）只要其中一个参与者存在更好的策略就意味着该战略组合不是纳什均衡.

单独改变策略只能得到更小得益的策略组合是严格纳什均衡，是比纳什均衡更强的均衡概念.

由于扩展型博弈模型可以转化为策略型博弈模型，我们集中讨论具有完全信息的策略型博弈模型的纳什均衡.

定义 6.1　设有 n 个参与人的策略式表述博弈

$$G = \langle N; \ S_1, \ \cdots, \ S_n; \ u_1, \ \cdots, \ u_n \rangle$$

策略组合 $s^* = (s_i^*, \ s_{-i}^*) = (s_1^*, \ \cdots, \ s_i^*, \ \cdots, \ s_n^*)$ 是一个纳什均衡，如果对于每一个参与人 i，给定其他参与人的选择 $s_{-i}^* = (s_1^*, \ \cdots, \ s_{i-1}^*, \ s_{i+1}^*, \ \cdots, \ s_n^*)$ 情况下第 i 个参与人的最优策略（使 u_i 或 Eu_i 最大化的策略），即

$$u_i(s_i^*, \ s_{-i}^*) \geq u_i(s_i, \ s_{-i}^*) \qquad \forall s_i \in S_i, \ i = 1, \ 2, \ \cdots, \ n \qquad (6\text{-}2)$$

成立.

也可表述为下面形式：

$$u_i(s_i^*, \ s_{-i}^*) - u_i(s_i, \ s_{-i}^*) \geq 0 \qquad \forall s_i \in S_i, \ i = 1, \ 2, \ \cdots, \ n \qquad (6\text{-}3)$$

或

$$u_i(s_i^*, \ s_{-i}^*) = \max_{s_i \in S_i} u_i(s_i, \ s_{-i}^*) \qquad i = 1, \ 2, \ \cdots, \ n$$

或

$$s_i^* \in \arg \max_{s_i \in S_i} u_i(s_1^*, \ \cdots, \ s_{i-1}^*, \ s_i, \ s_{i+1}^*, \ \cdots, \ s_n^*), \qquad i = 1, \ 2, \ \cdots, \ n$$

如果式（6-2）不等式严格成立，称 s^* 为 G 的严格纳什均衡.

可见，纳什均衡是各参与人的一组相互为最优反应的策略组合. 因此纳什均衡是一个策略组合 $s^* = (s_i^*, \ s_{-i}^*)$，它满足两个要求：

（1）对每个参与人 $i \in N$，能够预测到对手采取的策略组合 s_{-i}^*.

（2）对每个参与人 $i \in N$，s_i^* 是他应对 s_{-i}^* 的最好策略.

6.1.5 博弈基本性质

1. 纳什均衡的不变性

由纳什均衡的定义可知，$s^* = (s_i^*, s_{-i}^*)$ 为纳什均衡的充要条件是：对任何参与人，支付差

$$u_i(s_i^*, s_{-i}^*) - u_i(s_i, s_{-i}^*) \geq 0 \qquad \forall s_i \in S_i$$

成立即可，而与这个差值是多少无关，由此可导出纳什均衡的一个性质，即纳什均衡的不变性.

定理 6.1 设 $G = \langle N, S_1, \ \cdots, \ S_n, u_1, \ \cdots, \ u_n \rangle$ 为已知策略型博弈.

（1）纳什均衡在支付函数的正仿射变换下不变. 即对 $\forall i \in N$，令

$$u'_i(s) = \delta_i u_i(s) + C_i \qquad (6\text{-}4)$$

其中 $\delta_i > 0$，则 G 与 $G' = \langle N, S_1, \cdots, S_n, u'_1, \cdots, u'_n \rangle$ 有相同的纳什均衡.

（2）纳什均衡在支付函数的局部变换下不变. 即给定 $i \in N$ 及给定策略 $\bar{s}_{-i}$. 令

$$u'_i(s) = \begin{cases} u_i(s) + C_i & s_{-i} = \bar{s}_{-i} \\ u_i(s) & s_{-i} \neq \bar{s}_{-i} \end{cases} \tag{6-5}$$

则 G 与 $G' = \langle N, S_1, \cdots, S_n, u'_1, \cdots, u'_n \rangle$ 有相同的纳什均衡.

证明　（1）对 $\forall i \in N$，支付差

$$u'_i(s_i, s_{-i}) - u'_i(s_i', s_{-i}) = \delta_i [u_i(s_i, s_{-i}) - u_i(s_i', s_{-i})]$$

由 $\delta_i > 0$，故 $u'_i(s_i, s_{-i}) - u'_i(s_i', s_{-i})$ 与 $u_i(s_i, s_{-i}) - u_i(s_i', s_{-i})$ 符号相同，因而 G 与 G' 有相同的纳什均衡.

（2）支付差

$$u'_i(s_i, s_{-i}) - u'_i(s_i', s_{-i}) = u_i(s_i, s_{-i}) - u_i(s_i', s_{-i})$$

故 G 与 G' 有相同的纳什均衡.

设两人有限博弈 $G = \langle N, S_1, S_2, u_1, u_2 \rangle$，支付矩阵分别为

$$A = \begin{pmatrix} a_{11} & a_{12} & \cdots & a_{1n} \\ a_{21} & a_{22} & \cdots & a_{2n} \\ \vdots & \vdots & & \vdots \\ a_{m1} & a_{m2} & \cdots & a_{mn} \end{pmatrix}, \qquad B = \begin{pmatrix} b_{11} & b_{12} & \cdots & b_{1n} \\ b_{21} & b_{22} & \cdots & b_{2n} \\ \vdots & \vdots & & \vdots \\ b_{m1} & b_{m2} & \cdots & b_{mn} \end{pmatrix}$$

对 G 的支付函数做正仿射变换，相当于对参与人的支付矩阵每个元素乘以一个正数再加一个常数，即

$$A' = \delta_1 A + C_1, \qquad B' = \delta_2 B + C_2, \qquad 其中 \delta_1 > 0, \delta_2 > 0,$$

$$C_i = \begin{pmatrix} c_i & c_i & \cdots & c_i \\ c_i & c_i & \cdots & c_i \\ \vdots & \vdots & & \vdots \\ c_i & c_i & \cdots & c_i \end{pmatrix} \quad i = 1, 2$$

对 G 的支付函数做局部变换，相当于 A 的某一列加一常数或 B 的某一行加

一常数（由于固定对手的策略，自己的所有策略支付值统一增加相同值，不影响策略选择），即

$$A' = A + \begin{pmatrix} 0 & c & \cdots & 0 \\ 0 & c & \cdots & 0 \\ \vdots & \vdots & \cdots & \vdots \\ 0 & c & \cdots & 0 \end{pmatrix}, \quad B' = B + \begin{pmatrix} 0 & 0 & \cdots & 0 \\ \vdots & \vdots & \cdots & \vdots \\ d & d & \cdots & d \\ \vdots & \vdots & \cdots & \vdots \\ 0 & 0 & \cdots & 0 \end{pmatrix} \quad (6-6)$$

则 $G = \langle A, B \rangle$ 与 $G' = \langle A', B' \rangle$ 有相同的纳什均衡，包括有相同混合策略纳什均衡.

由于纳什均衡具有在支付函数的正仿射变换下不变的性质，在必要的时候，基数收益矩阵可以利用线性变换进行调整. 也就是说，如果 x 代表任何一个收益矩阵的元素，α 和 β 是两个常数，那么：

$$x' = \alpha x + \beta$$

其中 x' 表示变换后的收益矩阵，该矩阵的所有策略特性都没有改变，即矩阵有相同的相对偏好值、最优策略和博弈值. 线性变换可以用来去掉一个矩阵的负值或分数.

应注意，在保留相同最优解的同时，为了使它们符合最初的零点和度量，若作为矩阵博弈，博弈的值增加或减少的系数，取决于线性变换怎样对收益进行调整.

（3）在两人有限博弈 $G = \langle N, S_1, S_2, u_1, u_2 \rangle$，支付矩阵分别为

$$A = \begin{pmatrix} a_{11} & a_{12} \\ a_{21} & a_{22} \end{pmatrix}, \qquad B = \begin{pmatrix} b_{11} & b_{12} \\ b_{21} & b_{22} \end{pmatrix}$$

对 G 的支付函数做局部变换，对 A 进行列变换、对 B 进行行变换变为对角矩阵.

$$A = \begin{pmatrix} a_{11} & a_{12} \\ a_{21} & a_{22} \end{pmatrix} \xrightarrow[\text{第二列减去} a_{12}]{\text{第一列减去} a_{21}} \begin{pmatrix} a_{11} - a_{21} & 0 \\ 0 & a_{22} - a_{12} \end{pmatrix} \quad (6-7)$$

$$B = \begin{pmatrix} b_{11} & b_{12} \\ b_{21} & b_{22} \end{pmatrix} \xrightarrow[\text{第二行减去} b_{21}]{\text{第一行减去} b_{12}} \begin{pmatrix} b_{11} - b_{12} & 0 \\ 0 & b_{22} - b_{21} \end{pmatrix} \quad (6-8)$$

这样对于求解混合策略能简化运算.

2. 矩阵博弈的纯策略求解

二人有限零和博弈又称矩阵博弈、矩阵对策, 是指只有两个局中人, 每个局中人都只有有限个策略可供选择.

矩阵对策用 $G = \{S_1, S_2; A\}$ 表示, 其中

$$S_1 = \{\alpha_1, \alpha_2, \cdots, \alpha_m\}, \qquad S_2 = \{\beta_1, \beta_2, \cdots, \beta_n\}$$

分别表示两个局中人的纯策略 (为与后面的混合策略区别, 可简称策略); $A = (a_{ij})$ 为局中人 1 的收益矩阵, 当局中人 1 选定纯策略 α_i 和局中人 2 选定纯策略 β_j, 就形成了一个纯局势, 简称局势 (α_i, β_j), 这样的局势共有 $m \times n$ 个.

$$
\begin{array}{c}
\begin{array}{cccc} \beta_1 & \beta_2 & \cdots & \beta_n \end{array} \\
\begin{array}{c} \alpha_1 \\ \alpha_2 \\ \vdots \\ \alpha_m \end{array}
\begin{pmatrix}
a_{11} & a_{12} & \cdots & a_{1n} \\
a_{21} & a_{22} & \cdots & a_{2n} \\
\vdots & \vdots & & \vdots \\
a_{m1} & a_{m2} & \cdots & a_{mn}
\end{pmatrix}
\end{array}
$$

对任一局势 (α_i, β_j), 局中人 1 的赢得值为 a_{ij}, 局中人 2 的赢得值为 $-a_{ij}$. 即在任一局势下, 局中人 1 的赢得就是局中人 2 的损失, 局中人 1 的赢得矩阵是 A, 局中人 2 的赢得矩阵是 $-A$, 两个局中人的赢得之和总是等于零, 双方的利益是激烈对抗的.

由于只要任一局中人单独改变策略不会增加得益, 策略组合就是矩阵博弈的解了. 这隐含着在最坏的可能结果中的选择最好的策略 (输得最少) 是双方可以接受的稳妥选择.

定义 6.2 设 $G = \{S_1, S_2; A\}$ 为矩阵博弈, 等式

$$\max_i \min_j a_{ij} = \min_j \max_i a_{ij} = a_{i^*j^*} \tag{6-9}$$

成立, 记 $V_G = a_{i^*j^*}$, 则称 V_G 为矩阵博弈 G 的值, 称使式 (6-9) 成立的纯局势 $(\alpha_{i^*}, \beta_{j^*})$ 为 G 在纯策略下的解 (或平衡局势、鞍点①), α_{i^*}, β_{j^*} 分别称为局中人 1, 2 的最优纯策略.

---

① 鞍点源于马鞍骑坐点, 具有独特属性: 甲从 "马头—马尾" 方向看, 它是极大值; 乙转 90° 看, 它又是极小值.

求矩阵博弈解的方法：

①每行找出最小的收益，再在这些找出的收益中找最大的，即局中人 1 是"小中取大"，也称为最大最小原则；

②每列找出最大的收益，再在这些找出的收益中找最小的，即局中人 2 是"大中取小"，也称为最小最大原则.

3. 占优策略均衡

（1）严格占优策略与严格劣策略

如果对于所有的 $s_{-i} = (s_1, \cdots, s_{i-1}, s_{i+1}, \cdots, s_n)$，有

$$u_i(s_i^*, s_{-i}) > u_i(s_i', s_{-i}) \quad \forall s_i' \neq s_i^*, \forall s_i \in S_i \tag{6-10}$$

则称 s_i^* 是参与人 i 的严格占优策略（dominant strategy），它是相对于所有 $s_i' \neq s_i^*$ 的占优策略，所有的 s_i'（$s_i' \neq s_i^*$）被称为严格劣策略（dominated strategies）.

若在式（6-10）中将 $>$ 换为 $\geqslant$，称 s_i^* 是参与人 i 的占优策略，$i = 1, 2, \cdots, n$，策略组合 $s^* = (s_1^*, \cdots, s_i^*, \cdots, s_n^*)$ 称为占优策略均衡.

简单地说，占优策略是所有策略中的最好策略，这是全局概念，因此占优策略不依赖于其他参与人的策略选择.

在应用重复剔除被占优策略方法寻找纳什均衡时，需要重新定义占优策略和劣策略，这是局部概念.

占优策略与劣策略. 令 s_i' 和 s_i'' 是参与人 i 可选择的两个策略（$s_i' \in S_i$，$s_i'' \in S_i$，$s_i' \neq s_i''$）. 如果对于其他参与人的任意策略组合 $s_{-i} = (s_1, \cdots, s_{i-1}, s_{i+1}, \cdots, s_n)$，参与人 i 从选择 s_i' 得到的支付严格小于从选择 s_i'' 得到的支付，即有：

$$u_i(s_i', s_{-i}) < u_i(s_i'', s_{-i}) \quad \forall s_{-i} \tag{6-11}$$

则称策略 s_i' 严格劣于策略 s_i''. 进一步地，s_i' 称为相对于 s_i'' 的劣策略，s_i'' 称为相对于 s_i' 的占优策略.

弱占优策略与弱劣策略就是将（6-11）式改为

$$u_i(s_i', s_{-i}) \leqslant u_i(s_i'', s_{-i}) \quad \forall s_{-i}$$

（2）重复剔除被占优均衡

如果策略组合 $s^* = (s_1^*, \cdots, s_i^*, \cdots, s_n^*)$ 是重复剔除劣策略后剩余的唯一的策略组合，则该策略组合被称为重复剔除被占优均衡；如果这种唯一定策略组合是存在的，则称该博弈为重复剔除被占优可解的.

注：虽然某些博弈是重复剔除占优可解的，但当支付取某些极端值时，博弈可能出现占优均衡以外的解. 这时，博弈的结果对行为的不确定很敏感，即使是很小的不确定性.

6.2 纳什均衡的求解

完全信息静态博弈寻求纳什均衡的常用求解方法：重复剔除劣策略法，实质上是求出比纳什均衡要求更高的均衡；定义分析法；划线法，这是最简单解决离散值的静态博弈方法；最优反应函数法；最优反应影射法，实质上是最优反应函数法的离散值法；另外对矩阵博弈的混合策略纳什均衡进行介绍.

可见，纳什均衡是各参与人的一组相互为最优反应的策略组合. 因此纳什均衡是一个策略组合 $s^* = (s_i^*, s_{-i}^*)$，它满足两个要求：

（1）对每个参与人 $i \in N$，能够预测到对手采取的策略组合 s_{-i}^*.

（2）对每个参与人 $i \in N$，s_i^* 是他应对 s_{-i}^* 的最好策略.

简单地说，具体步骤如下：

1）对参与人 $i \in N$，固定对手策略，找自己的最优策略；

2）所有参与人找的最优（反应）策略有交集，交集就是纳什均衡.

6.2.1 纳什均衡的划线法

划线法是最简单的解决支付为离散值的完全信息静态博弈的方法，主要适合能用矩阵表示支付的博弈模型. 在两人有限策略博弈中，通过在每一个参与人针对另一个参与人每个策略下的最大可能支付划线以求出纳什均衡的方法叫作划线法. 步骤是：

①固定列，找出行的最大值，进行划线；

②固定行，找出列的最大值，进行划线；

③行列划线的交叉处为纳什均衡.

从式（6-3）可以看出，纳什均衡虽然是在预测到对手固定策略时的最优应对，但与收益或损失的差额大小没有关系，也就是说，在谈判协商中进行策略选择时，关于博弈模型的支付函数，或者说策略的收益值有灵活区间，利用信息的价值、灵敏度分析、预测技术等技术及相互的结合对博弈模型收益值参数的取值范围进行分析，即进行博弈模型的灵敏度分析.

以参与人只有甲乙两人的静态博弈求解纳什均衡为例，也就是囚徒困境的求解，支付是如下矩阵

$$
\begin{array}{c}
\quad\quad\quad 乙 \\
\quad\quad \beta_1 \quad\quad \beta_2 \\
甲 \begin{array}{c} \alpha_1 \\ \alpha_2 \end{array}
\begin{pmatrix} (a,\ a) & (c,\ d) \\ (d,\ c) & (b,\ b) \end{pmatrix}
\end{array}
$$

其中的 α_1，α_2 是参与人甲的可选策略，β_1，β_2 是参与人乙的可选策略，当支付（收益）矩阵满足 $c > b > a > d$，$2b > c + d$ 的约束条件，用划线法均可得到纳什均衡 $(a,\ a)$，明显看出，收益值或后果值的选择灵活度可以调控.

6.2.2 最优反应函数法

参与人在博弈活动中对于对手的策略要选择最优的应对策略，同时也需要预测对手对于自己的策略的最优反应，这里探讨描写参与人的这种行为.

反应函数法，也称最优反应函数法，主要用于连续、无限策略博弈的求解，原理是固定其他人策略不变，求参与人 i 的最优策略，使参与人 i 的收益 $u_i = u_i(s_1,\ s_2,\ \cdots,\ s_n)$ 达到最大值，若各个参与人的最大收益有公共交集，就可得纳什均衡.

如果支付函数是策略的多元连续函数，则可以求得每个参与人针对其他参与人所有策略组合的最优反应构成的函数，称为反应函数［一般地定义为其他人策略不变时，参与人 i 的最优策略，记为 $BR_i(s_{-i})$，反应函数由 $\dfrac{\partial u_i}{\partial s_i}\Big|_{s_i = s_i^*} =$

0，$i = 1$，2，$\cdots$，n 或其他求最值的方法决定，即固定其他人策略不变，求 $u_i =$ $u_i(s_1, s_2, \cdots, s_n)$ 的最大值]，而各参与人的反应函数的交点（如果有的话）就是纳什均衡.

在 u_i 可微时，且博弈中纳什均衡存在，可由下面步骤来求得纳什均衡（各参与人的反应函数的交点）：

（1）固定 $s_{-i} = (s_1, \cdots, s_{i-1}, s_{i+1}, \cdots, s_n)$，求 s_i^*，得 $\max u_i = u_i(s_1, s_2, \cdots, s_n)$. 即求出每个参与人的最优反应函数 $BR_i(s_{-i}) = s_i$（$i = 1$，2，$\cdots$，n）.

（2）联立 n 个方程 $s_i^* = BR_i(s_{-i}^*)$（$i = 1$，2，$\cdots$，n），求出公共交点即为纳什均衡：

$$(s_1^*, s_2^*, \cdots, s_n^*) = [BR_1(s_{-1}^*), BR_2(s_{-2}^*), \cdots, BR_n(s_{-n}^*)]$$

具体例题见 7.4.

6.2.3 最优反应影射法

最优反应函数法的离散值形式就是最优反应影射法. 参与人 i 的最优反应映射是一个定义于策略组合集合 S、取值于策略集 S_i 的子集的集值映射①，$r_i(s) \subseteq S_i$，满足

$$r_i(s) = \{t_i \in S_i \mid u_i(t_i, s_{-i}) = \max_{s_i \in S_i} u_i(s_i, s_{-i})\}$$

即对于给定的策略组合 (s_i, s_{-i})，固定 s_{-i}，最大化问题

$$\max_{s_i' \in S_i} u_i(s_i', s_{-i})$$

的所有解的集合构成了参与人 i 的最优反应映射 $r_i(s)$，因而 $r_i(s)$ 仅与 s_{-i} 有关. 它描述了参与人 i 对于对手策略组合 s_{-i} 的理性反应行为. 当 $r_i(s)$ 是单点集时，$r_i(s)$ 为参与人 i 的最优反应函数（简称反应函数），即 $r_i(s) = BR_i(s_{-i})$. 例题见 7.2.

6.2.4 博弈的混合策略

1. 有限策略博弈的混合策略

为简单起见，针对在两人有限策略博弈中 $G = \langle N, S_1, S_2, u_1, u_2 \rangle$ 讨论这

---

① 集值映射：映射值为集合的映射称为集值映射.

个问题.

（1）混合策略的概念

其中 $S_1 = \{\alpha_1, \alpha_2, \cdots, \alpha_m\}$，$S_2 = \{\beta_1, \beta_2, \cdots, \beta_n\}$ 为参与人 1 和 2 的纯策略.

用 x_i（$0 \le x_i \le 1$）表示参与人 1 随机选择纯策略 α_i 的概率（$i = 1, 2, \cdots, m$）；用 y_j（$0 \le y_j \le 1$）表示参与人 2 随机选择纯策略 β_j 的概率（$j = 1, 2, \cdots, n$）. 即对应支付矩阵 G 为

$$
\begin{array}{cccc}
 & \begin{matrix} y_1 \\ \beta_1 \end{matrix} & \begin{matrix} y_2 \\ \beta_2 \end{matrix} & \begin{matrix} \cdots \\ \cdots \end{matrix} & \begin{matrix} y_n \\ \beta_n \end{matrix} \\
\begin{matrix} x_1\ \alpha_1 \\ x_2\ \alpha_2 \\ \vdots\ \ \vdots \\ x_m\ \alpha_m \end{matrix} &
\left(\begin{matrix}
(a_{11}, b_{11}) & (a_{12}, b_{12}) & \cdots & (a_{1n}, b_{1n}) \\
(a_{21}, b_{21}) & (a_{22}, b_{22}) & \cdots & (a_{2n}, b_{2n}) \\
\vdots & \vdots & & \vdots \\
(a_{m1}, b_{m1}) & (a_{m2}, b_{m2}) & \cdots & (a_{mn}, b_{mn})
\end{matrix}\right)
\end{array}
$$

称 S_1 上的一个概率分布 $x_1, x_2, \cdots, x_m$ 为参与人 1 的一个混合策略；称 S_2 上的一个概率分布 $y_1, y_2, \cdots, y_n$ 为参与人 2 的一个混合策略.

记 $\Delta_1 = \left\{ (x_1, x_2, \cdots, x_m)^{\mathrm{T}} \,\Big|\, \sum_{i=1}^{m} x_i = 1, \ x_i \ge 0, \ i = 1, 2, \cdots, m \right\}$

$\Delta_2 = \left\{ (y_1, y_2, \cdots, y_n)^{\mathrm{T}} \,\Big|\, \sum_{j=1}^{n} y_j = 1, \ y_j \ge 0, \ j = 1, 2, \cdots, n \right\}$

称 Δ_1，Δ_2 为两个参与人的混合策略空间. 一般地，记 $X = (x_1, x_2, \cdots, x_m)^{\mathrm{T}} \in \Delta_1$，表示参与人 1 的混合策略；$Y = (y_1, y_2, \cdots, y_n)^{\mathrm{T}} \in \Delta_2$，表示参与人 2 的混合策略.

特殊地，参与人 1 的混合策略 $e_i = (0, \cdots, \underset{i}{1}, \cdots, 0)^{\mathrm{T}}$ 等同于他的纯策略 α_i；参与人 2 的混合策略 $e_j = (0, \cdots, \underset{j}{1}, \cdots, 0)^{\mathrm{T}}$ 等同于他的纯策略 β_j. 因而混合策略包含了纯策略，即混合策略纯策略概念的扩充.

（2）混合策略下参与人的支付函数

称 (X, Y) 为混合策略组合，其中 $X \in \Delta_1$，$Y \in \Delta_2$. 对于混合策略组合，由于参与人随机选择纯策略，因而参与人的支付也是随机的，故需要期望支付代替博弈中的支付函数. 对于给定的 (X, Y)，参与人 1 的期望支付

$$E_1(X, Y) = \sum_{i=1}^{m} \sum_{j=1}^{n} u_1(\alpha_i, \beta_j) x_i y_j$$

参与人 2 的期望支付

$$E_2(X, Y) = \sum_{i=1}^{m} \sum_{j=1}^{n} u_2(\alpha_i, \beta_j) x_i y_j$$

即

$$E_1(X, Y) = (x_1, x_2, \cdots, x_m) \begin{pmatrix} a_{11} & a_{12} & \cdots & a_{1n} \\ a_{21} & a_{22} & \cdots & a_{2n} \\ \vdots & \vdots & & \vdots \\ a_{m1} & a_{m2} & \cdots & a_{mn} \end{pmatrix} \begin{pmatrix} y_1 \\ y_2 \\ \vdots \\ y_n \end{pmatrix} = X^{\mathrm{T}} A Y$$

$$E_2(X, Y) = (x_1, x_2, \cdots, x_m) \begin{pmatrix} b_{11} & b_{12} & \cdots & b_{1n} \\ b_{21} & b_{22} & \cdots & b_{2n} \\ \vdots & \vdots & & \vdots \\ b_{m1} & b_{m2} & \cdots & b_{mn} \end{pmatrix} \begin{pmatrix} y_1 \\ y_2 \\ \vdots \\ y_n \end{pmatrix} = X^{\mathrm{T}} B Y$$

称 $\bar{G} = \{N, \Delta_1, \Delta_2, E_1, E_2\}$ 为 G 的混合扩展.

（3）混合策略纳什均衡

定义 6.3 称混合策略组合 (X^*, Y^*) 为 $\bar{G}$ 的纳什均衡或 G 的混合策略纳什均衡，如果

$$(X^*)^{\mathrm{T}} A Y^* \geqslant X^{\mathrm{T}} A Y^* \qquad \forall X \in \Delta_1$$

$$(X^*)^{\mathrm{T}} B Y^* \geqslant (X^*)^{\mathrm{T}} B Y \qquad \forall Y \in \Delta_2$$

当以上两个不等式严格成立时，(X^*, Y^*) 为 G 的严格混合策略纳什均衡.

混合策略意义下的纳什均衡 (X^*, Y^*) 的含义仍为：固定 Y^*，X^* 是参与人 1 对 Y^* 的最优反应；固定 X^*，Y^* 是参与人 2 对 X^* 的最优反应.

混合策略纳什均衡在一次性的博弈中理解上有一定的困难，尽管混合策略是确定的，但博弈的实际结果是不确定的. 任何策略组合，都有可能是博弈的结局. 参与人 1 的一个混合策略 $X = (x_1, x_2, \cdots, x_m)^{\mathrm{T}}$ 可设想成当参与人 1 多次重复进行博弈 G 时，分别采用纯策略 $\alpha_1, \alpha_2, \cdots, \alpha_m$ 的频率. 若只进行一次博弈，混合策略 $X = (x_1, x_2, \cdots, x_m)^{\mathrm{T}}$ 可设想成参与人 1 对各个纯策略的偏爱

程度.

虽然纯策略纳什均衡不一定存在,但博弈的混合策略纳什均衡总是存在的,这正是纳什定理的根本结论.

关于纳什均衡的数量,有所谓奇数定理:几乎所有的有限博弈都存在奇数个纳什均衡. 或是纯策略或是混合策略纳什均衡,如一个有限博弈有两个纯策略纳什均衡,则至少有一个混合策略纳什均衡(证明省略).

2. 零和博弈的混合策略

可以推广到零和博弈. 由于博弈并不一定都有纯策略,这就需要扩充解的概念. 例如,矩阵博弈 $G = \{S_1, S_2; A\}$,其中

$$A = \begin{pmatrix} 10 & 6 \\ 7 & 9 \end{pmatrix}$$

$$\max_i \{\min_j a_{ij}\} = \max\{6, 7\} = 7$$

$$\min_j \{\max_i a_{ij}\} = \min\{10, 9\} = 9$$

知该矩阵博弈不存在平衡局势. 或用划线法发现没有纳什均衡.

$$\begin{pmatrix} (\underline{10}, -10) & (6, -\underline{6}) \\ (7, -\underline{7}) & (9, -9) \end{pmatrix}$$

这时参与人1、2都不能只取一个特定策略参与对策了,必须以一定的概率随机选取各自的策略来参与对策,这就引入了混合策略.

参与人1、2的混合策略 $x = (x_1, x_2, \cdots, x_m)^{\mathrm{T}}$(其中 $\sum_{i=1}^{m} x_i = 1$),$y = (y_1, y_2, \cdots, y_n)^{\mathrm{T}}$(其中 $\sum_{j=1}^{n} y_j = 1$)可设想成当两个参与人多次重复进行博弈 G 时,参与人1、2分别采用纯策略 $\alpha_1, \alpha_2, \cdots, \alpha_m$ 和 $\beta_1, \beta_2, \cdots, \beta_n$ 的频率. 若只进行一次博弈,混合策略可设想成为参与人1、2对各个纯策略的偏爱程度.

定义 6.4 矩阵博弈 $G = \{S_1, S_2; A\}$,若存在 $x^* \in S_1, y^* \in S_2$,使下式成立:

$$E(x^*, y^*) = \max_{x \in S_1} \min_{y \in S_2} E(x, y) = \min_{y \in S_2} \max_{x \in S_1} E(x, y) = v^* \tag{6-12}$$

其中 $E(x, y) = \sum_{i=1}^{m} \sum_{j=1}^{n} a_{ij} x_i y_j = x^{\mathrm{T}} A y$ 为参与人1的赢得函数,则称 x^*,y^* 为参与

人1、2的最优混合策略（简称最优策略）；(x^*, y^*) 为矩阵博弈 G 的解或混合平衡局势，称 v^* 矩阵博弈 G 的值，记为 $V_G = v^*$.

6.2.5 求矩阵博弈混合策略的方法

1. 通过不等式组求解矩阵博弈

定理 6.2 设 $x^* \in S_1$，$y^* \in S_2$，则 (x^*, y^*) 为 $G = \{S_1, S_2; A\}$ 的解的充分必要条件是：存在数 v，使得 x^* 和 y^* 分别是不等式组（Ⅰ）和（Ⅱ）的解，且 $v = V_G$.

$$(\text{I})\begin{cases} \sum_{i=1}^{m} a_{ij}x_i \geq v & j = 1, \cdots, n \\ \sum_{i=1}^{m} x_i = 1 \\ & i = 1, \cdots, m \\ x_i \geq 0 \end{cases} \qquad (\text{II})\begin{cases} \sum_{j=1}^{n} a_{ij}y_j \leq v & i = 1, \cdots, m \\ \sum_{j=1}^{n} y_j = 1 \\ & j = 1, \cdots, n \\ y_j \geq 0 \end{cases}$$

例 6.2 甲、乙两人一起玩"石头、剪子、布"的划拳游戏，该游戏规定，石头胜剪子，剪子胜布，布胜石头. 为构建赢得函数，可规定每次划拳，胜得 1 分，负得 -1 分，双方平手各得 0 分，该博弈的基本模型如表 6-3 所示.

表 6-3 赢得矩阵表

甲 ＼ 乙	β_1（石头）	β_2（剪子）	β_3（布）	甲方的概率 x_i
α_1（石头）	0	1	-1	x_1
α_2（剪子）	-1	0	1	x_2
α_3（布）	1	-1	0	x_3
乙方的概率 y_j	y_1	y_2	y_3	

试求该博弈的混合策略.

解 由于利用划线法无解

$$\beta_1 \qquad \beta_2 \qquad \beta_3$$

$$
\begin{array}{c}
\alpha_1 \\
\alpha_2 \\
\alpha_3
\end{array}
\left(
\begin{array}{ccc}
(0,\ 0) & (1,\ -1) & (-1,\ 1) \\
(-1,\ 1) & (0,\ 0) & (1,\ -1) \\
(1,\ -1) & (-1,\ 1) & (0,\ 0)
\end{array}
\right)
$$

该博弈没有纯策略,即没有平衡局势,故求混合策略. 由定理 6.2,可得两个方程组

$$
(\text{I})
\begin{cases}
-x_2 + x_3 \geqslant v & ① \\
x_1 - x_3 \geqslant v & ② \\
-x_1 + x_2 \geqslant v & ③ \\
x_1 + x_2 + x_3 = 1 & ④ \\
x_1,\ x_2,\ x_3 \geqslant 0 & ⑤
\end{cases}
\qquad
(\text{II})
\begin{cases}
y_2 - y_3 \leqslant v & ① \\
-y_1 + y_3 \leqslant v & ② \\
y_1 - y_2 \leqslant v & ③ \\
y_1 + y_2 + y_3 = 1 & ④ \\
y_1,\ y_2,\ y_3 \geqslant 0 & ⑤
\end{cases}
$$

分别将两组的①、②、③式相加,得

$$
0 \geqslant 3v, \qquad 0 \leqslant 3v
$$

故 $v = 0$. 将 $v = 0$ 代入两组的①、②、③式中,可得

$$
x_1 \leqslant x_2 \leqslant x_3 \leqslant x_1, \qquad y_1 \leqslant y_2 \leqslant y_3 \leqslant y_1
$$

再结合④式,可得

$$
x^* = \left(\frac{1}{3},\ \frac{1}{3},\ \frac{1}{3}\right)^{\mathrm{T}}, \qquad y^* = \left(\frac{1}{3},\ \frac{1}{3},\ \frac{1}{3}\right)^{\mathrm{T}}
$$

这说明参与游戏者均以 $\frac{1}{3}$ 的概率随机选择石头、剪子、布的拳法,则划拳很多次后的结果是双方作和,而博弈值 $V_G = 0$ 表示该游戏对双方是公平合理的.

2. 用方程组求解矩阵博弈

定理 6.3 设 $(x^*,\ y^*)$ 为矩阵博弈 $G = \{S_1,\ S_2;\ A\}$ 的解,且 $v = V_G$,则

(1) 若 $x_i^* > 0$,则 $\sum_{j=1}^{n} a_{ij} y_j^* = v$;

(2) 若 $y_j^* > 0$,则 $\sum_{i=1}^{m} a_{ij} x_i^* = v$;

(3) 若 $\sum_{j=1}^{n} a_{ij} y_j^* < v$,则 $x_i^* = 0$;

（4）若 $\sum\limits_{i=1}^{m} a_{ij}x_i^* > v$，则 $y_j^* = 0$.

这个定理给出了用方程组求解矩阵博弈的方法. 将定理 6.2 中的不等式取等号，即若由

$$(\text{I})\begin{cases} \sum\limits_{i=1}^{m} a_{ij}x_i = v \\ \sum\limits_{i=1}^{m} x_i = 1 \\ x_i \geq 0 \quad i=1,2,\cdots,m \end{cases} \qquad (\text{II})\begin{cases} \sum\limits_{j=1}^{n} a_{ij}y_j = v \\ \sum\limits_{j=1}^{n} y_j = 1 \\ y_j \geq 0 \quad j=1,2,\cdots,n \end{cases}$$

得出的解 $x^* = (x_1^*, x_2^*, \cdots, x_n^*)^T$，$y^* = (y_1^*, y_2^*, \cdots, y_m^*)^T$，满足 x_i^*，$y_j^* \geq 0$，则（x^*，y^*）就是该博弈的解；否则，只要有一个 $x_i^* < 0$ 或 $y_j^* < 0$，则方法失效，需要另行求解.

例 6.3 设赢得矩阵为 A，求解这个矩阵博弈.

$$A = \begin{array}{c} \\ \alpha_1 \\ \alpha_2 \\ \alpha_3 \\ \alpha_4 \\ \alpha_5 \end{array} \begin{array}{ccccc} \beta_1 & \beta_2 & \beta_3 & \beta_4 & \beta_5 \\ \left(\begin{array}{ccccc} 5 & 4 & 2 & 5 & 2 \\ 7 & 2 & 4 & 7 & 11 \\ 9 & 5 & 11 & 7 & 11 \\ 6 & 8 & 10 & 9 & 7.5 \\ 8 & 2 & 10 & 10 & 5 \end{array}\right) \end{array}$$

解 从局中人 1 的角度进行分析，收益越大越好，由于第 4 行优超于第 1 行，第 3 行优超于第 2 行，即 α_4 优超于 α_1，α_3 优超于 α_2，故删掉 α_1 和 α_2，得到新的赢得矩阵

$$A_1 = \begin{array}{c} \\ \alpha_3 \\ \alpha_4 \\ \alpha_5 \end{array} \begin{array}{ccccc} \beta_1 & \beta_2 & \beta_3 & \beta_4 & \beta_5 \\ \left(\begin{array}{ccccc} 9 & 5 & 11 & 7 & 11 \\ 6 & 8 & 10 & 9 & 7.5 \\ 8 & 2 & 10 & 10 & 5 \end{array}\right) \end{array}$$

对于 A_1，从局中人 2 的角度进行分析，损失越小越好，$\beta_1 < \beta_3$，β_1 优超于 β_3；$\beta_2 < \beta_4$，β_2 优超于 β_4；$\beta_5 \geq \frac{1}{3}\beta_1 + \frac{2}{3}\beta_2$，$\beta_1$，$\beta_2$ 的凸线性组合优超于 β_5，因

此删掉 β_3，β_4，β_5 得到

$$A_2 = \begin{matrix} & \beta_1 & \beta_2 \\ \alpha_3 \\ \alpha_4 \\ \alpha_5 \end{matrix} \begin{pmatrix} 9 & 5 \\ 6 & 8 \\ 8 & 2 \end{pmatrix}$$

这时，α_3 优超于 α_5，故从 A_2 中删掉 α_5，得到

$$A_3 = \begin{matrix} & \beta_1 & \beta_2 \\ \alpha_3 \\ \alpha_4 \end{matrix} \begin{pmatrix} 9 & 5 \\ 6 & 8 \end{pmatrix}$$

可以利用定理 6.1 将支付矩阵化简为

$$A_4 = \begin{matrix} & \beta_1 & \beta_2 \\ \alpha_3 \\ \alpha_4 \end{matrix} \begin{pmatrix} 7 & 3 \\ 4 & 6 \end{pmatrix}$$

对于 A_4，无鞍点存在，应用定理 6.2 和定理 6.3，求解不等式组（Ⅰ）、（Ⅱ）.

$$(\mathrm{I}) \begin{cases} 7x_3 + 4x_4 \geqslant v \\ 3x_3 + 6x_4 \geqslant v \\ x_3 + x_4 = 1 \\ x_3, \ x_4 \geqslant 0 \end{cases} \qquad (\mathrm{II}) \begin{cases} 7y_1 + 3y_2 \leqslant v \\ 4y_1 + 6y_2 \leqslant v \\ y_1 + y_2 = 1 \\ y_1, \ y_2 \geqslant 0 \end{cases}$$

首先考虑满足

$$\begin{cases} 7x_3 + 4x_4 = v \\ 3x_3 + 6x_4 = v \\ x_3 + x_4 = 1 \end{cases} \qquad \begin{cases} 7y_1 + 3y_2 = v \\ 4y_1 + 6y_2 = v \\ y_1 + y_2 = 1 \end{cases}$$

的非负解，求得解为

$$x_3^* = \frac{1}{3}, x_4^* = \frac{2}{3}; \qquad y_1^* = \frac{1}{2}, y_2^* = \frac{1}{2}$$

$$v = 5$$

于是，原矩阵博弈的一个解为

$$x^* = (0, \ 0, \ \frac{1}{3}, \ \frac{2}{3}, \ 0)^T, \qquad y^* = (\frac{1}{2}, \ \frac{1}{2}, \ 0, \ 0, \ 0)^T$$

$$V_G = 5$$

推论 设二阶矩阵博弈 $G = \{S_1, \ S_2; \ A\}$，其中 $A = \begin{pmatrix} a & b \\ c & d \end{pmatrix}$，在纯策略集合中没有鞍点，若记 $D = (a + d) - (b + c)$，则 G 的值为 $V_G = \dfrac{ad - bc}{D}$，G 的解为

$$x^* = (\frac{d-c}{D}, \ \frac{a-b}{D})^T, \qquad y^* = (\frac{d-b}{D}, \ \frac{a-c}{D})^T \tag{6-13}$$

注：这是定理 6.2 的推论，可作为二阶矩阵博弈的通解公式.

例 6.4 求解矩阵博弈 $A = \begin{pmatrix} 7 & 3 \\ 4 & 6 \end{pmatrix}$.

解 这个矩阵就是例 6.3 中求解的矩阵，博弈无鞍点存在，利用二阶矩阵博弈的通解公式（6-13）得

$$D = (7 + 6) - (3 + 4) = 6, \qquad V_G = \frac{7 \times 6 - 3 \times 4}{6} = 5$$

$$x_1^* = \frac{6-4}{6} = \frac{1}{3}, \ x_2^* = \frac{7-3}{6} = \frac{2}{3}; \qquad y_1^* = \frac{6-3}{6} = \frac{1}{2}, \ y_2^* = \frac{7-4}{6} = \frac{1}{2}$$

$$x^* = (\frac{1}{3}, \ \frac{2}{3})^T, \qquad y^* = (\frac{1}{2}, \ \frac{1}{2})^T$$

补充：用混合纳什均衡的期望定义求解.

求该博弈的混合策略纳什均衡. 设参与人甲选择 α_1 的概率为 x，参与人乙选择 β_1 的概率为 y，即

$$\begin{array}{cc} & y \quad 1-y \\ & \beta_1 \quad \beta_2 \\ \begin{array}{c} x \\ 1-x \end{array} & \begin{array}{c} \alpha_1 \\ \alpha_2 \end{array} \begin{pmatrix} 7 & 3 \\ 4 & 6 \end{pmatrix} \end{array}$$

参与人甲选择 α_1 的期望收益为 $7y + 3(1 - y)$，选择 α_2 的期望收益为 $4y + 6(1 - y)$. 令两个期望收益相等：

$$7y + 3(1 - y) = 4y + 6(1 - y)$$

可解得 $y = \dfrac{1}{2}$.

参与人乙选择 β_1 的期望收益为 $7x + 4(1 - x)$ ，选择 β_2 的期望收益为 $3x + 6(1 - x)$. 令两个期望收益相等：

$$7x + 4(1 - x) = 3x + 6(1 - x)$$

可解得 $x = \dfrac{1}{3}$. 所以 $X^* = (\dfrac{1}{3}, \dfrac{2}{3})$ ，$Y^* = (\dfrac{1}{2}, \dfrac{1}{2})$ 分别为局中人甲和乙的最优策略，博弈的值为 5.

这里用定义求得博弈的最优策略和解，但当局中人策略多于 2 个时无法求解，可用线性规划求解.

3. 用线性规划求解矩阵博弈

将定理 6.3 可改写为用线性规划求解矩阵博弈的定理 6.4.

定理 6.4 设 $x = (x_1, x_2, \cdots, x_m)^{\mathrm{T}}$ ，$y = (y_1, y_2, \cdots, y_n)^{\mathrm{T}}$ 是线性规划 (6-6) 、(6-6′) 的最优解，且 $\displaystyle\sum_{i=1}^{m} x_i = \sum_{j=1}^{n} y_j = \dfrac{1}{V}$ ，则

$$x^* = V(x_1, x_2, \cdots, x_m)^{\mathrm{T}}, \qquad y^* = V(y_1, y_2, \cdots, y_n)^{\mathrm{T}}$$

是矩阵博弈 $G = \{S_1, S_2; A\}$ 的解，其值为 $V_G = V$.

$$\min \sum_{i=1}^{m} x_i$$

$$\mathrm{s. \, t.} \begin{cases} \displaystyle\sum_{i=1}^{m} a_{ij} x_i \geqslant 1 & j = 1, \cdots, n \\ x_i \geqslant 0 & i = 1, \cdots, m \end{cases} \tag{6-14}$$

$$\max \sum_{j=1}^{n} y_j$$

$$\mathrm{s. \, t.} \begin{cases} \displaystyle\sum_{j=1}^{n} a_{ij} y_j \leqslant 1 & i = 1, \cdots, m \\ y_j \geqslant 0 & j = 1, \cdots, n \end{cases} \tag{6-15}$$

下面给出矩阵博弈的基本定理.

定理 6.5 对任一矩阵博弈 $G = \{S_1, S_2; A\}$ ，一定存在混合策略意义下的解.

例 6.5 下面的矩阵为参与人 1 的支付矩阵, 求平衡局势及其值.

$$A = \begin{pmatrix} 4 & 2 & 4 \\ 2 & 5 & 3 \\ 3 & 4 & 3 \end{pmatrix}$$

解 由于

$$\max_i \{ \min_j a_{ij} \} = \max\{2, \ 2, \ 3\} = 2$$

$$\min_j \{ \max_i a_{ij} \} = \min\{4, \ 5, \ 4\} = 4$$

即不存在平衡局势. 或用划线法进行求解, 先将支付矩阵改为

$$\begin{pmatrix} (4, \ -4) & (2, \ -2) & (4, \ -4) \\ (2, \ -2) & (5, \ -5) & (3, \ -3) \\ (3, \ -3) & (4, \ -4) & (3, \ -3) \end{pmatrix}$$

再用划线法得

$$\begin{pmatrix} (\underline{4}, \ -4) & (2, \ \underline{-2}) & (\underline{4}, \ -4) \\ (2, \ \underline{-2}) & (\underline{5}, \ -5) & (3, \ -3) \\ (3, \ \underline{-3}) & (4, \ -4) & (3, \ \underline{-3}) \end{pmatrix}$$

没有纳什均衡. 利用定理 6.1 将支付矩阵化简如下:

$$A = \begin{pmatrix} 2 & 0 & 2 \\ 0 & 3 & 1 \\ 1 & 2 & 1 \end{pmatrix}$$

再利用线性规划①求混合平衡局势. 设 $x = (x_1, \ x_2, \ x_3)^{\mathrm{T}}$, $y = (y_1, \ y_2, \ y_3)^{\mathrm{T}}$ 为参与人 1、2 的混合策略, 即

$$\begin{array}{c} \quad\ y_1 \ \ y_2 \ \ y_3 \\ \begin{array}{c} x_1 \\ x_2 \\ x_3 \end{array} \begin{pmatrix} 4 & 2 & 4 \\ 2 & 5 & 3 \\ 3 & 4 & 3 \end{pmatrix} \end{array}$$

$(\mathrm{I}) \min(x_1 + x_2 + x_3)$ $(\mathrm{II}) \max(y_1 + y_2 + y_3)$

---

① 见运筹学教材.

$$\text{s. t.} \begin{cases} 2x_1 + x_3 \geqslant 1 \\ 3x_2 + 2x_3 \geqslant 1 \\ 2x_1 + x_2 + x_3 \geqslant 1 \\ x_1, \ x_2, \ x_3 \geqslant 0 \end{cases} \qquad \text{s. t.} \begin{cases} 2y_1 + 2y_3 \leqslant 1 \\ 3y_2 + y_3 \leqslant 1 \\ y_1 + 2y_2 + y_3 \leqslant 1 \\ y_1, \ y_2 \geqslant 0 \end{cases}$$

用单纯形解问题（II），将问题（II）化为标准形式：

$$\max z = y_1 + y_2 + y_3 + 0 \cdot y_4 + 0 \cdot y_5 + 0 \cdot y_6$$

$$\text{s. t.} \begin{cases} 2y_1 + 2y_3 + y_4 = 1 \\ 3y_2 + y_3 + y_5 = 1 \\ y_1 + 2y_2 + y_3 + y_6 = 1 \\ y_1, \ y_2, \ y_3, \ y_4, \ y_5, \ y_6 \geqslant 0 \end{cases}$$

用单纯形法进行计算，见表 6-4：

表 6-4

c_j			1	1	1	0	0	0	比值
	y_B	解	y_1	y_2	y_3	y_4	y_5	y_6	
0	y_4	1	[2]	0	2	1	0	0	1/2
0	y_5	1	0	3	1	0	1	0	–
0	y_6	1	1	2	1	0	0	1	1
检验行		0	−1	−1	−1	0	0	0	
1	y_1	1/2	1	0	1	1/2	0	0	–
0	y_5	1	0	3	1	1	1	0	1/3
0	y_6	1/2	0	[2]	0	− 1/2	0	1	1/4
检验行		1/2	0	−1	0	1/2	0	0	
1	y_1	1/2	1	0	1	1/2	0	0	
0	y_5	1/4	0	0	1	3/4	1	− 3/2	
1	y_2	1/4	0	1	0	− 1/4	0	1/2	
检验行		3/4	0	0	0	1/4	0	1/2	

由表 6-4 可得，问题（II）已经达到最优解

$$y^* = (\frac{1}{2}, \frac{1}{4}, 0, 0, \frac{1}{4}, 0)^T$$

即 $(y_1^*, y_2^*, y_3^*)^T = (\frac{1}{2}, \frac{1}{4}, 0)^T$，目标函数的最优值 $\max z = \frac{3}{4}$.

由线性规划对偶问题的性质①可得问题（I）的目标函数的最优值为 $\frac{3}{4}$，最优解为

$$(x_1^*, x_2^*, x_3^*)^T = (\frac{1}{4}, 0, \frac{1}{2})^T$$

故矩阵博弈的博弈值和最优混合策略为 $V_G = \frac{3}{4}$，且

$$x^* = \frac{4}{3} \times (\frac{1}{4}, 0, \frac{1}{2})^T = (\frac{1}{3}, 0, \frac{2}{3})^T$$

$$y^* = \frac{4}{3} \times (\frac{1}{2}, \frac{1}{4}, 0)^T = (\frac{2}{3}, \frac{1}{3}, 0)^T$$

注：求解矩阵博弈的方法总结如下.

（1）首先判断其是否有鞍点，当鞍点存在时，参与人 1 按最大最小原则，参与人 2 按最小最大原则，选择各自的纯策略，这对双方来说都是一种最为稳妥的行为；

（2）当鞍点不存在时，利用优超原则和矩阵博弈的性质，将原矩阵博弈的赢得矩阵尽量简化，然后再利用各种混合策略的方法去求解.②

6.3　合作博弈基本概念

20 世纪末以来，世界经济已经从自由竞争为主向自由竞争、垄断竞争、双边垄断并重方向发展，从价格竞争为主向价格竞争和双边协商并存方向发展，

---

① 见运筹学教材.
② 矩阵博弈混合策略的求解方法有：不等式法、方程组法、2×n 或 m×2 博弈的图解法、拉格朗日乘数法、线性规划法、迭代法等，本书没有过多介绍，详见运筹学参考书.

经济活动中竞争与合作不再互斥. 经济全球化和地区经济一体化, 微观经济的合作竞争、集团竞争等, 使得各种联盟关系层出不穷. 这些变化使得以研究个体理性决策行为为主的非合作博弈理论出现局限性, 合作博弈理论的价值得以体现, 人们逐渐认识到, 在许多情况下, 运用合作博弈理论才能更有效地分析和理解现代经济运行的规律和各种问题. 奥曼 (Aumann) 和谢林 (Schelling) 在2005 年获得诺贝尔经济学奖, 这也预示了合作博弈理论发展的光明前景.

　　合作博弈研究的是人与人、单位与单位、国家与国家收益分配问题, 采取的是一种合作的方式, 或者说是一种妥协. 合作博弈研究的是参与人之间如何进行无冲突的串谋, 策略选择不再是核心问题, 强调参与人将组成何种联盟、联盟中如何确定权势大小, 以及如何合理分配联盟所得的合作收益等问题. 合作博弈则强调团体理性、效率、公平和公正. 由于参与人的行为在很大程度上被压制住了, 因而研究的重点在于, 参与人在分开或合作的情况下能够得到什么结果, 至于他们怎样得到结果并不重要. 所以合作博弈, 也称正和博弈, 是指博弈双方的利益都有所增加, 或者至少是一方的利益增加, 而另一方的利益不受损害, 结果是整个社会或世界的利益有所增加.

　　合作博弈能够在解决资源共享问题和避免冲突方面提供独到的解决方法, 为了使长期收益最大化, 参与博弈的各方存在合作的可能性, 从而为博弈方的双赢或多赢提供了理论基础. 所以, 合作博弈在国际关系、区域经济合作、国际能源合作、企业合作、成本分摊、风险决策、公司治理等方面有广阔的应用前景.

　　合作博弈主要包括以下基本概念, 对于这些概念及其常用公理和性质, 下面进行简要介绍.

　　1. 联盟

　　设 $N=\{1, 2, \cdots, n\}$ 为局中人的集合, 将 N 的任意子集 S 称为联盟, 把 N 的空子集 Φ 也视为一个联盟, 记所有联盟构成的集类为 B.

　　n 人合作博弈记为 $\Gamma=(N, \{S_i\}, \{P_i\})$, 其中, S_i 为局中人 i 的策略集, P_i 为局中人 i 的支付函数.

　　2. 特征函数

　　对于 $\forall S \in B$, 用 $v(S)$ 表示联盟 S 中的局中人通过合作所能获得的最大支付, 即这个 n 个人合作博弈的特征函数, 描述了联盟的效益.

定义 6.5 对于局中人集合 $N = \{1, 2, \cdots, n\}$ 的任一子集 S，给定集合 S 的支付 $v(S)$，如果 v 满足 $v(\Phi) = 0$，则称 $v(\cdot)$ 为特征函数，记 $\langle N, V \rangle$ 为具有可转移支付的联盟博弈.

若 $v(S)$ 满足对 $\forall S, T \in B, S \cap T = \Phi$，有 $v(S \cup T) \geq v(S) + v(T)$，则说明 $v(S)$ 满足超可加性.

3. 分配

特征函数表示联盟的总支付，在合作博弈中，如何将联盟的总支付分配给各个成员，也是一个重要问题.

定义 6.6 对于合作博弈 $\langle N, V \rangle$，给定 $\forall S \in B$，如果存在实数组 $(x_i)_{i \in S}$，满足

$$\sum_{\mid i \in S} x_i = v(S)$$

则称 $(x_i)_{i \in S}$ 为 S 的可行收益向量. 特别地，当 $S = N$ 时，如果 $x = (x_1, x_2, \cdots x_n)$ 满足

$$x_i \geq v(\{i\}), i = 1, 2, \cdots, n \tag{6-16}$$

$$\sum_{i=1}^{n} x_i = v(N) \tag{6-17}$$

称 x 为 v 的分配，其中 x_i 表示局中人 i 所得到的份额.

式（6-16）为个体合理性条件，该条件说明对于每个局中人，所得到的份额不少于单独努力的收益，否则，局中人将没有参与联盟的积极性.

式（6-17）为群体合理性条件，该条件假设全部局中人组成大联盟 N，$v(N)$ 必须全部分配，否则局中人都不会同意；且总分配之和不能超过总收益，否则分配将无法达成.

合作博弈的形成条件：（1）联盟的整体收益大于每个个体单独经营收益之和；（2）每个参与人都能获得比不参与联盟更高的收益.

合作博弈 $\langle N, V \rangle$ 全体分配的集合记为 $E(v)$.

4. 稳定集与核心

定义 6.7 对于合作博弈 $\langle N, V \rangle$，如果以下条件成立：

（1）S 中任意分配 x 都不优于 S 中的其余分配；

（2）对于不属于 S 中的任何分配 y，总可以在 S 中找到优于 y 的分配 x.

则称 S 为合作博弈 $\langle N, V\rangle$ 的稳定集.

表明稳定集遵循两个条件:

(1) 稳定集内部的任何两个分配之间不存在优超关系, 称为内稳定性; 可以防止联盟内部成员因利益冲突而导致联盟解体;

(2) 稳定集外部的任意分配, 至少被稳定集内部的某个分配优超, 称为外稳定性.

定义 6.8　对于合作博弈 $\langle N, V\rangle$, 不被任何分配优超的分配构成的集合成为 v 的核心, 记为 $C(v)$.

定理 6.6　$x = (x_1, x_2, \cdots, x_n)$ 是 n 人合作博弈 $\langle N, V\rangle$ 的核心中的分配的充要条件是:

$$\sum_{i=1}^{n} x_i = v(N)$$

对 $\forall S \in B$, $x(S) = \sum_{\{i \in S\}} x_i \geq v(S)$ 核心是 n 人联盟博弈中所有不被优超的分配构成的集合.

5. Shapley 值

Shapley 值 (Shapley, 1953) 是用于计算 n 人合作博弈中解的概念, 可以解决经济活动中效益分配的问题.

为使用沙普利值, 需要假设特征函数 $v(\cdot)$ 满足

$$v(S \cup \{i\}) \geq v(S) + v(\{i\}) \qquad \forall S \in B$$

成立.

定义 6.9　设 $\langle N, V\rangle$ 为一联盟博弈, 对于给定的特征函数 v 可以确定特定的分配

$$\varphi(v) = [\varphi_1(v), \varphi_2(v), \cdots, \varphi_n(v)],$$

称 $\varphi(v)$ 为联盟 $\langle N, V\rangle$ 的沙普利值. 此处可计算得:

$$\varphi_i(v) = \sum_{\{S \mid i \in S\}} w(|S|)[v(S) - v(S \setminus i)], i = 1, 2, \cdots, n$$

$$(6\text{-}18)$$

$$w(|S|) = \frac{(n - |S|)! \, (|S| - 1)!}{n!}$$

可以证明, 沙普利值是满足下述四个公理的唯一向量:

公理 1 对称性公理：参与者所获得的分配与其在集合中的排序位置无关，即每个局中人 i 所得的收益 $\varphi_i(v)$ 与 i 的序号无关.

公理 2 有效性公理：

$$\sum_i^n \varphi_i(v) = v(N)$$

有效性公理反映了 $\varphi_i(v)$ 作为分配的整体合理性. 若参与者对他所参与的任一合作都无贡献，则其分配应当为 0；所有的联盟收入完全分配给其中的参与者.

公理 3 虚设人公理. 对于虚设人 $i \in N$，且 $v(S \cup \{i\}) = v(S) + v(i)$ 的局中人，有

$$\varphi_i(v) = v(i)$$

该公理表明，如果虚设人 i 加入联盟 S 后，并没有给 S 带来额外的收益，则对 i 的分配 $\varphi_i(v)$ 与其不加入联盟时候的收益 $v(i)$ 相等.

公理 4 聚合公理. 对于两个联盟博弈 $\langle N, v \rangle$ 和 $\langle N, u \rangle$，有

$$\varphi_i(v + u) = \varphi_i(v) + \varphi_i(u) \qquad i \in N$$

聚合公理表明，局中人参加两项互不影响的合作，则其收益为在两个博弈中单独所获收益的总和，即有可加性. 可被推广到局中人参加若干个博弈的情况中.

夏普利值从边际角度考虑参与人的利益分配，其可以理解为：假设所有参与人按某个顺序排列，所有排列都是等可能的，那么 $\Phi_i(N, v)$ 是关于参与人 i 的所有排列对在他之前的参与人集合的期望边际贡献；局中所有参与人形成大联盟，所有参与人的边际贡献之和是 $v(N)$，在某种讨价还价过程之后要依据博弈力量结构，在他们中间分摊价值 $v(N)$.

*6.4 博弈模型的研究热点^①

6.4.1 演化博弈

在传统博弈理论中，常常假定参与人是完全理性的，且参与人是在完全信息条件下进行的，只要知道博弈的结构，就可以预测均衡结果. 纳什均衡假设参与者是完全理性的，博弈信息是完全的，并且要求参与者正确地知道其他参与人将会如何选择，即预期要满足一致性原则. 但对于在现实的经济生活中的参与人来讲，参与人的完全理性与完全信息的条件是很难实现的.

演化博弈理论最早源于遗传生物学家对生物进化的研究，他们发现动植物演化结果大多数时候都可以以不依靠任何理性假设而用博弈论方法来解释. 即演化博弈论是博弈论和生物演化理论结合的产物，是利用生物演化模型研究有限理性情况下的人类行为及相关社会经济问题的有效方法. 现实中，完全理性只是在少数情况下成立，理性局限是普遍常态，试错学习和选择淘汰更符合人类的基本行为模式，因此对于复杂的社会经济博弈问题，考虑有限理性行为的博弈学习理论和演化博弈论分析更加现实有效，正是避免博弈论理论脱离实际，提升博弈论应用价值的重要途径.

经典博弈理论认为博弈的参与者是完全理性的，而演化博弈理论放松了这一假设，是建立在参与者有限理性基础上的一种博弈理论. 演化博弈理论弥补了经典博弈理论的许多缺陷，因而逐步被广泛应用于各领域. 对无限的种群，可以利用复制子动态来研究策略的演化，复制动态方程为研究无限大总体中策略的演化博弈动态提供了强大的数学基础.

确定性演化博弈模型很难展现外界客观世界的复杂性和高度不确定性，博弈方各成员未必能够总是理性地向着使自身收益较大的方向演进，即复制动态方程本身也应存在随机扰动. 随机分析是将分析学引入随机过程的研究之中，

---

① 本书 * 号内容不要求掌握.

由于客观世界的不确定性以及各种复杂因素的存在，随机分析的必要性也日益凸显. 随机演化博弈与确定性演化博弈最大的不同在于，后者只是假定了每种决策分布概率随时间的变化服从一个确定的规律. 有限种群随机演化博弈动态模型，利用随机过程的方法来描述策略的演化动态. 当前研究主要集中于个体策略的微观更新机制.

6.4.2 随机博弈

随机博弈在博弈论中是一类由一个或多个局中人所进行的、具有状态概率转移的动态博弈，该理论由 Lloyd Shapley 于 20 世纪 50 年代初期提出. 随机博弈由多个博弈阶段组成，在每一个阶段的开始，博弈处在某个特定状态下. 参与者选择自身的策略并获得相应的由当前状态和策略决定的报酬. 然后博弈按照概率的分布和参与者策略随机转移到下一个阶段. 在新的状态阶段，重复上一次的策略选择过程，然后博弈继续进行. 参与者在随机博弈中获得的全部报酬一般用各个阶段报酬的贴现值来计算，或者用各个阶段报酬平均值的下限来计算.

随机博弈的组成部分有：

（1）有限局中人 $i \in N$；

（2）状态空间 M，可以是有限集，也可以是可测空间 (M, A)；

（3）对于每一个局中人 $i \in N$，存在行为集 S^i，可以是有限集，也可以是可测空间；

（4）P 是 $M \times S$ 到 M 的转移概率，其中，$S = X_{i \in I} S$ 是行为组合，$P(A | m, s)$ 是下一状态处于 A 中的概率，而 A 给定了当前状态 m 和当前行为组合 s；从 $M \times S$ 到 R^i 的收益函数 g，其中 g 的第 i 个坐标 g^i 是参与者 i 的收益，而 g^i 是状态 m 和行为组合 s 的函数.

一个两人随机博弈的形式为 $SG = (S, A^k, Q, R^k, \beta)$. 其中：

（1）$S = \{S_1, S_2, \cdots, S_N\}$ 是状态空间.

（2）$A^k = \{a_1^k, a_2^k, \cdots, a_{M_k}^k\}$，$k = 1, 2, M^k = |A^k|$，是局中人 k 的行为空间. 局中人 k 的行为集是 A^k 的一个子集，即 A_S^k 属于 A^k 且 $\cup_{i=1}^N A_{S_i}^k = A^k$.

（3）$Q: S \times A^1 \times A^2 \times S \to [0, 1]$ 是状态转移函数.

(4) $R^k : S \times A^1 \times A^2 \to R$, $k = 1$, 2 是局中人 k 的收益函数.

(5) $\delta (0 < \delta < 1)$ 是折扣将来回报的贴现因子,即在当前状态下,一种状态转换会有一个相应的回报,但是,下一状态的转换收益将是当前状态收益的 δ 倍.

博弈过程如下:

在离散时间 t,博弈的状态是 $s_t \in S$.

局中人 1 从 A^1 选择行为 a_t^1,局中人 1 得到一个回报 $r_t^1 = R^1(s_t,\ a_t^1,\ a_t^2)$.

同时局中人 2 从 A^2 中选择行为 a_t^2,局中人 2 得到一个回报 $r_t^2 = R^2(s_t,\ a_t^1,\ a_t^2)$.

随后博弈进入一个新的状态 S_{t+1},此时,条件概率

$$(S_{t+1} | S_t,\ a_t^1,\ a_t^2) = Q(S_t,\ a_t^1,\ a_t^2,\ S_{t+1}).$$

了解局中人的行为方针,通过随机策略,来推测局中人行为的概率分布,进而希望寻找 种策略,使得局中人将来的折扣回报能够达到最小或最大化.

局中人 k 的策略 π^k 是一个向量

$$\left[\pi^k(s,\ a_1),\ \pi^k(s,\ a_2),\ \cdots,\ \pi^k(s,\ a_{M^k}) \right]^{\mathrm{T}}$$

可以用来描述 $\pi^k(s)$,其中,$\pi^k(s, a)$ 是在状态 s 下局中人 k 采取行为 a 的概率. 混合或随机策略,意味着局中人以随机的方式选择行为.

如果概率 1 代表一个行为,概率 0 代表所有其他行为. 静态博弈 π^k 是与时间和历史信息无关的策略. 混合或随机策略是指 $\pi^k(s,\ a) \geqslant 0$, $s \in S$, $a \in A^k$ 的策略,纯策略是指 $\pi^k(s,\ a) = 1$, $a_i \in A^k$ 的策略.

随机策略可以通过它们支付函数的特点进行分类. 如果随机博弈中参与者的数量有限并且每个博弈阶段可能的状态数量有限,那么一个具有有限博弈阶段的随机博弈一般都存在一个纳什均衡. 像矩阵随机博弈、零和随机博弈都有独特的纳什均衡,一般的随机博弈都存在纳什均衡的解.

同样的,对于一个具有无穷阶段的随机博弈,如果使用各个阶段报酬的贴现值来计算整个博弈阶段的报酬,那么这个随机博弈也是具有纳什均衡的.

6.4.3 微分博弈

微分博弈是时间连续的动态博弈,是研究两个以上博弈者的控制作用同时

施加于一个由微分方程描述的运动系统时实现各自最有目标的决策过程的理论. 在时间连续的系统内, 多个参与者进行持续的博弈, 力图最优化各自独立、冲突的目标, 最终获得各参与者随时间演变的策略并达到纳什均衡. 微分博弈起源于 20 世纪 50 年代美国空军开展的军事对抗中双方追逃问题的研究.

标准的微分博弈模型中主要包括以下两个特征:

(1) 存在多个决策人, 并且每个决策者都有各自的支付函数和相应的策略空间;

(2) 存在一个由每个决策者的策略所构成的随时间动态变化的决策过程.

在 n 个参与者的微分博弈中, 每位参与者 i ($i \in N = \{1, 2, \cdots, n\}$) 的目标函数可以表示为

$$\max_{u_i} \int_{t_0}^{t_f} g^i[\tau, x(\tau), u_1(\tau), \cdots, u_n(\tau)] dt + q^i[t_f, x(t_f)] \qquad (6\text{-}19)$$

式中, $x(\tau) \in X \subset R^m$, 为博弈的状态变量或状态 (X 为状态空间), 这种变量在非微分博弈中是不存在的; $u_i(\tau) \in U^i$, 为参与者 i 的策略 (U^i 为策略空间), 但与非微分博弈中的策略不同, 因为它代表一条随时间发展的策略路径; $\tau \in [t_0, t_f]$, 代表博弈的每一个时间点或者时刻, t_0 和 t_f 分别为博弈的开始时刻和结束时刻, 而

$$g^i[\tau, x(\tau), u_1(\tau), \cdots, u_n(\tau)] \geqslant 0$$

$$q^i[t_f, x(t_f)] \geqslant 0$$

分别表示参与者 i 的瞬时支付与终点支付. 在式 (6-19) 中, 状态变量 $x(\tau)$ 的进展变化取决于一个确定性动态系统, 即

$$x(\tau) = f[\tau, x(\tau), u_1(\tau), \cdots, u_n(\tau)]$$

$$x(t_0) = x_0$$

该函数又取决于当前时间 τ、状态 $x(\tau)$ 以及所有参与者当前的策略 $\{u_1(\tau), \cdots, u_n(\tau)\}$. 微分博弈的时间连续性主要体现在该动态系统. 其中函数 $g^i[\tau, x(\tau), u_1(\tau), \cdots, u_n(\tau)]$, $q^i[t_f, x(t_f)]$, $x(\tau) = f[\tau, x(\tau), u_1(\tau), \cdots, u_n(\tau)]$ 都是可微函数.

微分博弈的纳什均衡, 是参与者 i 不会通过独自偏离其最优策略 $u_i^*(\tau)$ 而得到益处. 令

$$u_{-i}^*(\tau) = \{u_1^*(\tau), \cdots, u_{i-1}^*(\tau), u_{i+1}^*(\tau), \cdots, u_n^*(\tau)\}$$

为参与者 $i \in \Gamma$ 以外的所有其他参与者的最优策略所组成的向量. 若策略集合 $\{u_1^*(\tau), u_2^*(\tau), \cdots, u_n^*(\tau)\}$ 构成微分博弈式（6-19）的纳什均衡，则对于所有的 $u_i(\tau) \in U^i$，$i \in \Gamma$，以下不等式成立：

$$\int_{t_0}^{t_f} g^i[\tau, x^*(\tau), u_i^*(\tau), u_{-i}^*(\tau)]\mathrm{d}t + q^i[t_f, x^*(t_f)] \geqslant$$

$$\int_{t_0}^{t_f} g^{[i]}[\tau, x^*(\tau), u_i(\tau), u_{-i}^*(\tau)]\mathrm{d}t + q^i[t_f, x^{[i]}(t_f)] \quad i \in N$$

而在时间区间 $[t_0, t_f]$ 中，有

$$\begin{cases} \{u_1^*(\tau), u_2^*(\tau), \cdots, u_n^*(\tau)\} \\ x^*(t_0) = x_0 \\ x^{[i]}(\tau) = f[\tau, x^{[i]}(\tau), u_i(\tau), u_{-i}^*(\tau)] \\ x^{[i]}(t_0) = x_0 \end{cases} \quad i \in N$$

根据上述定义，我们称策略集合 $\{u_1^*(\tau), u_2^*(\tau), \cdots, u_n^*(\tau)\}$ 为该微分博弈的纳什均衡.

对于一个离散的动态博弈，如果它的时间差趋于零，那么这个博弈就变成了一个时间连续的博弈，即微分博弈. 微分博弈可分为零和微分博弈和非零和微分博弈，亦可分为确定性微分博弈和随机微分博弈.

微分博弈的求解方法可分为三种：开环纳什均衡、闭环纳什均衡和反馈纳什均衡. 开环解法相对于反馈解法是较易于分析处理和应用的，而反馈解法虽然较为复杂，但却避免了时间一致性的问题. 与确定性微分博弈相比，随机微分博弈是属于更为复杂的决策情况.

微分博弈与随机微分博弈的区别，前者是指动力系统是个偏微分方程组（PDE），后者是个随机微分方程组（SDE）. 即随机微分博弈理论是研究多个博弈主体之间以及与外界环境之间的交互影响，是用随机微分方程（组）来描述博弈现象或者规律的一种数学工具.

微分方程和微分方程组有一个稳定性的概念，博弈论中的一个 game 可以用一套微分方程来描述，寻求这套方程组的稳定点就是找到博弈的均衡点. 在此基础上，加入布朗运动等随机项就形成了随机微分方程组.

微分博弈领域的研究成果在各个学科领域以及数学的分支领域仍然不断涌现，在经济以及管理科学领域中的应用研究发展尤为迅速. 随着微分博弈种类的拓展和解法的完善，其被成功应用于经济学、管理学、环境科学等领域，且应用范围不断扩大. 由于能考虑时间动态，微分博弈成为最自然的研究多主体动态协调决策问题的方法.

6.4.4 凸博弈

凸博弈（Convex Game）通常被认为是合作博弈的一种类型，虽然也存在非合作凸博弈，但这里讨论的凸博弈均代指凸合作博弈. 它是一种特殊的合作博弈，意味着合作收益的增加幅度超过合作规模的增加幅度，即存在规模效益.

在一定条件下，凸博弈也可以转化为其他形式的博弈，如可分解博弈、平衡博弈和精确博弈等. 凸博弈的极点很容易描述，凸博弈的核心随着参与者数量的不同也表现为多个不同维度的锥体，并且这些极点在凸博弈的锥体上是可加的. 进一步，凸博弈的核心是唯一的稳定集，且该核心的重心与沙普利值是相一致的. 沙普利值作为边际向量的平均值，在这个意义上可以说明，联盟博弈的沙普利值在符合凸博弈的核心情况下，联盟博弈是稳定的. 当将有限参与者的限制放松至无限参与者时，可以证明无限凸博弈在内部连续的情况下仍具有有限凸博弈的基本性质. 另外，凸博弈还可以与模糊博弈、宗族博弈等其他博弈联系起来，凸博弈具有十分广泛的应用.

定义 6.10 如果对任何联盟 S, T，特征函数满足

$$v(S) + v(T) \leq v(S \cup T) + v(S \cap T)$$

称联盟博弈 $\langle N, v \rangle$ 为凸合作博弈.

如果对任何联盟 S, T，特征函数满足

$$v(S) + v(T) < v(S \cup T) + v(S \cap T)$$

称联盟博弈 $\langle N, v \rangle$ 为严格凸博弈.

称联盟博弈 $\langle N, v \rangle$ 为凹博弈，当且仅当 $-v$ 是凸博弈. 称联盟博弈 $\langle N, v \rangle$ 为严格凹博弈，当且仅当 $-v$ 是严格凸博弈.

例 6.6 已知某合作博弈的特征函数为 $v(\{1\}) = v(\{2\}) = v(\{3\}) = 0$，且有 $v(\{1, 2\}) = v(\{1, 3\}) = 1$, $v(\{2, 3\}) = 0$, $v(\{1, 2, 3\}) =$

3. 判断该博弈是否属于凸博弈.

该博弈的核心为

$$C(v) = \{ (x_1 + x_2 + x_3) \mid x_1 + x_2 + x_3 = 3, \ x_1 \geq 0, \ 0 \leq x_2 \leq 2, \ 0 \leq x_3 \leq 2 \}$$

验证该博弈是否为凸博弈:

$$0 = v(\{1\}) + v(\{2\}) \leq v(\{1,2\}) = 1$$
$$0 = v(\{1\}) + v(\{3\}) \leq v(\{1,3\}) = 1$$
$$0 = v(\{2\}) + v(\{3\}) \leq v(\{2,3\}) = 0$$
$$1 = v(\{1,2\}) + v(\{3\}) \leq v(\{1,2,3\}) = 3$$
$$1 = v(\{1,3\}) + v(\{2\}) \leq v(\{1,2,3\}) = 3$$
$$0 = v(\{2,3\}) + v(\{1\}) \leq v(\{1,2,3\}) = 3$$

根据凸博弈的定义可知, 该联盟博弈为凸博弈.

6.4.5　算法博弈

算法博弈是计算机科学、博弈论和经济学的交叉学科, 兴起于 20 世纪末, 特别是随着互联网的发展, 面对更多新问题和挑战时, 这一领域成为一个既有广泛现实应用又有深刻理论问题的活跃研究领域.

算法博弈论从计算机的角度研究博弈论和经济学问题, 其核心目标是为策略环境下的问题设计算法. 它将问题所研究系统的形成与运作视为一个博弈过程: 由众多的寻求自身利益极大化的参与者通过相互作用实现. 理性参与者相对独立的自利行动选择增加了规划者系统优化的困难. 在算法博弈论中, 算法的设计与分析既要为博弈的参与者个体制定合理的行为规则, 又要力求优化系统整体性能.

主要研究领域包括:

(1) 分析与刻画参与者个体与系统整体性能之间的动态均衡关系;

(2) 度量参与者的自利行为所导致的系统性能的效率损失;

(3) 设计激励相容的多项式时间的算法机制时系统在实际运行中尽可能好地实现整体优化.

较之经典的微观经济学和博弈论, 算法博弈论的特点主要表现在两个方面:

（1）算法博弈论主要产生和应用于互联网等开放式大规模网络，以及搜索拍卖等非传统机制设计.

（2）算法博弈论的研究多使用定量的方法，从具体优化问题的角度研究应用建模、寻求（近似）最优、均衡解、判断不可解问题以及研究可解优化的上下限问题；它不仅仅关心均衡解或者机制的存在性，还强调计算它们的时间复杂性，并设计有效的算法求解博弈问题的（近似）解，利用最坏情形、近似因子等分析方法来评定解的优劣.

近年来的主要进展包括：

（1）均衡的（不）可计算/近似性；

（2）"自私路由"博弈、"负载平衡"博弈均衡的效率损失与刻画；

（3）"预算可行"的机制设计；

（4）"自私调度"的算法机制设计；

（5）市场均衡；

（6）付费搜索拍卖.

目前，云计算定价理论与实践也是算法博弈论最为热门的应用领域之一. 同时，在电子商务中，买卖双方许多策略性行为设计分析和应用时的算法博弈论与大数据分析的结合有了用武之地. 可以看出，在计算机科学理论与技术的推动下，算法博弈论正成为跨学科的主要方法论.

6.4.6 网络博弈

相当数量的局中人以及他们的关系构成一个复杂网络，网络博弈中考虑每个节点代表一个个体，节点间的边代表个体之间的相互作用关系，在每一轮中他们根据某个博弈模型进行交互作用，并采用统一的演化规则进行策略更新以使未来的收益最大化.

20世纪末，人们开始研究网络环境下的模仿行为，一般来说，模仿谁比如何模仿更重要，如果一个人模仿的是他的对手，那么结果将变得非常具有竞争性，如果一个人模仿的是与自己面临同样问题，但与别的对手进行对局的局中人，那么最终将得到纳什均衡. 近几年，人们开始研究模仿准则下有效行动的蔓延、互动博弈进程中网络与行动选择的协同进化.

随着时间的演化，每个局中人都在和他的邻居进行博弈，定义可以表述为：

（1）数量 $N \rightarrow \infty$ 的局中人位于一个复杂网络上.

（2）每个时间演化步，按一定法则选取的一部分局中人以一定频率匹配进行博弈.

（3）局中人采取的对策可以按一定法则更新，所有局中人的策略更新法则相同. 这种法则称为"策略的策略". 然而，法则更新比博弈频率慢得多，使得局中人可以根据上一次更新对策成功与否选择、调整下一次的更新.

（4）局中人可以感知环境、吸取信息，然后根据自己的经验和信念，在策略更新法则下更新策略.

（5）策略更新法则可能受到局中人所在网络拓扑结构的影响.

网络博弈的应用：正则格子上的两人两策略博弈. 在博弈中：

a. 双方都选择合作，每个人的收益记为 R ，即"双方合作的奖励".

b. 一方合作而另一方背叛，背叛者会获得"背叛的诱惑"T，合作者会得到"傻瓜的报酬"S.

c. 双方都选择背叛，则每个人的收益记为 P ，即"对双方都背叛的惩罚".

正则格子是每个节点的度都相同的格子网络. 将空间结构引入囚徒困境，可研究二维方格格子上的重复囚徒困境，$R=1$，$P=S=0$，$T=b$. $b>1$ 时个体更倾向于选择背叛策略. 假设个体采用简单的最优规则进行策略演化：每个个体与直接连接的邻居进行一轮博弈后，在下一轮中它会采取邻居（包括本身）中收益最高的个体在本轮的策略，这是一个确定性的演化规则. 与种群均匀混合情况下合作行为消失不同，合作现象能在具有周期边界的二维方格格子上涌现，合作者通过结成紧密的簇来抵御背叛者入侵.

6.4.7 量子博弈

1999 年，Meyer 将经典博弈与量子信息理论结合起来形成了量子博弈理论，他发现一个使用量子策略的博弈者总是能够击败使用经典策略的对手之后，Eisert 等将量子策略引入囚徒困境模型，并利用量子纠缠消除了其中的两难困境. 近二十年来，学者们的研究发现量子博弈能够解决一些经典博弈论里遇到的难题，相关的研究不断推陈出新.

首先，在某些程度上，经典博弈建立在概率体系的基础上，可以被量子化，因此可以被拓展；其次，量子力学的基本规律如叠加、相干、纠缠等，对经济学上一些明显的经典而非量子的领域也有一定的影响.

在量子博弈论研究方面，D. A. Maye 首先提出研究"PQ"问题的量子化，发现博弈的一方可通过采用量子策略战胜他的"经典"对手；随后，J. Eisert 等提出两人量子模型，找到一个不同于经典博弈的 Nash 均衡并完美解决了经典博弈中存在的"困境". J. F. Du 等还研究了三人量子囚徒困境，找到一个新的 Nash 均衡，在此均衡下，博弈者的收益随着纠缠度的增强而增大. 此外，L. K. Chen 等研究了量子消相干对量子囚徒困境的影响，发现在引入量子噪声后，Nash 均衡并不受影响，而博弈体的收益受影响. 也有证明量子策略在许多情境下是不劣于 Nash 均衡策略的，将量子博弈应用在演化博弈的框架下，可得出含有量子策略的演化稳定策略.

第7章

基于非合作博弈均衡的经济外交决策

由于求子博弈精炼纳什均衡、贝叶斯纳什均衡、精炼贝叶斯纳什均衡，原理上都是落在求纳什均衡.

（1）子博弈精炼纳什均衡的寻找是每个子博弈上求纳什均衡，进行逆序求解，最后求得的均衡就是子博弈精炼纳什均衡；

（2）贝叶斯纳什均衡是利用涉及类型的概率分布，就是支付考虑期望值的寻找纳什均衡，落脚是利用期望求纳什均衡；

（3）精炼贝叶斯纳什均衡就是子博弈精炼纳什均衡和叶斯纳什均衡的结合.

这里从均衡的视角展开，讲述囚徒困境的四种描述形式、囚徒困境的五种解法及囚徒困境在完全信息动态博弈、不完全信息动态博弈中的应用，涉及在重复博弈以及完全理性和部分理性中的应用.

7.1 囚徒困境的四种表述形式

囚徒困境在博弈论中贯穿始终."囚徒的困境"的内在根源是在个体之间存在行为和利益相互制约的博弈结构中，以个体理性和个体选择为基础的分散决策方式，无法有效地协调各方面的利益，并实现整体、个体利益共同的最优. 简单地说，"囚徒的困境"问题都是个人理性与集体理性的矛盾引起的. 由于个人理性与集体理性的冲突，各人追求利己行为而导致的最终结局是一个"纳什均衡"，也是对所有人都不利的结局.

集体理性的结果对自私的个人理性的参与人是没有约束力的. 个人理性下的均衡分析与集体理性下的思考实际上是两个层次的问题. 目前，博弈论的主要内容，尤其是基础部分，主要集中在第一层问题上.

现实中"囚徒的困境"类型的问题是很多的. 例如厂商之间的价格战、恶性的广告竞争，初等、中等教育中的应试教育等，其实都是"囚徒的困境"博弈的表现形式. 在经济外交中的应用，策略改为：两国是否增加关税，两国是否进行贸易保护，如把两国是否增加关税的囚徒困境博弈有限次重复，即国家 I 和国家 II 围绕是否增加关税进行经济外交博弈.

例 7.1 利用囚徒困境问题说明博弈问题的表示.

（1）语言描述

公安机关怀疑甲、乙二人合伙犯有重罪，但尚无确凿证据，只能另罪逮捕. 因而法庭在量刑时，将主要依据罪犯的口供：

如果二人都没有坦白交代他们所犯的重罪，只能依据所查明的轻罪量刑，各判 1 年徒刑.

如果其中一人坦白了他们所犯的全部罪行，由于认罪态度好，可无罪释放，而另一人由于抗拒，判为 8 年徒刑.

如果二人都坦白了罪行，分别判处 5 年徒刑.

由于法庭对罪犯分别审判，因而这个问题可以归结为完全信息静态博弈模型.

（2）支付矩阵描述

将上面语言描述的囚徒困境问题用矩阵的形式描述出来：

$$
\begin{array}{c}
\text{囚徒乙} \\
\text{坦白}\text{不坦白} \\
\text{囚徒甲}\begin{array}{c}\text{坦白}\\\text{不坦白}\end{array}
\begin{pmatrix}
-5,\ -5 & 0,\ -8 \\
-8,\ 0 & -1,\ -1
\end{pmatrix}
\end{array}
$$

（3）支付函数描述

这个问题可以归结为完全信息静态博弈模型

$$G = \langle N;\ S_1,\ S_2;\ u_1,\ u_2 \rangle$$

其中，参与人集合 $N = \{1, 2\}$，1 代表罪犯甲，2 代表罪犯乙. 两个参与人具有相同的策略集合：$S_1 = S_2 = \{C, D\}$，其中，C 代表坦白的行动，D 代表抗拒的行动.

对于策略组合 $s = (s_1, s_2)$，$s_i \in S_i$（$i = 1, 2$），两个参与人的支付函数如下：

$$u_1(s_1, s_2) = \begin{cases} -5 & s_1 = s_2 = C \\ 0 & s_1 = C, s_2 = D \\ -8 & s_1 = D, s_2 = C \\ -1 & s_1 = s_2 = D \end{cases}$$

$$u_2(s_1, s_2) = \begin{cases} -5 & s_1 = s_2 = C \\ 0 & s_1 = D, s_2 = C \\ -8 & s_1 = C, s_2 = D \\ -1 & s_1 = s_2 = D \end{cases}$$

（4）博弈树描述

博弈树也可以表述静态博弈，图 7-1 所示为囚徒困境博弈的博弈树表述.

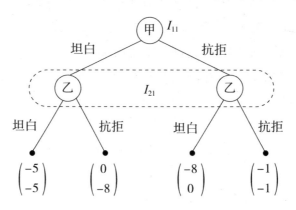

图 7-1　囚徒困境博弈的博弈树表述

在以上给出的四种表述形式中，语言描述是问题的原始给出；支付矩阵描述和支付函数描述都可以归结为博弈的策略式表述，它们的区别仅仅是支付的表示形式不同；而博弈树表示为博弈的扩展式表述.

7.2 博弈囚徒困境的求解方法

囚徒困境问题有以五种求解方法.

1. 定义法

纳什均衡的定义实际上给出了一个策略组合是否为纳什均衡的检验条件：只要其中一个参与人存在更好的策略就意味着该策略组合不是纳什均衡.

用定义法证明 $s^* = (C, C)$ 是唯一的严格的纳什均衡.

对于 $i = 1$，固定对手 $s_2^* = C$，

$$u_1(C, C) = -5 \geqslant u_1(s_1, C) = \begin{cases} -5 & s_i = C \\ -8 & s_i = D \end{cases}$$

对于 $i = 2$，固定对手 $s_1^* = C$，

$$u_2(C, C) = -5 \geqslant u_2(C, s_2) = \begin{cases} -5 & s_2 = C \\ -8 & s_2 = D \end{cases}$$

$s^* = (C, C)$ 是纳什均衡.

而策略组合 (C, D)，(D, C)，(D, D) 都不是纳什均衡.

①对于 (C, D)，$u_2(C, D) = -8$，固定对手 $s_1 = C$，

$$u_2(C, C) = -5 > u_2(C, D) = -8$$

表示参与人 2 存在更好的策略，就意味着该策略组合不是纳什均衡.

② 对于 (D, C)，$u_1(D, C) = -8$，固定对手 $s_2 = C$，

$$u_1(C, C) = -5 > u_1(D, C) = -8$$

表示参与人 1 存在更好的策略，就意味着该策略组合不是纳什均衡.

③ 对于 (D, D)，$u_1(D, D) = -1$，固定对手 $s_2 = D$，

$$u_1(C, D) = 0 > u_1(D, D) = -1$$

表示参与人 1 存在更好的策略，就意味着该策略组合不是纳什均衡.

2. 重复剔除被严格占优策略均衡

证明 $s^* = (C, C)$ 是重复剔除被严格占优策略均衡.

在囚徒困境问题中

囚徒乙

		C	D
		$-5,\ -5$	$0,\ -8$
囚徒甲	C		
	D	$-8,\ 0$	$-1,\ -1$

参与人 1 采用策略 C 时，参与人 2 的收益为 $u_2(C,\ C) = -5$，$u_2(C,\ D) = -8$，均小于参与人 1 采用策略 D 时的收益：$u_2(D,\ C) = 0$，$u_2(D,\ D) = -1$，故对参与人 1 而言，策略 C 严格占优策略 D. 同理，可得结论.

3. 划线法

利用划线法证明 $s^* = (C,\ C)$ 是严格纳什均衡.

划线法是最简单的解决支付为离散值的完全信息静态博弈的方法，主要适合能用矩阵表示支付的博弈模型. 划线法原理就是双方在固定对手策略时找自己的最优反应的策略，然后寻求交集，策略组合就是纳什均衡.

在两人有限策略博弈中，通过在每一个参与人针对另一个参与人每个策略下的最大可能支付划线以求出纳什均衡的方法叫做划线法. 步骤是：

（1）固定列，找出行的最大值，进行划线；

（2）固定行，找出列的最大值，进行划线；

（3）行列划线的交叉处为纳什均衡.

囚徒乙

		C	D
		$\underline{-5},\ \underline{-5}$	$\underline{0},\ -8$
囚徒甲	C		
	D	$-8,\ \underline{0}$	$-1,\ -1$

选择（坦白、坦白）为纳什均衡. 显示出个体理性和集体理性冲突，没有出现帕累托改进.

4. 最优映射法

在囚徒困境中，用最优映射法进行求解. 因为参与人 1 采取策略 $(C,\ C)$ 的收益为 -5，采取策略 $(D,\ C)$ 的收益为 -8，在策略组合 $(C,\ C)$ 收益高.

固定参与人 2 的策略为 C ，参与人 1 的最优反应为

$$r_1(C,\ C) = r_1(D,\ C) = \{C\}$$

固定参与人 2 的策略为 D ，参与人 1 的最优反应为

$$r_1(C,\ D) = r_1(D,\ D) = \{C\}$$

因为纳什均衡具有不动点性质，即 s 满足 $s_i \in r_i(s)$ ，故纳什均衡仅可能是 $(C,\ C)$ ， $(C,\ D)$ ，考虑这两个策略组合，相当于固定参与人 1 的策略为 C ，参与人 2 的最优反应为

$$r_2(C,\ C) = r_2(C,\ D) = \{C\}$$

因此， $(C,\ C)$ 是囚徒困境博弈的唯一纳什均衡.

5. 混合策略法

求该博弈的混合策略纳什均衡. 设参与人甲选择坦白的概率为 x ，参与人乙选择不坦白的概率为 y ，即

$$A = \begin{array}{cc} & \begin{array}{cc} y & 1-y \end{array} \\ \begin{array}{c} x \\ 1-x \end{array} & \begin{pmatrix} -5 & 0 \\ -8 & -1 \end{pmatrix} \end{array} \qquad B = \begin{array}{cc} & \begin{array}{cc} y & 1-y \end{array} \\ \begin{array}{c} x \\ 1-x \end{array} & \begin{pmatrix} -5 & -8 \\ 0 & -1 \end{pmatrix} \end{array}$$

由于

$$\begin{pmatrix} -5 & 0 \\ -8 & -1 \end{pmatrix} \xrightarrow[c_2 - a_{12}]{c_1 - a_{21}} \begin{pmatrix} 3 & 0 \\ 0 & -1 \end{pmatrix}$$

由式（6-7）知

$$A = \begin{array}{cc} & \begin{array}{cc} y & 1-y \end{array} \\ \begin{array}{c} x \\ 1-x \end{array} & \begin{pmatrix} -5 & 0 \\ -8 & -1 \end{pmatrix} \end{array} \text{ 同解于 } \begin{array}{cc} & \begin{array}{cc} y & 1-y \end{array} \\ \begin{array}{c} x \\ 1-x \end{array} & \begin{pmatrix} 3 & 0 \\ 0 & -1 \end{pmatrix} \end{array}$$

参与人甲的期望收益

$$E_1 = X^{\mathrm{T}}AY = (x,\ 1-x)\begin{pmatrix} -5 & 0 \\ -8 & -1 \end{pmatrix}\begin{pmatrix} y \\ 1-y \end{pmatrix}$$

$$= (x,\ 1-x)\begin{pmatrix} 3 & 0 \\ 0 & -1 \end{pmatrix}\begin{pmatrix} y \\ 1-y \end{pmatrix}$$

$$= 3xy - (1-x)(1-y)$$

由 $\frac{\partial E_1}{\partial x} = 2y + 1 > 0$，知 E_1 是增函数，在定义区间的右端点取得最大值，即可得 $x = 1$. 同理

$$B = \begin{matrix} & y & 1-y \\ x & \\ 1-x & \end{matrix}\begin{pmatrix} -5 & -8 \\ 0 & -1 \end{pmatrix} \quad \text{同解于} \quad \begin{matrix} & y & 1-y \\ x & \\ 1-x & \end{matrix}\begin{pmatrix} 3 & 0 \\ 0 & -1 \end{pmatrix}$$

可解得 $y = 1$. 所以存在纯策略纳什均衡（α_1, β_1）.

每种方法在现实经济外交博弈中都可以灵活应用，混合策略纳什均衡虽然原理是用多次博弈得到均衡，但均衡可以理解为一次博弈发生的概率. 最优反应函数法是考虑各种状态最坏情况下找最好的应对，而划线法可以将复杂问题简单化.

7.3 不完全信息静态博弈转化为动态博弈

完全信息主要体现在参与人对于自己以及对手的支付函数是了解的. 但在很多经济管理问题中，这是一个达不到的要求. 例如在囚徒困境问题中，参与人所面对的对手可能是理性的，也可能是非理性的；企业之间的产量或价格竞争，对手的成本可能是高的，也可能是低的. 这些私人信息使得参与人不能确定对手的支付函数，这种情况下的博弈称为不完全信息博弈. 如果参与人同时选择行动，这种博弈模型即为不完全信息静态博弈模型，也称为贝叶斯博弈. 对于不完全信息博弈，不能再用处理完全信息博弈模型的方法求解. 海萨尼转换是处理这类不完全信息的静态博弈的方法.

7.3.1 海萨尼转换

通过海萨尼转换可将一个不完全信息的静态博弈转化为一个完全但信息不完美的动态博弈. 转换方法如下：

（1）引入一个虚拟的参与人——"0"，称为"自然"（nature）或者说是

"上帝"（god），他不用考虑自己的得失，他的唯一作用就是赋予博弈中各参与人的类型向量 $t = (t_1, t_2, \cdots, t_n)$，其中 t_i 属于可行类型空间 T_i（T_i 为参与人 i 的特征的完备描述，$i = 1, 2, \cdots, n$）.

（2）"自然"只把参与人 i 的真实的类型 t_i 告诉参与人 i 本人，却不让其他参与人知道. 但"自然"将把 t_i 的概率分布告诉每一个参与人，即 $t = (t_1, t_2, \cdots, t_n)$ 上的概率分布 $p = (t_1, t_2, \cdots, t_n)$ 是共同知识.

（3）所有参与人同时行动，参与人 i 从自己的策略空间 S_i 中选择 s_i，其中参与人 i 的策略空间 S_i 与参与人 i 的类型 t_i 有关，一般记为 $S_i(t_i)$.

（4）各参与人除"自然"外的支付函数为 $u_i = u_i(s_1, \cdots, s_n; t_i)$，$i = 1, 2, \cdots, n$.

借助（1）和（2）中虚拟参与人"自然"的行动，就把一个不完全信息的静态博弈转化成一个完全但不完美信息的动态博弈. 该博弈由两个阶段构成，其中第一阶段是准备阶段："自然"选择行动，它决定概率向量 $p = (t_1, t_2, \cdots, t_n)$；第二阶段则是实际博弈阶段：由 n 个参与人同时行动，他们虽然各自知道"自然"为自己选定的类型 t_i，却不知道"自然"为其他参与人（至少一个其他参与人）选定的类型，因此至少有一个参与人对"自然"的行动是具有不完美信息的. 不过每一个参与人的类型空间 T_i 及其概率分布 $P_i(t_{-i}|t_i)$ 是共同知识. 这样，我们就可以运用概率论的知识（尤其是"贝叶斯法则"），对不完全信息博弈问题进行分析了.

7.3.2 规范式表述和贝叶斯纳什均衡

我们已介绍了不完全信息的标准处理办法——海萨尼转换，这样将不完全信息博弈转换成不同参与人类型下的博弈，其博弈结果也就知道了，只不过这种结果依赖于参与人的类型. 考虑在第6章中我们对完全信息静态博弈的规范式表述，我们给出不完全信息静态博弈的规范式表示.

定义7.1 不完全信息静态博弈包括以下4个要素：

（1）参与人集合 $N = \{1, 2, \cdots, n\}$.

（2）每个参与人有个类型空间 $T_i = \{t_i\}$，$i \in N$，以及在全体类型空间

$T = \prod_{i=1}^{n} T_i$ 上的概率分布 $P(t_1, t_2, \cdots, t_n)$.

（3）每个参与人有（与自身的类型 t_i 相关的）策略集 $S_i = \{s_i\}$, $i \in N$, 且策略集 S_i 与其他参与人的类型无关.

（4）每个参与人都有其收益函数 $u_i(s_1, s_2, \cdots, s_n, t_i)$, 即收益函数不仅依赖于策略组合 $(s_1, s_2, \cdots, s_n)$, 也依赖于自身的类型 t_i.

以上 4 个因素都是共同知识. 参与人在以上情况下同时选择策略以追求自身收益最大化.

这样不完全信息的静态博弈（贝叶斯静态博弈）可记为

$$G = \langle N, \{T_i\}, P, \{S_i(t_i)\}, u_i\{t_i\} \rangle \tag{7-1}$$

定义 7.1 是在不完全信息下对完全信息博弈的一种拓展.

在贝叶斯静态博弈中，参与人为了追求自己利益最大，必须对其他参与人的类型分布进行分析，其分析的理论是贝叶斯公式：

$$P_i(t_{-i}|t_i) = \frac{P(t_i, t_{-i})}{P(t_i)} = \frac{P(t_i, t_{-i})}{\sum_{t_{-i} \in T_{-i}} P(t_i, t_{-i})} \tag{7-2}$$

其中

$$t_{-i} = (t_1, \cdots, t_{i-1}, t_{i+1}, \cdots, t_n)$$

$$T_{-i} = \prod_{j=1, \neq 1}^{n} T_i$$

$P_i(t_{-i}|t_i)$ 描写了参与人 i 依据自己的类型 t_i 对其余参与人类型 t_{-i} 的推断或信念. 显然，参与人有了对类型 $\{T_i\}$ 和类型空间 T 上概率分布 $P(t_1, t_2, \cdots, t_n)$ 的共同知识后，对其他参与人的类型 $t_{-i} = (t_1, \cdots, t_{i-1}, t_{i+1}, \cdots, t_n)$ 的分布情况也就清楚了. 当然，如果参与人的类型是相互独立的，那么 $P_i(t_{-i})$ 就不依赖于自身类型 t_i.

当参与人 i 自身的类型为 t_i 时，他选择策略 s_i 的期望收益为

$$\sum_{t_{-i} \in T_{-i}} P_i(t_{-i}|t_i) u_i[s_{-i}(t_{-i}), s_i, t_i] \tag{7-3}$$

我们将静态博弈中纳什均衡的概念进行拓展，可以得到下面关于贝叶斯纳什均衡的定义.

定义 7.2 在贝叶斯静态博弈 $G = \langle N, \{T_i\}, P, \{S_i(t_i)\}, u_i\{t_i\} \rangle$

中，若 $[s_1^*(t_1), \cdots, s_i^*(t_i), \cdots, s_n^*(t_n)]$ 是一个策略组合，且对每一个 $i \in N_i$，对任意 $s_i \in S_i$，$t_i \in T_i$ 都有

$$\sum_{t_{-i} \in T_{-i}} P_i(t_{-i}|t_i) u_i[s_{-i}^*(t_{-i}), s_i^*, t_i] \geqslant \sum_{t_{-i} \in T_{-i}} P_i(t_{-i}|t_i) u_i[s_{-i}^*(t_{-i}),$$

$$s_i, t_i] \tag{7-4}$$

或

$$s_i^*(t_i) \in \operatorname{argmax} \sum_{t_{-i} \in T_{-i}} P_i(t_{-i}|t_i) u_i[s_{-i}^*(t_{-i}), s_i, t_i]$$

则称策略组合 $(s_1^*(t_1), \cdots, s_i^*(t_i), \cdots, s_n^*(t_n))$ 是一个贝叶斯纳什均衡.

应注意，以上定义是对于类型为离散的随机变量而言的，如果类型为连续的随机变量，求和号应改为积分号.

定义 7.2 显然是对一般纳什均衡的扩展. 贝叶斯纳什均衡概念与一般纳什均衡概念相比有两个不同点：

（1）贝叶斯纳什均衡是用贝叶斯公式得到的，以概率分布作为依据，考虑自己的期望收益. 贝叶斯静态博弈中的期望收益是对其他参与人不同类型下的期望收益，而不是自己类型下的期望收益.

（2）贝叶斯纳什均衡研究的是参与人的策略选择，并且这种策略选择依赖于自身的类型，当类型不同时，他们选择的策略就不一样.

7.3.3　子博弈

博弈扩展式中的子博弈（subgame）是完整博弈的一个子集，它起始于一个决策节点，仅包括这个决策节点下派生的所有分支.

也就是说子博弈是原博弈的一部分，但它不能破坏原博弈的信息集，且任何博弈本身都被看成是自身的一个子博弈.

一个子博弈必须从一个单节（结）点信息集开始，这意味着当且仅当决策者在原博弈中确切地知道博弈进入一个特定的决策节点时，该决策节点才能作为一个子博弈的初始节点；如果一个信息集包含两个以上的决策节点，没有任何一个决策节点可以作为子博弈的初始节点. 显然，一个完美信息博弈的每一个决策节点都开始一个子博弈（每一个决策节点和它的后续节点构成

一个子博弈).

子博弈的信息集和支付向量都直接继承自原博弈. 也就是说, 当且仅当 x' 和 x'' 在原博弈中属于同一信息集时, 它们在子博弈中才属于同一信息集; 子博弈的支付函数只是原博弈支付函数留在子博弈上的部分.

对于扩展型博弈模型, 可以将其转化成策略型博弈后得到的纳什均衡作为扩展型的纳什均衡.

7.3.4 用逆向归纳法求解子博弈精炼纳什均衡

1. 逆向归纳法

用逆向归纳法求解子博弈精炼纳什均衡, 适用于有限完美信息博弈. 有限完美信息博弈的每一个决策节点都是一个单独的信息集, 每一个决策节点都开始一个子博弈.

运用逆向归纳法求解子博弈精炼纳什均衡的思路:

第 1 步: 从最后一个子博弈开始. 给定博弈到达最后一个决策结, 该决策结上行动的参与人有一个最优选择, 这个最优选择就是该决策结开始的子博弈的纳什均衡(如果该决策结上的最优行动多于一个, 则允许参与人选择其中的任何一个; 如果最后一个决策者有多个决策结, 则每一个决策结开始的子博弈都有一个纳什均衡).

第 2 步: 回到倒数第二个决策结(最后决策结的直接前列结), 找出倒数第二个决策者的最优选择(假定最后一个决策者的选择是最优的), 这个最优选择与第一步找出的最后决策者的最优选择构成从倒数第二个决策结开始的子博弈的一个纳什均衡.

第 3 步: 如此不断直到初始结, 每一步都得到对应子博弈的一个纳什均衡, 根据定义, 这个纳什均衡一定是该子博弈的所有子博弈(可以称为"子子博弈")的纳什均衡. 在这个过程的最后一步得到的整个博弈的纳什均衡也就是这个博弈的子博弈精炼纳什均衡.

2. 逆向归纳法的形式化表述

假定: 博弈有两个阶段, 第一阶段参与人 1 行动, 第二阶段参与人 2 行动,并且参与人2在行动时能够观察到参与人1的行动；令 A_1 是参与人1的行动空间，A_2 是参与人2的行动空间.

当博弈进入第二阶段，给定参与人1在第一阶段的选择是 $a_1 \in A_1$. 参与人2面临的问题是

$$\max_{a_2 \in A_2} u_2(a_1, a_2)$$

用 $a_2^* = R_2(a_1)$ 表示参与人2的反应函数，它也是上述最优化问题的解.

由于参与人1应该预测到参与人2在博弈第二阶段将按照 $a_2^* = R_2(a_1)$ 的规则行动，参与人1在第一阶段面临的问题是

$$\max_{a_1 \in A_1} u_1(a_1, R_2(a_1))$$

用 a_1^* 表示上述最优化问题的解.

该博弈的子博弈精炼纳什均衡为 $(a_1^*, R_2(a_1))$，均衡结果为 $(a_1^*, R_2(a_1^*))$.

用逆向归纳法求解子博弈精炼纳什均衡的过程，实质是重复剔除劣策略过程在扩展式博弈上的应用. 逆向归纳法是从最后一个决策结开始依次剔除每个子博弈的劣策略，最后剩余的那个策略构成子博弈精炼纳什均衡.

如果一个完美信息的动态博弈中，一个策略组合满足在整个动态博弈及它所有的子博弈中都构成纳什均衡，那么该策略组合称为一个"子博弈完美纳什均衡". 因为要求在所有子博弈中都构成纳什均衡，因此子博弈完美纳什均衡能够排除均衡策略中不可信的行为（威胁或承诺），因此具有真正的稳定性.

3. 子博弈精炼纳什均衡的定义

扩展式博弈的策略组合 $s^* = (s_1^*, \cdots, s_i^*, \cdots, s_n^*)$ 是一个子博弈精炼纳什均衡，如果：

（1）它是原博弈的纳什均衡；

（2）它在每一个子博弈上给出纳什均衡.

子博弈精炼纳什均衡是完全信息动态博弈的基本概念. 简单地说，一个策略组合是子博弈精炼纳什均衡，当且仅当它在每一个子博弈（包括原博弈）上都构成一个纳什均衡. 即子博弈精炼纳什均衡要求均衡策略的行为规则在每一个信息集上都是最优的.

均衡路径：如果一个博弈有几个子博弈，一个特定的纳什均衡决定了原博弈树上唯一的一条路径，这条路径被称为"均衡路径".

非均衡路径：博弈树上除了均衡路径以外的其他路径被称为"非均衡路径".

纳什均衡与子博弈精炼纳什均衡的区别：纳什均衡只要求均衡策略在均衡路径的决策结上是最优的；子博弈精炼纳什均衡的均衡策略不仅要求在均衡路径的决策结上是最优的，而且要求在非均衡路径的决策结上也是最优的.

只有当一个策略规定的行动规则在所有可能的情况下都是最优的，它才是一个合理的、可置信的策略. 子博弈精炼纳什均衡就是要剔除那些只有在特定情况下是合理的而在其他情况下并不合理的策略（行动规则）.

子博弈精炼纳什均衡要求参与人是"序惯理性"的. 序惯理性是指无论过去发生了什么，参与人应该在博弈的每一个时点上最优化自己的决策.

定理 7.1 一个有限完美信息博弈有一个纯策略纳什均衡（Zermelo，1913；Kuhn，1953）.

有限博弈：一个扩展式博弈有有限个信息集，每个信息集上参与人有有限个行动选择，这一博弈即为有限博弈.

完美信息博弈：这个博弈的每个信息集都上单结的.

可以用逆向归纳法证明该定理. 逆向归纳法是重复剔除劣策略法在扩展式博弈中的应用. 对有限完美信息博弈来说，该方法是从最后一个决策结开始逆推，每一步剔除在该决策结上参与人的劣策略，因而在均衡路径，每一个参与人在每一个信息集上的选择都是占选择.

证明 由于博弈是有限的，因而博弈树上一定存在一个最后的决策结的集合，在该决策结上行动的参与人将选择一个最大化自己的支付的行动；给定这个参与人的选择，倒数第二个决策结上的参与人将选择一个可行的行动最大化自己的支付；如此进行下去，直道初始结. 当这个逆推过程完成时，就可以得到一个路径，该路径给出每一个参与人一个特定的策略，所有这些策略构成一个纳什均衡.

用逆向归纳法求解子博弈精炼纳什均衡要求"所有参与人是理性的"是共同知识.

例 7.2　两个寡头企业进行价格竞争博弈.

企业 1 和企业 2 的利润函数分别是:

$$\pi_1 = - (p_1 - ap_2 + c)^2 + p_2$$

$$\pi_2 = - (p_2 - b)^2 + p_1$$

其中 p_1 是企业 1 产品的价格, p_2 是企业 2 产品的价格. 求:

(1) 两个企业同时选择的纯策略纳什均衡;

(2) 企业 1 先选择的子博弈完美纳什均衡;

(3) 企业 2 先选择的子博弈完美纳什均衡;

(4) 是否存在参数 a, b, c 的特定值或范围,使两个企业都希望自己先选择.

解　这道题目讨论了完全信息静态博弈,也讨论了完全信息动态博弈,同时还讨论了满足先动优势的条件.

(1) 同时进行选择,这是完全信息静态博弈.

$$\frac{\partial \pi_1}{\partial p_1} = - 2(p_1 - ap_2 + c) = 0 \Rightarrow \quad p_1 = ap_2 - c$$

$$\frac{\partial \pi_2}{\partial p_2} = - 2(p_2 - b) = 0 \quad \Rightarrow \quad p_2 = b$$

得纳什均衡见表 7.1.

两个企业的利润:

$$\pi_1 = - (p_1 - ap_2 + c)^2 + p_2 = b$$

$$\pi_2 = - (p_2 - b)^2 + p_1 = ab - c$$

(2) 这是讨论完全信息动态博弈. 企业 1 先选择,用逆序归纳法求解,那么第二阶段是企业 2 进行选择,求企业 2 的最优反应.

$$\frac{\partial \pi_2}{\partial p_2} = - 2(p_2 - b) = 0 \Rightarrow \quad p_2 = b$$

代入企业 1 的收益函数:

$$\pi_1 = - (p_1 - ap_2 + c)^2 + p_2$$

$$= - (p_1 - ab + c)^2 + b$$

再求企业 1 的最优反应函数:

$$\frac{\partial \pi_1}{\partial p_1} = - 2(p_1 - ab + c) = 0$$

$$\Rightarrow \quad p_1 = ab - c$$

子博弈完美纳什均衡和收益与同时定价相同，见表 7.1.

表 7.1 各种均衡

	两个企业同时定价	企业 1 先定价	企业 2 先定价
均衡	$p_1 = ab - c$ $p_2 = b$	$p_1 = ab - c$ $p_2 = b$	$p_1 = \dfrac{a^2}{2} + ab - c$ $p_2 = \dfrac{a}{2} + b$
利润	$\pi_1 = b$ $\pi_2 = ab - c$	$\pi_1 = b$ $\pi_2 = ab - c$	$\pi_1 = \dfrac{a}{2} + b$ $\pi_2 = \dfrac{a^2}{4} + ab - c$

（3）企业 2 先决策. 这仍然是完全信息动态博弈. 企业 2 先选择，用逆序归纳法求解，第二阶段是企业 1 进行选择，求企业 1 的最优反应.

$$\frac{\partial \pi_1}{\partial p_1} = -2(p_1 - ap_2 + c) = 0 \Rightarrow \quad p_1 = ap_2 - c$$

代入企业 2 的收益函数：

$$\pi_2 = -(p_2 - b)^2 + p_1$$
$$= -(p_2 - b)^2 + (ap_2 - c)$$

再求企业 2 的反应函数：

$$\frac{\partial \pi_2}{\partial p_2} = -2(p_2 - b) + a = 0 \Rightarrow p_2 = \frac{a}{2} + b$$

代入企业 1 的反应函数

$$p_1 = ab - c = \frac{a^2}{2} + ab - c$$

两个企业的利润

$$\pi_1 = -(p_1 - ap_2 + c)^2 + p_2$$
$$= -\left(\frac{a^2}{2} + ab - c - a\frac{a}{2} - ab + c\right)^2 + \frac{a}{2} + b$$

154

$$= \frac{a}{2} + b$$

$$\pi_2 = - (p_2 - b)^2 + p_1$$

$$= - \left(\frac{a}{2} + b - b \right)^2 + \frac{a^2}{2} + ab - c$$

$$= \frac{a^2}{4} + ab - c$$

（4）两个企业都希望自己先选择，这里在讨论先动优势满足的条件. 只有先选择的企业有更大的收益才会采取先动优势. 由表 7.1，因为

$$\frac{a^2}{4} + ab - c > ab - c$$

在 $a \neq 0$ 时总成立，企业 2 希望自己先选择. 当

$$b > \frac{a}{2} + b$$

企业 1 先定价，这时要求 $a < 0$.

即 $a < 0$ 时，$a \neq 0$ 成立，两个企业都愿意自己先选择.

由于利润必须非负，所以有

$$b > 0, \frac{a}{2} + b > 0, ab - c > 0, \frac{a^2}{4} + ab - c > 0$$

因为第四个式子在 $a \neq 0$ 且第三个式子成立时必然成立，故两个企业都愿意先选择的条件为

$$a < 0, b > - \frac{a}{2}, c < ab$$

7.4 古诺模型的应用

7.4.1 双寡头古诺模型在完全信息静态博弈中的应用

例 7.3 双寡头古诺模型（Cournot，1838）——完全信息静态博弈

假设市场上只有两个企业，它们生产完全相同的产品，企业的决策变量是产量，两个企业同时决定生产多少产量.

$q_i \in [0, \infty)$ 为 i 企业的产量，$C_i(q_i)$ 为 i 企业的成本函数，$P = P(q_1 + q_2)$ 为市场逆需求函数，则 i 企业的利润函数为

$$\pi_i(q_1, q_2) = q_i P(q_1 + q_2) - C_i(q_i) \qquad i = 1, 2$$

对每个企业的利润函数求一阶导数并令其等于零，有

$$\frac{\partial \pi_1}{\partial q_1} = P(q_1 + q_2) + q_1 \cdot \frac{\partial P(q_1 + q_2)}{\partial q_1} - \frac{\partial C_1(q_1)}{\partial q_1} = 0 \qquad (7\text{-}5)$$

$$\frac{\partial \pi_2}{\partial q_2} = P(q_1 + q_2) + q_2 \cdot \frac{\partial P(q_1 + q_2)}{\partial q_2} - \frac{\partial C_2(q_2)}{\partial q_2} = 0 \qquad (7\text{-}6)$$

由式（7-5）和式（7-6）可得两个企业的反应函数为

$$q_1^* = BR_1(q_2) \qquad (7\text{-}7)$$

$$q_2^* = BR_2(q_1) \qquad (7\text{-}8)$$

反应函数意味着每个企业的最优策略（产量）是另一个企业产量的函数.两个反应函数的交叉点就是纳什均衡 $q^* = (q_1^*, q_2^*)$，如图7-2所示.

求古诺模型的纳什均衡.

假设：两个企业具有相同的单位成本，即 $C_1(q_1) = q_1 c$，$C_2(q_2) = q_2 c$，逆需求函数为 $P = a - (q_1 + q_2)$.企业利润为

$$\pi_1(q_1, q_2) = q_1 P(q_1 + q_2) - C_1(q_1) = q_1[a - (q_1 + q_2)] - q_1 c$$

$$\pi_2(q_1, q_2) = q_2 P(q_1 + q_2) - C_2(q_2) = q_2[a - (q_1 + q_2)] - q_2 c$$

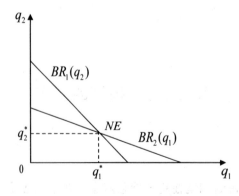

图7-2　古诺模型的纳什均衡

那么，企业利润最大化的一阶条件为

$$\frac{\partial \pi_1}{\partial q_1} = a - 2q_1 - q_2 - c = 0$$

$$\frac{\partial \pi_2}{\partial q_2} = a - q_1 - 2q_2 - c = 0$$

反应函数为

$$q_1^* = BR_1(q_2) = \frac{1}{2}(a - q_2 - c)$$

$$q_2^* = BR_2(q_1) = \frac{1}{2}(a - q_1 - c)$$

解两个反应函数，得纳什均衡为

$$q_1^* = q_2^* = \frac{1}{3}(a - c)$$

每个企业的纳什均衡利润为

$$\pi_1(q_1^*, q_2^*) = \pi_2(q_1^*, q_2^*) = (P - c)q_1^* = (P - c)q_2^* = \frac{1}{9}(a - c)^2$$

7.4.2 双寡头古诺模型在完全信息动态博弈中的应用

例 7.4 斯塔克伯格（Stackelberg，1934）的寡头竞争模型.

这里给出一个完美信息动态博弈.

假设：企业 1（领头企业）首先选择产量 $q_1 \geq 0$，企业 2（追随企业）观察到 q_1，然后选择自己的产量 $q_2 \geq 0$.

企业 1 的策略是选择 q_1；企业 2 的策略是根据观察到的 q_1 来选择 q_2，即 $s_2(q_1) \in S_2$，S_2：$Q_1 \rightarrow Q_2$，S_2 是企业 2 的策略空间，Q_1 是企业 1 的产量空间，Q_2 是企业 2 的产量空间. 企业 1 和企业 2 的策略组合为 $[q_1, s_2(q_1)]$，对应的支付函数为 $u_i[q_1, s_2(q_1)]$，$i = 1, 2$.

假设：市场逆需求函数为 $P(Q) = a - (q_1 + q_2)$，两个企业有相同的不变单位成本 $c \geq 0$. 那么，支付（利润）函数为

$$\pi_i(q_1, q_2) = q_i P(Q) - q_i c, \quad i = 1, 2$$

用逆向归纳法求解子博弈精炼纳什均衡.

企业 2 的问题是：

$$\max_{q_2} \pi_2(q_1, q_2) = q_2 P(Q) - q_2 c = q_2 [a - (q_1 + q_2)] - q_2 c$$

最优化的一阶条件为

$$\frac{\partial \pi_2(q_1, q_2)}{\partial q_2} = a - q_1 + 2q_2 - c = 0$$

从而有 $s_2(q_1) = q_2 = \frac{1}{2}(a - c - q_1)$ ，假设 $q_1 < (a - c)$.

由于企业 1 预测到企业 2 在第二阶段将根据 $s_2(q_1)$ 选择 q_2，则企业 1 在第一阶段的问题是：

$$\begin{aligned}
\max_{q_1} \pi_1[q_1, s_2(q_1)] &= q_1 P(Q) - q_1 c \\
&= q_1 [a - (q_1 + q_2)] - q_1 c \\
&= q_1 \{a - [q_1 + s_2(q_1)]\} - q_1 c
\end{aligned}$$

最优化的一阶条件为

$$\frac{\partial \pi_1[q_1, s_2(q_1)]}{\partial q_1} = 0$$

从而有 $q_1^* = \frac{1}{2}(a - c)$.

将 $q_1^* = \frac{1}{2}(a - c)$ 代入 $s_2(q_1)$ 得

$$q_2^* = s_2(q_1^*) = \frac{1}{2}(a - c - q_1^*) = \frac{1}{2}\left[a - c - \frac{1}{2}(a - c)\right] = \frac{1}{4}(a - c)$$

结论：该博弈的子博弈精炼纳什均衡是 $[q_1^*, s_2(q_1)]$，均衡结果是 $q_1^* = \frac{1}{2}(a - c)$，$q_2^* = \frac{1}{4}(a - c)$.

在古诺模型中，企业 1 和企业 2 同时进行产量决策，在纳什均衡时，$q_1^* = q_2^* = \frac{1}{3}(a - c)$. 与古诺模型相比，这里企业 2 的利润下降了，企业 1 的利润上升了. 说明拥有信息优势可能使得参与人处于劣势.

一般来说，逆向归纳法只适用于完美信息博弈. 但是，有些非完美信息博弈也可以运用逆向归纳法的逻辑求解. 如在多阶段博弈，如果最后一个阶段所有参与人都有占优策略, 则可以用占优策略替代最后阶段的策略, 然后考虑倒数第二阶段, 如此等等. 即使博弈的最后阶段没有占优策略, 逆向归纳法的逻辑也有助于找出精炼均衡.

7.4.3 双寡头古诺模型在不完全信息静态博弈中的应用

例 7.5 在双寡头古诺模型中, 市场逆需求函数为

$$P(Q) = a - Q = a - (q_1 + q_2)$$

其中, $Q = q_1 + q_2$ 为市场总需求, 但 a 有 a_h 和 a_l 两种可能情况, 并且企业 1 知道 a 究竟是 a_h 还是 a_l, 但企业 2 只知道 $a = a_h$ 的概率是 θ, $a = a_l$ 的概率是 $1 - \theta$, 这种信息不对称是双方都了解的. 双方的总成本仍然是 $c_i q_i = c q_i$. 如果两个企业同时选择产量, 问双方的策略空间是什么? 本博弈的贝叶斯纳什均衡是什么?

解 这是古诺模型在不完全信息静态博弈中的应用, 需求出贝叶斯纳什均衡.

设企业 1 知道 $a = a_h$ 的产量 $q_1(a) = q_{1h}$, $a = a_l$ 的产量 $q_1(a) = q_{1l}$, 假设 q_2 为企业 2 的产量, 这两个函数关系就是两个企业的策略空间.

上述三种情况下两个企业的利润函数分别为

$$\pi_{1h} = (a_h - q_{1h} - q_2) q_{1h} - c q_{1h}$$

$$\pi_{1l} = (a_l - q_{1l} - q_2) q_{1l} - c q_{1l}$$

$$E\pi_2 = \theta(a_h - q_{1h} - q_2) q_2 + (1 - \theta)(a_l - q_{1l} - q_2) q_2 - c q_2$$

对每个利润函数求一阶偏导数并令其等于零, 即

$$\frac{\partial \pi_{1h}}{\partial q_{1h}} = 0, \frac{\partial \pi_{1l}}{\partial q_{1l}} = 0, \frac{\partial E\pi_2}{\partial q_2} = 0$$

得三种情况下得反应函数

$$a_h - 2q_{1h} - q_2 - c = 0$$

$$a_l - 2q_{1l} - q_2 - c = 0$$

$$\theta(a_h - q_{1h} - 2q_2) + (1 - \theta)(a_l - q_{1l} - 2q_2) - c = 0$$

上面三个式子联立, 得企业 1 的策略为

$$q_{1h}^* = BR_1(q_2) = \frac{a_h - q_2 - c}{2} = \frac{a_h - c}{2} - \frac{1}{6\theta}[\theta a_h + (1 - \theta)a_l - c]$$

$$q_{1l}^* = BR_1(q_2) = \frac{a_l - q_2 - c}{2} = \frac{a_l - c}{2} - \frac{1}{6\theta}[\theta a_h + (1 - \theta)a_l - c]$$

企业 2 的策略为

$$q_2^* = BR_2(q_1) = \frac{1}{3\theta}[\theta a_h + (1 - \theta)a_l - c]$$

因此本博弈的贝叶斯纳什均衡是：当 $a = a_h$ 时企业 1 生产上述 q_{1h}^*，当 $a = a_l$ 时企业 1 生产上述 q_{1l}^*，企业 2 的产量只是上述 q_2^*.

例 7.6 在双寡头古诺模型中，企业 i 的利润函数为

$$\pi_i(q_1, q_2) = q_i(t_i - q_j - q_i), i = 1, 2$$

若 $t_1 = 1$ 是两个企业的共同知识，而 t_2 只是企业 2 的私人信息. 企业 1 只知道 $t_2 = \frac{3}{4}$ 或 $t_2 = \frac{5}{4}$，且 t_2 取这两个值的概率相等. 若企业 2 先选择产量，然后企业 1 再选择产量，试求出该博弈的纯策略贝叶斯均衡.

解 需求出贝叶斯纳什均衡. 这是把古诺模型两个企业同时选择产量改为先后选择，用逆推归纳法.

第一步：分析第二阶段企业 1 的选择，固定对手，假设企业 2 在第一阶段选择产量 q_2，则企业 1 选择 q_1 的利润为

$$\pi_1(q_1, q_2) = q_1(1 - q_1 - q_2)$$

由 $\dfrac{\partial \pi_1(q_1, q_2)}{\partial q_1} = 1 - 2q_1 - q_2 = 0$

即企业 1 有反应函数

$$q_1 = \frac{1 - q_2}{2}$$

第二步：第一阶段企业 2 选择. 如果 $t_2 = \dfrac{3}{4}$，企业 2 的利润函数为

$$\pi_2(q_1, q_2) = q_2\left(\frac{3}{4} - q_1 - q_2\right)$$

将 $q_1 = \dfrac{1 - q_2}{2}$ 代入上式可得

$$\pi_2(q_1, q_2) = q_2(\frac{1}{4} - \frac{q_2}{2})$$

由 $\frac{\partial \pi_2(q_1, q_2)}{\partial q_2} = \frac{1}{4} - q_2 = 0$ 得企业 2 的选择 $q_2 = \frac{1}{4}$，代入企业 1 的反应函数得

$$q_1 = \frac{1 - q_2}{2} = \frac{3}{8}$$

如果 $t_2 = \frac{5}{4}$，企业 2 的利润函数为

$$\pi_2(q_1, q_2) = q_2(\frac{5}{4} - q_1 - q_2)$$

将 $q_1 = \frac{1 - q_2}{2}$ 代入上式可得

$$\pi_2(q_1, q_2) = q_2(\frac{3}{4} - \frac{q_2}{2})$$

由 $\frac{\partial \pi_2(q_1, q_2)}{\partial q_2} = \frac{3}{4} - q_2 = 0$ 得企业 2 的选择 $q_2 = \frac{3}{4}$，代入企业 1 的反应函数得

$$q_1 = \frac{1 - q_2}{2} = \frac{1}{8}$$

可以得出结论，当 $t_2 = \frac{3}{4}$ 时均衡是企业 1 生产 $\frac{3}{8}$，企业 2 生产 $\frac{1}{4}$．当 $t_2 = \frac{5}{4}$ 时均衡是企业 1 生产 $\frac{1}{8}$，企业 2 生产 $\frac{3}{4}$．上述均衡与类型的概率分布无关．

7.5 囚徒困境在不同博弈模型中的应用

囚徒困境在完全信息静态博弈中的应用见 7.2 节，这里探讨在完全信息动态博弈及不完全信息动态博弈中的应用，

"囚徒困境"的内在根源是在个体之间存在行为和利益相互制约的博弈结构中，以个体理性和个体选择为基础的分散决策方式，无法有效地协调各方面的利益，并实现整体、个体利益共同的最优. 简单地说，"囚徒困境"问题都是个人理性与集体理性的矛盾引起的. 由于个人理性与集体理性的冲突，各人追求利己行为而导致的最终结局是一个"纳什均衡"，也是对所有人都不利的结局.

7.5.1 囚徒困境在完全信息动态博弈的应用

利用重复博弈分析囚徒困境在完全信息动态博弈中的应用，这里探讨有限次重复囚徒博弈和无限次重复囚徒博弈.

1. 有限次重复囚徒困境博弈

一次性囚徒困境博弈揭示了博弈参与人的短期利益与长期利益之间存在矛盾. 博弈参与人对短期利益的追求很可能导致长期利益的受损. 如果让囚徒困境博弈重复进行，在一定条件下博弈参与人之间可能形成合作，从而实现长期利益最大化.

囚徒困境博弈有限次重复进行，该博弈如果只进行一次，则（坦白，坦白）这一策略组合就成为其唯一纳什均衡. 把这个博弈重复进行有限次，构成重复博弈. 重复博弈是一种特殊的动态博弈，可以用逆向归纳法来分析博弈各参与人在各阶段的策略选择.

在有限次重复博弈中，被不断重复进行的一次博弈被称为原博弈，原博弈每重复一次就构成重复博弈的一个阶段. 假设原博弈重复进行 t 次，t 是一个有限的正整数.

根据逆向归纳法，在第 t 次博弈中，由于前一个阶段的博弈结果已经成为事实，而在这个阶段之后又不再有后续阶段，因此实现自身在本阶段的利益最大化就是两个博弈参与人在该阶段决策的唯一行为准则.

对每个博弈者来说，从该阶段开始的子博弈（包括最后那两个阶段）所得总收益就是原博弈收益的加总.

可见，在对原博弈重复进行 t 次形成的重复博弈的子博弈纳什均衡就是两个博弈参与人在每次重复时都采用原博弈的纳什均衡策略（坦白，坦白），重复博弈的总收益为原博弈收益的 t 倍.

设阶段博弈为

囚徒乙

坦白　　不坦白

囚徒甲　　坦白　　$\begin{pmatrix} -5, & -5 & 0, & -8 \\ -8, & 0 & -1, & -1 \end{pmatrix}$
不坦白

求 $G(2,1)$ 子博弈精炼纳什均衡. 其博弈树如图 7.3 所示, 这是信息不完美的动态博弈, 因为假设了参与人1先行动, 参与人2后行动.

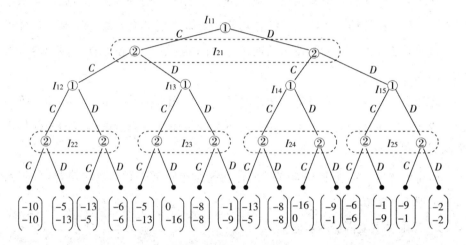

图 7.3

由 I_{12} 开始的子博弈, 每个局中人的终点支付值等于阶段博弈中每个局中人相应支付增加-5, 这是因为第一阶段（坦白, 坦白）的收益是 (-5, -5).

同理, 由 I_{13} 开始的子博弈, 局中人2的终点支付值等于阶段博弈中局中人2相应支付增加-8; 由 I_{14} 开始的子博弈, 局中人1的终点支付值等于阶段博弈中局中人1相应支付增加-8; 由 I_{15} 开始的子博弈, 每个局中人的终点支付值等于阶段博弈中每个局中人相应支付增加-1.

由于第二阶段开始的每个子博弈的纳什均衡都是（坦白, 坦白）, 因此 I_{12},

I_{13}, I_{14}, I_{15} 分别赋值 $\begin{pmatrix} -10 \\ -10 \end{pmatrix}$, $\begin{pmatrix} -5 \\ -13 \end{pmatrix}$, $\begin{pmatrix} -13 \\ -5 \end{pmatrix}$, $\begin{pmatrix} -6 \\ -6 \end{pmatrix}$, 这等于阶段博弈 G 中每个局中人的支付加-5. 由划线法得第一阶段的纳什均衡也是（坦白, 坦白）.

囚徒乙

坦白　　　不坦白

$$
\text{囚徒甲} \quad \begin{matrix} \text{坦白} \\ \text{不坦白} \end{matrix} \begin{pmatrix} -10, & -10 & -5, & -13 \\ -13, & -5 & -6, & -6 \end{pmatrix}
$$

因此，重复两次的囚徒困境问题的每个子博弈精炼纳什均衡是每个局中人在各种情况下都采取坦白的行动．

总之，有限次重复博弈相当于独立进行了有限次的囚徒困境博弈，有限次重复博弈与一次性博弈一样，其纳什均衡是低效率的非合作纳什均衡，它并没有缓解博弈参与人的短期利益与长期利益之间的矛盾，也没有推动博弈参与人之间形成合作．

定理：若阶段博弈 G 有唯一纳什均衡，对于任何整数 T，$G(T, \delta)$ 也有唯一的子博弈精炼纳什均衡，即各个局中人在每个阶段都选择阶段博弈的纳什均衡策略．

但需要注意，定理中 G 有唯一纳什均衡是个重要条件，若不满足唯一性，这个定理不一定成立．

2. 无限次重复囚徒困境博弈

把囚徒困境博弈重复进行无限次，构成重复博弈．则在一定条件下，各博弈参与人在一次性囚徒困境博弈中背离合作的内在激励会得到抑制，从而使各博弈参与人之间形成长期合作，实现长期利益的最大化．在无限次重复博弈中，各博弈参与人背离合作的冲动是否会被吓阻是重复博弈出现高效率子博弈纳什均衡的关键．在不同的吓阻策略下，各博弈参与人的选择是不同的．博弈参与人常见的吓阻策略主要有两种：一是以牙还牙策略；二是冷酷触发策略．让囚徒困境博弈无限次重复进行，在各博弈参与人不同的吓阻策略下会出现不同的子博弈纳什均衡，有可能在无限次重复进行的囚徒困境博弈中出现合作结果．

冷酷触发策略也是解决囚徒困境的最佳策略之一，它的基本规则是：在重复博弈中，如果一个博弈参与人采取不合作的行动，对方随即也采取不合作行动并且永远采取不合作行动．

冷酷触发策略有四个特点：

①冷酷触发者开始一定采取合作行动，不会背离对方.

②遭到对方背离，冷酷触发者一定会报复.

③当对方停止背离，冷酷触发者不会原谅对方，会继续报复.

④冷酷触发者不会给对方改正错误的机会，错误一旦发生就会永远持续下去.

7.5.2　囚徒困境在不完全信息动态博弈的应用

有限次重复囚徒困境博弈，假设囚徒甲有两种类型：理性和非理性，这是囚徒甲的私人类型. 两种类型的概率分布

$$P(理性) = p，P(非理性) = 1 - p$$

这是两个局中人的共同知识. 设囚徒乙是理性的，理性囚徒可以选择任何策略，而非理性的囚徒仅选择"针锋相对"策略. 即第一阶段选择行动合作，而在 $t > 1$ 阶段选择与其对手 $t - 1$ 阶段相同的行动.

信息不完全有限次重复囚徒困境博弈的时序如下：

（1）自然首先选择囚徒甲的类型. 囚徒甲知道自己的类型，囚徒乙仅知道囚徒甲的类型的概率分布.

（2）两个囚徒进行第一阶段博弈，双方在此阶段的选择是共同知识.

（3）观察到第一阶段博弈结果后，进行第二阶段博弈，观察到第二阶段博弈结果后，进行第三阶段博弈，如此下去，直到进行第 T 阶段的博弈.

（4）两个囚徒的支付是阶段博弈支付贴现之和. 为简单，设贴现因子 $\delta = 1$.

阶段博弈的支付矩阵如下：

囚徒乙

		C	D
囚徒甲	C	0, 0	a, b
	D	b, a	1, 1

其中，$a > 1$，$b < 0$，$a + b < 2$.

先讨论 $T = 2$ 的情况.

在第二阶段，囚徒甲和理性囚徒乙，都选择非合作行为 C.

在博弈第一阶段，非理性的囚徒甲选择合作行为 D，理性的囚徒乙选择非合作行为 C. 设囚徒乙选择行动 X，从而非理性的囚徒甲在第二阶段也选择行动 X，如表 7.2 所示.

表 7.2

	$t = 1$	$t = 2$
非理性囚徒甲 理性囚徒甲	D C	X C
囚徒乙	X	C

若 $X = D$，囚徒乙的期望支付为

$$pu_2(D, D) + (1 - p)u_2(C, D) = p(1 + a) + (1 - p)b$$

若 $X = C$，囚徒乙的期望支付为

$$pu_2(D, C) + (1 - p)u_2(C, C) = pa$$

因此囚徒乙在第一阶段选择合作 D 的充要条件是

$$p(1 + a) + (1 - p)b > pa$$

即 $p + (1 - p)b \geqslant 0$

$$p \geqslant -\frac{b}{1 - b} \tag{7-9}$$

这说明，囚徒甲非理性的可能性较大时，若满足式（7-9），第一阶段出现了合作的行动组合 (D, D).

当 $T = 3$ 时，仍然假设式（7-9）成立.

如果理性囚徒甲和囚徒乙在第一阶段选择合作 D，这时 $t = 2$ 和 $t = 3$ 这两个阶段局中人的行动可在表 7.1 中 $X = D$ 取得. 三阶段博弈中各阶段局中人的行动由表 7.2 给出. 下面给出第一阶段理性囚徒甲和囚徒乙选择合作的条件.

由表 7.2，首先，非理性的囚徒甲没有动机背离表 7.3 所示的策略，理性囚徒甲的收益为 $1 + a$，囚徒乙的期望收益为 $1 + p + (1 - p)b + pa$. 如果理性囚徒甲的第一阶段选择非合作行为 C. 这样，理性囚徒甲第一阶段选择非合作可得到总收益 a，它要低于上述均衡收益 $1 + a$，于是囚徒甲没有动机背离表 7.3 所示的隐含策略.

表 7.3

	$t = 1$	$t = 2$	$t = 3$
非理性囚徒甲 理性囚徒甲	D D	D C	D C
囚徒乙	D	D	C

下面考虑囚徒乙是否有背离的动机. 如果囚徒乙第一阶段选择非合作 C ,
理性的和非理性的囚徒甲在第二阶段也将选择 C . 第一阶段选择非合作 C 后,
囚徒乙必须决定在第二阶段的行动选择. 如果选择非合作 C , 则非理性囚徒甲
第三阶段仍选择 C , 这时博弈的情况如表 7.4 所示.

表 7.4

	$t = 1$	$t = 2$	$t = 3$
非理性囚徒甲 理性囚徒甲	D D	C C	C C
囚徒乙	C	C	C

囚徒乙从这种背离中获取期望收益为 a , 它小于其均衡期望收益的条件为

$$1 + p + (1 - p)b + pa \geqslant a$$

在条件 (7-9) 下, 囚徒乙不选择这种背离行动的条件是 $1 + pa \geqslant 0$ 或

$$p \geqslant \frac{a - 1}{a} = 1 - \frac{1}{a} \tag{7-10}$$

另一种情况是, 囚徒乙的背离行动可以是第一阶段选择非合作 C , 但第二阶段
选择合作 D . 这时非理性囚徒甲将在第三阶段选择合作, 博弈情况如表 7.5 所示.

表 7.5

	$t = 1$	$t = 2$	$t = 3$
非理性囚徒甲 理性囚徒甲	D D	C C	D C
囚徒乙	C	D	C

囚徒乙的这种背离行为的期望收益为 $a + b + pa$，它小于均衡期望收益的条件为

$$1 + p + (1 - p)b + pa \geqslant a + b + pa$$

给定条件（7-9），囚徒乙不选择这种背离行动的条件是

$$a + b \leqslant 1 \tag{7-11}$$

因此有下面结论.

定理 7.2　对于 T 期重复的囚徒困境博弈，如果阶段博弈支付矩阵中元素 a，b 及非理性囚徒甲的概率 p 满足条件（7-9）、（7-10）、（7-11），则对所有的 $T > 3$，都存在下面的合作博弈：理性囚徒甲和囚徒乙从博弈开始直到 $T = 2$ 全部选择合作，并在 $T - 1$ 期和 T 期选择表 7.2 所示的行动.

第 8 章

模糊博弈及其在经济外交决策中的应用

模糊博弈是将模糊理论应用到博弈论的一个新分支，模糊博弈理论自 20 世纪 70 年代以来，就成为国际上非常活跃的研究领域之一，已逐渐成为运筹学、决策科学、管理科学、模糊系统理论等交叉学科的前沿研究领域之一. 随着模糊博弈研究和探索的深入，模糊博弈理论得到了极大的延伸和拓展，已经发展成一个较为完善的数学分支.

模糊博弈是指，由于信息的不确定性、参与人的有限理性和决策行为的复杂性，参与人的判断存在一定的模糊性和不确定性，它是将策略集或赢得函数模糊化的一种博弈. 模糊博弈针对的是人们对事物的认知表达的不确定性，比如大约、左右等，表达中常包含基本实数基点，只是外延模糊，一般依据经验采用函数映射的方法进行处理.

本书在介绍相关模糊概念的基础上，就模糊博弈的两个重要分支——模糊非合作博弈和模糊合作博弈的概念、性质、分类及应用进行分析，探讨了模糊合作博弈和模糊非合作博弈的求解.

8.1 模糊集

Cantor 创立的经典集合论是经典数学的基础，1965 年美国控制论专家 Zadeh 发表了开创性论文 *Fuzzy sets*，对 Cantor 集合理论作了有益的推广，从而建立了模糊集合论，且在很多领域取得了卓有成效的应用，是模糊博弈的理论基础.

8.1.1 模糊集的基本概念

对于经典集合 A，一个元素 x 对 A 的关系只有两种：$x \in A$ 和 $x \notin A$，二者必居其一且仅居其一，这一特征可用一个函数表示为

$$\chi_A(x) = \begin{cases} 1 & x \in A \\ 0 & x \notin A \end{cases}$$

称 $\chi_A(x)$ 为 A 的特征函数.

然而，在很多情形下这种隶属关系并不是非常明确，例如"宜居城市""优质产品""中年人"等，这些概念所表达的含义具有模糊性. 面对大量的模糊概念，经典集合论并不适用，而模糊集理论的产生为此类问题提供了对模糊现象进行定量描述和分析运算的方法.

为了创立模糊概念，将特征函数表达集合的方法加以推广，即若将值域 $\{0, 1\}$ 拓广为闭区间 $[0, 1]$ 时，则可定义模糊子集的概念.

定义 8.1 设 X 是论域①，$\mu_{\bar{A}}$ 是 X 到闭区间 $[0, 1]$ 的一个映射，即

$$\mu_{\bar{A}} : X \to [0, 1] \ , \ \forall x \in X, x \to \mu_{\bar{A}}(x)$$

则称此映射确定了一个模糊子集 $\bar{A}$，称 $\mu_{\bar{A}}$ 为 $\bar{A}$ 的隶属函数，对 $x \in X$，$\mu_{\bar{A}}(x)$ 称为 x 对 $\bar{A}$ 的隶属度，简记为 $\bar{A}(x)$，模糊子集也称为模糊集.

设论域 X 上全体经典集、模糊集分别记为 $P(x)$、$F(x)$. 若 $\bar{A} \in F(x)$，且 $\mu_{\bar{A}} : X \to [0, 1]$，则 $\bar{A}$ 退化为经典集合，即 $\bar{A} \in P(x)$，于是有 $P(x) \in F(x)$. 这表明模糊集与隶属函数是经典集合与特征函数的推广.

常见的模糊集表示方式有以下两种：

（1）当论域 $X = \{x_1, x_2, \ldots, x_n\}$ 为有限集时，模糊集 $\bar{A}$ 可写成

$$\bar{A} = \mu_{\bar{A}}(x_1)/x_1 + \mu_{\bar{A}}(x_2)/x_2 + \cdots + \mu_{\bar{A}}(x_n)/x_n$$

---

① 论域是一个数学系统，记作 M，它由三部分组成：第一部分是一个非空元素集合 M′，M′包括 M 的基本元素. 第二部分是一个 M′上的非空的函数集合，其中的每个函数以一个 M′或者多个 M′的笛卡尔积为定义域并以 M′为值域. 第三部分是一个关于 M′的非空命题集合，每一个命题表示 M′的元素之间、函数之间以及元素与函数之间的逻辑关系. 自然数系统 N、有理数系统 Q 和实数系统 R 都是论域的典型例子.

（2）当论域 X 为无限集时，模糊集 $\tilde{A}$ 可写成

$$\tilde{A} = \int_{x \in X} \mu_{\tilde{A}}(x)/x$$

这里"+"不是求和，"∫"也不是积分，它们只是概括集合各元素的符号.

例 8.1 专家经过检测分析后，对从国外进口机床系统 x_1，x_2，x_3，x_4 的性能状况，进行评价打分如下：

武器	x_1	x_2	x_3	x_4
等分	5 分	7 分	8 分	6 分

满分为 10 分，试用模糊集 $\tilde{A}$ 表示对这 4 种武器系统的评价过程.

解 论域 $X = \{x_1, x_2, x_3, x_4\}$ 是有限集，用 $\tilde{\beta}$ 表示"武器系统性能良好"这一模糊概念，武器系统 x_1，x_2，x_3，x_4 隶属于模糊概念 $\tilde{\beta}$ 的程度分别为 0.5、0.7、0.8、0.6，则对武器系统的评价结果表示为模糊集：

$$\tilde{A} = 0.5/x_1 + 0.7/x_2 + 0.8/x_3 + 0.6/x_4$$

例 8.2 试用模糊集 $\tilde{A}$ 表示"远大于 2 的实数"这一模糊概念.

解 取论域为整体实数即 $U = \mathbf{R}$. 用 $\tilde{A}$ 表示"远大于 2 的实数"这一模糊概念，其在 x 处的隶属度取为

$$\mu_{\tilde{A}} = \begin{cases} [1 + 1/(x-2)]^{-1} & x \in (2, +\infty) \\ 0 & x \in (-\infty, 2) \end{cases}$$

从而模糊集 $\tilde{A}$ 如图 8-1 所示，可写成

$$\tilde{A} = \int_{x \in (2, +\infty)} [1 + 1/(x-2)]^{-1}/x$$

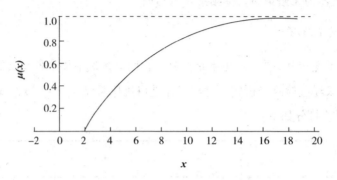

图8-1 "远大于2的实数"的隶属函数

隶属函数不唯一，在隶属函数的确定过程中，或多或少都含有决策者的主观任意性.

8.1.2 模糊集的运算

定义8.2 设 $\tilde{A}$, $\tilde{B} \in F(x)$ 为两个任意模糊集，对 $\forall x \in X$,

(1) $\tilde{A}$ 与 $\tilde{B}$ 的并记为 $\tilde{A} \cup \tilde{B}$，其隶属函数为

$$(\tilde{A} \cup \tilde{B})(x) = \max\{\tilde{A}(x), \tilde{B}(x)\} = \tilde{A}(x) \bigvee \tilde{B}(x)$$

(2) $\tilde{A}$ 与 $\tilde{B}$ 的交记为 $\tilde{A} \cap \tilde{B}$，其隶属函数为

$$(\tilde{A} \cap \tilde{B})(x) = \min\{\tilde{A}(x), \tilde{B}(x)\} = \tilde{A}(x) \bigwedge \tilde{B}(x)$$

(3) $\tilde{A}$ 的余集记为 $\tilde{A}^c$，其隶属函数为

$$\tilde{A}^c(x) = 1 - \tilde{A}(x)$$

定义8.3 设 $\tilde{A}$, $\tilde{B} \in F(X)$，则称

(1) $\tilde{A}$ 是空集，记为 $\tilde{A} = \varnothing$，当且仅当对 $\forall x \in X$, $\tilde{A}(x) = 0$.

(2) $\tilde{A}$ 包含于 $\tilde{B}$，记为 $\tilde{A} \subseteq \tilde{B}$，当且仅当对 $\forall x \in X$, $\tilde{A}(x) \leqslant \tilde{B}(x)$.

(3) $\tilde{A}$ 等于 $\tilde{B}$，记为 $\tilde{A} = \tilde{B}$，当且仅当对 $\forall x \in X$, $\tilde{A}(x) = \tilde{B}(x)$.

定义8.4 设 $\tilde{A} \in F(x)$，对 $\forall \lambda \in [0, 1]$，记

$$(\tilde{A})_{\lambda} = A_{\lambda} = \{x \in X \,|\, \tilde{A}(x) \geqslant \lambda\}$$

称 A_{λ} 为模糊集 $\tilde{A}$ 的 λ 截集（或称 λ 水平集），λ 称为置信水平，又记

$$(\tilde{A})_{\overline{\lambda}} = A_{\overline{\lambda}} = \{x \in X \,|\, \tilde{A}(x) > \lambda\}$$

称 $A_{\tilde{\lambda}}$ 为模糊集 $\tilde{A}$ 的 λ 强截集，称

$$\tilde{A}_0 = \{x \in X \mid \tilde{A}(x) > 0\} \tag{8-3}$$

为 $\tilde{A}$ 的支集，记作 $\mathrm{supp}\tilde{A}$ 或 $\tilde{A}_{\mathrm{Supp}}$．称

$$\tilde{A}_{\mathrm{ker}} = \{x \in X \mid \tilde{A}(x) = 1\} \tag{8-4}$$

为 $\tilde{A}$ 的核，也可记为 $\mathrm{ker}(\tilde{A})$．

若 $\tilde{A}_{\mathrm{ker}} \neq \varnothing$，则称 $\tilde{A}$ 正规模糊集，即核为非空的模糊集合称为正规模糊集．

例 8.3 设 $\tilde{A}$ 表示"接近 5 的整数"，则模糊集合 $\tilde{A}$ 可表示为

(1) $\tilde{A} = 0.2/3 + 0.7/4 + 1/5 + 0.7/6 + 0.2/7$

(2) $\tilde{A} = \{(3, 0.2), (4, 0.7), (5, 1), (6, 0.7), (7, 0.2)\}$

(3) $\mu_{\tilde{A}} = \left[1 + (x - 5)^2\right]^{-1}$

则 $\tilde{A}_{\mathrm{ker}} = \{5\}$，$\tilde{A}_{\mathrm{Supp}} = \{3, 4, 5, 6, 7\}$

(1) 的表示方法见式（8-1），（2) 的表示方法与（1) 是等价的，（3) 为隶属函数表示．

定义 8.5 如果实数集 R 上的模糊集 $\tilde{A}$ 满足条件：

(1) 是正规的，及存在 $x_0 \in \mathrm{R}$，使得 $\tilde{A}(x) = 1$；

(2) $\forall \lambda \in (0, 1]$，$\tilde{A}$，$A_\lambda$ 是闭区间．

则称 $\tilde{A}$ 为 R 上的一个模糊数. 实数集 R 上全体模糊数记为 FR，模糊数 $\tilde{A}$ 的含义是"近似于 $\tilde{A}$ 的实数"．

定理 8.1 $\tilde{A} \in FR$ 当且仅当

$$\tilde{A}(x) = \begin{cases} 1 & x \in [m, n] \\ L(x) & x < m \\ R(x) & x > n \end{cases} \tag{8-5}$$

其中 $L(x)$ 为增函数右连续，$0 \le L(x) < 1$ 且 $\lim\limits_{x \to \infty} L(x) = 0$；$R(x)$ 为减函数左连续，$0 \le R(x) < 1$ 且 $\lim\limits_{x \to \infty} R(x) = 0$．

定义 8.6 设 $\lambda \in [0, 1]$，$\tilde{A} \in F(x)$，λ 与 $\tilde{A}$ 的数积为 $\lambda\tilde{A}$，其隶属函数为

$$(\lambda\tilde{A})(x) = \lambda \wedge \tilde{A}(x)$$

8.2　模糊数的形式

模糊数的形式有很多种，这里探讨 L-R 型模糊数、L-R 型梯形模糊数、三角模糊数、梯形模糊数.

8.2.1　L-R 型模糊数与 L-R 型梯形模糊数

定义 8.7　若实数集 R 上的函数 $L(x)$ 满足：

(1) $L(x) = L(-x)$；

(2) $L(0) = 1$；

(3) $L(x)$ 在 $[0, +\infty)$ 上非增且逐段连续；

则称 L 为模糊数的一个基准函数.

下面给出一种特殊的模糊数，即 L-R 型模糊数.

定义 8.8　若模糊数 $\tilde{A}$ 的隶属函数有如下形式：

$$\tilde{A}(x) = \begin{cases} L\left(\dfrac{b-x}{\beta}\right) & x \leq b,\ \beta > 0 \\[2mm] R\left(\dfrac{x-b}{\gamma}\right) & x \geq b,\ \gamma > 0 \end{cases} \tag{8-6}$$

则称 $\tilde{A}$ 为 L-R 型模糊数. 其中 L、R 都是基准函数，称 L 为左枝，R 为右枝，L-R 型模糊数可记为 $\tilde{A} = (b, \beta, \gamma)$，称 b 为 $\tilde{A}$ 的均值（或为主值），β, γ 为 $\tilde{A}$ 的左右扩展.

L-R 型模糊数 $\tilde{A}$ 表示"近似为 b 的实数". 若 $\beta = \gamma = 0$，则 $\tilde{A}$ 蜕化为实数，即实数是 L-R 型模糊数的特殊情形.

若 L-R 型模糊数 $\tilde{A}$ 的核 $\ker(\tilde{A})$ 为一闭区间 $[b_1, b_2]$，即 $\tilde{A}$ 的隶属函数不只是一个峰值点，而是一段平坦的曲线，则 $\tilde{A}$ 为 L-R 型梯形模糊数，记作 $\tilde{A} = (b_1, b_2, \beta, \gamma)$，表示"大约在 b_1 与 b_2 范围内的实数". 若 $b_1 = b_2$，则 L-R

型梯形模糊数蜕化为 L-R 型模糊数.

L-R 型模糊数与 L-R 型梯形模糊数见图 8-2.

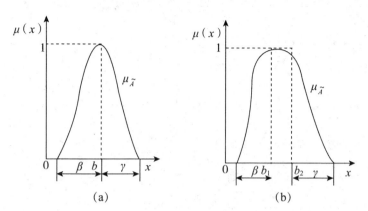

图 8-2

（a）L-R 型模糊数；（b）L-R 型梯形模糊数

L-R 型模糊数和 L-R 型梯形模糊数有一套简便的运算规则如下，详细推导过程从略.

1. L-R 型模糊数运算规则

设 $\tilde{A} = (b, \beta, \gamma)$，则

$$-\tilde{A} = (-b, \gamma, \beta)$$

$$\tilde{A}^{-1} = \left(\frac{1}{b}, \frac{\gamma}{b^2}, \frac{\beta}{b^2}\right)$$

$$\lambda\tilde{A} = \lambda(b, \beta, \gamma) = \begin{cases} (\lambda b, \lambda\beta, \lambda\gamma), & \lambda > 0 \\ (\lambda b, -\lambda\gamma, -\lambda\beta), & \lambda < 0 \end{cases} \qquad \lambda \in R$$

下面记 $\tilde{A}_1 = (b_1, \beta_1, \gamma_1)$，$\tilde{B} = (b_2, \beta_2, \gamma_2)$，则

$$\tilde{A} + \tilde{B} = (b_1, \beta_1, \gamma_1) + (b_2, \beta_2, \gamma_2) = (b_1 + b_2, \beta_1 + \beta_2, \gamma_1 + \gamma_2)$$

$$\tilde{A} - \tilde{B} = (b_1, \beta_1, \gamma_1) - (b_2, \beta_2, \gamma_2) = (b_1 - b_2, \beta_1 + \gamma_2, \gamma_1 + \beta_2)$$

$$\tilde{A} \times \tilde{B} = (b_1, \beta_1, \gamma_1) \times (b_2, \beta_2, \gamma_2)$$

$$= \begin{cases} (b_1 b_2, b_2\beta_1 + b_1\beta_2, b_2\gamma_1 + b_1\gamma_2), & b_1 > 0, b_2 > 0 \\ (b_1 b_2, b_2\beta_1 - b_1\gamma_2, b_2\gamma_1 - b_1\beta_2), & b_1 < 0, b_2 > 0 \\ (b_1 b_2, -b_2\gamma_1 - b_1\gamma_2, -b_2\beta_1 - b_1\beta_2), & b_1 < 0, b_2 < 0 \end{cases}$$

$$\bar{A} \div \bar{B} = \bar{A}/\bar{B} = (b_1, \beta_1, \gamma_1) \div (b_2, \beta_2, \gamma_2)$$

$$= \begin{cases} (\dfrac{b_1}{b_2}, \dfrac{b_2\beta_1 + b_1\gamma_2}{b_2^2}, \dfrac{b_2\gamma_1 + b_1\beta_2}{b_2^3}), & b_1 > 0, \ b_2 > 0 \\[3mm] (\dfrac{b_1}{b_2}, \dfrac{b_2\beta_1 - b_1\beta_2}{b_2^2}, \dfrac{b_2\gamma_1 - b_1\gamma_2}{b_2^2}), & b_1 < 0, \ b_2 > 0 \\[3mm] (\dfrac{b_1}{b_2}, \dfrac{-b_2\gamma_1 - b_1\beta_2}{b_2^2}, \dfrac{-b_2\beta_1 - b_1\gamma_2}{b_2^2}), & b_1 < 0, \ b_2 < 0 \end{cases}$$

2. L-R 型梯形模糊数运算规则

设 $\bar{A} = (b_1, b_2, \beta, \gamma)$，则

$$-\bar{A} = (-b_2, -b_1, \gamma, \beta,)$$

$$\bar{A}^{-1} = (\frac{1}{b_2}, \frac{1}{b_1}, \frac{\lambda}{b_2(b_2 + \gamma)}, \frac{\beta}{b_1(b_1 - \beta)})$$

$$\lambda\bar{A} = \lambda(b_1, b_2, \beta, \gamma) = \begin{cases} (\lambda b_1, \lambda b_2, \lambda\beta, \lambda\gamma), & \lambda \geqslant 0 \\ (\lambda b_2, \lambda b_1, -\lambda\gamma, -\lambda\beta), & \lambda < 0 \end{cases} \qquad \lambda \in \mathbf{R}$$

下面记 $\bar{A}_1 = (b_1, b_2, \beta_1, \gamma_1)$，$\bar{B} = (d_1, d_2, \beta_2, \gamma_2)$，则

$$\bar{A} + \bar{B} = (b_1, b_2, \beta_1, \gamma_1) + (d_1, d_2, \beta_2, \gamma_2)$$
$$= (b_1 + d_1, b_2 + d_2, \beta_1 + \beta_2, \gamma_1 + \gamma_2)$$

$$\bar{A} - \bar{B} = (b_1, b_2, \beta_1, \gamma_1) \pm (d_1, d_2, \beta_2, \gamma_2)$$
$$= (b_1 - d_2, b_2 - d_1, \beta_1 + \gamma_2, \gamma_1 + \beta_2)$$

$$\bar{A} \times \bar{B} = (b_1, b_2, \beta_1, \gamma_1) \times (d_1, d_2, \beta_2, \gamma_2)$$

$$= \begin{cases} (b_1 b_2, b_2\beta_1 + b_1\beta_2, b_2\gamma_1 + b_1\gamma_2), & b_1 > 0, \ b_2 > 0 \\ (b_1 b_2, b_2\beta_1 - b_1\gamma_2, b_2\gamma_1 - b_1\beta_2), & b_1 < 0, \ b_2 > 0 \\ (b_1 b_2, b_2\gamma_1 - b_1\gamma_2, -b_2\beta_1 - b_1\beta_2), & b_1 < 0, \ b_2 < 0 \end{cases}$$

$$\bar{A} \div \bar{B} = \bar{A}/\bar{B} = A_\lambda/B_\lambda = (b_1, b_2, \beta_1, \gamma_1) \div (d_1, d_2, \beta_2, \gamma_2)$$

$$= \begin{cases} [\dfrac{b_1}{d_2}, \dfrac{b_2}{d_1}, \dfrac{b_1\gamma_2 + d_2\beta_1}{d_2(d_2 + \gamma_2)}, \dfrac{b_2\beta_2 + d_1\gamma_1}{d_1(d_1 - \beta_2)}], & b_1 > 0, \ b_2 > 0 \\[3mm] [\dfrac{b_1}{d_1}, \dfrac{b_2}{d_2}, \dfrac{d_1\beta_1 - b_1\beta_2}{d_1(d_1 - \beta_2)}, \dfrac{d_2\gamma_1 - b_2\gamma_2}{d_2(d_2 + \gamma_2)}], & b_1 < 0, \ b_2 > 0 \\[3mm] [\dfrac{b_2}{d_1}, \dfrac{b_1}{d_2}, \dfrac{-b_2\beta_2 - d_1\gamma_1}{d_1(d_1 - \beta_2)}, \dfrac{-b_1\gamma_2 - d_2\beta_1}{d_2(d_2 + \gamma_2)}], & b_1 < 0, \ b_2 < 0 \end{cases}$$

模糊数的加减法、变号（－）、数乘运算结果是精确的，其余结果均为近似值.

8.2.2 三角模糊数与梯形模糊数

在式（8-6）中，若选取

$$L(x) = R(x) = \begin{cases} -x + 1 & x \in [0, 1] \\ x + 1 & x \in [-1, 0] \\ 0 & x \in (-\infty, -1) \cup (1, +\infty) \end{cases}$$

其隶属函数表示为

$$\mu_{\tilde{A}}(x) = \begin{cases} 0 & x < b - \beta \\ [(x - (b - \beta))]/\beta & b - \beta \le x \le b \\ [(b + \gamma) - x]/\gamma & b \le x \le b + \gamma \\ 0 & x > b + \gamma \end{cases}$$

令 $a = b - \beta$，$c = b + \gamma$，则上式可简化为

$$\mu_{\tilde{A}}(x) = \begin{cases} 0 & x < a \\ (x - a)/(b - a) & a \le x \le b \\ (c - x)/(c - b) & b \le x \le c \\ 0 & x > c \end{cases} \tag{8-7}$$

参数 b 对应模糊数最可能值，即 $\mu_{\tilde{A}}(b) = 1$，把隶属度为式（8-7）的模糊数称为三角模糊数，记作 $\tilde{A} = (a, b, c)$，参数 a 和 c 对应模糊支撑集的上下界，也称为 $\tilde{A}$ 的上界值和下界值.

由于 $\beta = b - a$，$\gamma = c - b$，所以有

$$\tilde{A} = (a,\ b,\ c) = (b,\ \beta,\ \gamma)$$

若令 $\beta = b_1 - a$, $\gamma = c - b_2$, 则有

$$\tilde{A} = (a,\ b_1,\ b_2,\ c) = (b_1,\ b_2,\ \beta,\ \gamma)$$

三角模糊数与梯形模糊数见图 8-3.

三角模糊数（或梯形模糊数）是 L-R 型模糊数（或 L-R 型梯形模糊数）的特殊形式. 三角模糊数和梯形模糊数有一套简便的运算规则如下，详细推导过程从略.

1. 三角模糊数运算规则

记 $\tilde{A} = (a_1,\ b_1,\ c_1)$, $\tilde{B} = (a_2,\ b_2,\ c_2)$, 则

$$-\tilde{A} = (-c_1,\ -b_1,\ -a_1)$$

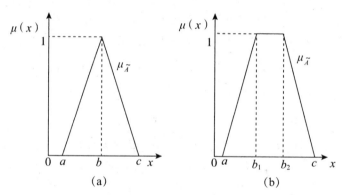

图 8-3　三角模糊数与梯形模糊数

（a）三角模糊数；（b）梯形模糊数

$$\tilde{A}^{-1} = (1/c_1,\ 1/b_1,\ 1/a_1)$$

$$\tilde{A} + \tilde{B} = (a_1,\ b_1,\ c_1) + (a_2,\ b_2,\ c_2) = (a_1 + a_2,\ b_1 + b_2,\ c_1 + c_2)$$

$$\tilde{A} - \tilde{B} = (a_1,\ b_1,\ c_1) - (a_2,\ b_2,\ c_2) = (a_1 - c_2,\ b_1 - b_2,\ c_1 - a_2)$$

$$\lambda\tilde{A} = \lambda(a_1,\ b_1,\ c_1) = \begin{cases} (\lambda a_1,\ \lambda b_1,\ \lambda c_1),\ \lambda \geqslant 0 \\ (\lambda c_1,\ \lambda b_1,\ \lambda a_1),\ \lambda < 0 \end{cases} \qquad \lambda \in \mathrm{R}$$

$$\tilde{A} \times \tilde{B} = (a_1, \ b_1, \ c_1) \times (a_2, \ b_2, \ c_2) = \begin{cases} (a_1a_2, \ b_1b_2, \ c_1c_2), \ a_1 > 0, \ a_2 > 0 \\ (a_1c_2, \ b_1b_2, \ c_1a_2), \ a_1 < 0, \ a_2 > 0 \\ (c_1c_2, \ b_1b_2, \ a_1a_2), \ a_1 < 0, \ a_2 < 0 \end{cases}$$

$$\tilde{A} \div \tilde{B} = A_\lambda / B_\lambda = (a_1, \ b_1, \ c_1) \div (a_2, \ b_2, \ c_2)$$

$$= \begin{cases} (a_1/c_2, \ b_1/b_2, \ c_1/a_2), \ a_1 > 0, \ a_2 > 0 \\ (c_1/c_2, \ b_1/b_2, \ a_1/a_2), \ a_1 < 0, \ a_2 > 0 \\ (c_1/a_2, \ b_1/b_2, \ a_1/c_2), \ a_1 < 0, \ a_2 < 0 \end{cases}$$

$$\sqrt[n]{\tilde{A}} = (\sqrt[n]{a_1}, \ \sqrt[n]{b_1}, \ \sqrt[n]{c_1}), \ a_1, \ b_1, \ c_1 > 0, \ n > 0$$

2. 梯形模糊数运算法则

梯形模糊数表示为 $\tilde{A} = (a, \ b_1, \ b_2, \ c)$，相比三角模糊数的峰值点只有一个，梯形模糊数的峰值点是闭区间 $\tilde{A} = [b_1, \ b_2]$.

可直接对数进行操作. 记 $\tilde{A} = (a_1, \ b_1, \ b_2, \ c_1)$，$\tilde{B} = (a_2, \ d_1, \ d_2, \ c_2)$，则

$$-\tilde{A} = (-c_1, \ -b_2, \ -b_1, \ -a_1)$$

$$\tilde{A}^{-1} = (1/c_1, \ 1/b_2, \ 1/b_1, \ 1/a_1)$$

$$\tilde{A} + \tilde{B} = (a_1, \ b_1, \ b_2, \ c_1) + (a_2, \ d_1, \ d_2, \ c_2)$$
$$= (a_1 + a_2, \ b_1 + d_1, \ b_2 + d_2, \ c_1 + c_2)$$

$$\tilde{A} - \tilde{B} = (a_1, \ b_1, \ b_2, \ c_1) - (a_2, \ d_1, \ d_2, \ c_2)$$
$$= (a_1 - c_2, \ b_1 - d_2, \ b_2 - d_1, \ c_1 - a_2)$$

$$\lambda \tilde{A} = \lambda(a_1, \ b_1, \ b_2, \ c_1) = \begin{cases} (\lambda a_1, \ \lambda b_1, \ \lambda b_2, \ \lambda c_1), \ \lambda \geqslant 0 \\ (\lambda c_1, \ \lambda b_2, \ \lambda b_1, \ \lambda a_1), \ \lambda < 0 \end{cases} \quad \lambda \in R$$

$$\tilde{A} \times \tilde{B} = (a_1, \ b_1, \ b_2, \ c_1) \times (a_2, \ d_1, \ d_2, \ c_2)$$

$$= \begin{cases} (a_1a_2, \ b_1d_1, \ b_2d_2, \ c_1c_2), \ a_1 > 0, \ a_2 > 0 \\ (c_1a_2, \ b_2d_1, \ b_1d_2, \ a_1c_2), \ a_1 < 0, \ a_2 > 0 \\ (c_1c_2, \ b_2d_2, \ b_1d_1, \ a_1a_2), \ a_1 < 0, \ a_2 < 0 \end{cases}$$

$$\tilde{A} \div \tilde{B} = A_\lambda / B_\lambda = (a_1, \ b_1, \ b_2, \ c_1) \div (a_2, \ d_1, \ d_2, \ c_2)$$

$$= \begin{cases} (a_1/c_2, \ b_1/d_2, \ b_2/d_1, \ c_1/a_2), \ a_1 > 0, \ a_2 > 0 \\ (c_1/c_2, \ b_2/d_2, \ b_1/d_1, \ a_1/a_2), \ a_1 < 0, \ a_2 > 0 \\ (c_1/a_2, \ b_2/d_1, \ b_1/d_2, \ a_1/c_2), \ a_1 < 0, \ a_2 < 0 \end{cases}$$

$$\sqrt[n]{\tilde{A}} = (\sqrt[n]{a_1}, \ \sqrt[n]{b_1}, \ \sqrt[n]{b_2}, \ \sqrt[n]{c_1}), \ a_1, b_1, b_2, c_1 > 0, \ n > 0$$

8.2.3 模糊数的排序

现实生活中，许多处理模糊博弈问题的主要手段都涉及模糊数的比较和排序方法，然后再借助序关系展开问题的讨论. 模糊数的比较和排序方法其中一类就是通过构造模糊数到实数集的映射函数，从而得到一个以数字大小为基准的自然顺序.

模糊数的排序是一个非常重要的过程，有多种方法，如最大最小集合法、乐观系数反映决策者乐观或悲观态度的方法、质心到原点的面积排序方法，还有积分值方法.

一个模糊数的大小比较或排序问题，它也是模糊集理论的重要内容. 自 20 世纪 70 年代起，人们就开始研究如何确定模糊数的序问题，迄今为止，国内外提出了许多关于模糊数的比较和排序方法，但是至今也没有一个令人完全满意的方法. 下面列举几种常见方法.

定义 8.9 对任意模糊数 $\tilde{A} \in FR$，$\tilde{B} \in FR$，定义一个映射 f: FR→R，使得

(1) $f(\tilde{A}) \leqslant f(\tilde{B}) \Leftrightarrow \tilde{A} \leqslant \tilde{B}$

(2) $f(\tilde{A}) = f(\tilde{B}) \Leftrightarrow \tilde{A} = \tilde{B}$

(3) $f(\tilde{A}) \geqslant f(\tilde{B}) \Leftrightarrow \tilde{A} \geqslant \tilde{B}$

则称 f 为模糊数排序函数，简称模糊序函数，其中 $\leqslant$、$=$、$\geqslant$ 为模糊序关系.

定义 8.10 对于所有的 $\tilde{a}_1, \tilde{a}_2, \cdots, \tilde{a}_n \in FR$，若

$$f(\tilde{a}_1) \geqslant f(\tilde{a}_2) \geqslant \cdots \geqslant f(\tilde{a}_n),$$

则称 $\min_f(\tilde{a}_1, \tilde{a}_2, \cdots, \tilde{a}_n) = \tilde{a}_n$，$\max_f(\tilde{a}_1, \tilde{a}_2, \cdots, \tilde{a}_n) = \tilde{a}_1$，分别称为模糊极小序集和模糊极大序集.

1. 重心法

模糊数的重心可用来表示模糊数的较大的隶属度在论域内集中的地方，且通常在其峰值点左右. 为了反映模糊数对其重心的离散程度，可用模糊数的均方差来衡量. 一般比较偏爱具有较大重心和较小标准差，对三角模糊数 $\tilde{A} = (a, b, c)$，其均值和标准差（重心和均方差）可简化为

$$f(\tilde{A}) = \frac{(a + b + c)}{3} \qquad \forall \tilde{A} = (a, b, c)$$

$$\sigma(\tilde{A}) = \left[\frac{a^2 + b^2 + c^2 - ab - ac - bc}{18} \right]^{\frac{1}{2}}$$

梯形模糊数 $\tilde{A} = (a, b_1, b_2, c)$ 均值计算公式

$$f(\tilde{A}) = \frac{(c^2 + b_2^2 + cb_2 - a^2 - b_1^2 - ab_1)}{3(c + b_2 - a - b_1)}$$

标准差的计算公式

$$\sigma(\tilde{A}) = \left[\frac{a^2 + b^2 + c^2 - ab - ac - bc}{18} \right]^{\frac{1}{2}}$$

$$\sigma(\tilde{A}) = \left\{ \frac{\dfrac{\frac{1}{4}b_1^2 + \frac{1}{12}a^2 - \dfrac{ab_1^3}{3}}{b_1 - a} + \dfrac{b_2^3 - b_1^3}{3} + \dfrac{\frac{1}{12}c^4 + \frac{1}{4}b_2^4 - cb_2^3}{c - b_2}}{\frac{1}{2}(c + b_2 - a - b_1) - \left[m(\tilde{A}) \right]^2} \right\}^{\frac{1}{2}}$$

两个模糊数的大小比较规则：

（1）重心满足 $f(\tilde{A}) < f(\tilde{B})$，方差取任意值，有 $\tilde{A} < \tilde{B}$；

（2）重心满足 $f(\tilde{A}) > f(\tilde{B})$，方差取任意值，有 $\tilde{A} > \tilde{B}$；

（3）重心满足 $f(\tilde{A}) = f(\tilde{B})$，$\sigma(\tilde{A}) = \sigma(\tilde{B})$，

当 $\begin{cases} \sigma(\tilde{A}) < \sigma(\tilde{B}) & \tilde{A} < \tilde{B} \\ \sigma(\tilde{A}) > \sigma(\tilde{B}) & \tilde{A} > \tilde{B} \\ \sigma(\tilde{A}) = \sigma(\tilde{B}) & \tilde{A} = \tilde{B} \end{cases}$ 时，有

2. 均值面积度量法

三角模糊数，均值面积度量法的计算十分简便，即

$$f(\tilde{A}) = \frac{(a + 2b + c)}{4} \qquad \forall \tilde{A} = (a, b, c)$$

梯形模糊数 $\tilde{A} = (a, b_1, b_2, c)$ 均值计算公式

$$f(\tilde{A}) = \frac{(a + b_1 + b_2 + c)}{4}$$

两个模糊数的大小比较规则：

$$当 \begin{cases} f(\tilde{A}) < f(\tilde{B}) & \tilde{A} < \tilde{B} \\ f(\tilde{A}) > f(\tilde{B}) \text{ 时，有 } \tilde{A} > \tilde{B} \\ f(\tilde{A}) = f(\tilde{B}) & \tilde{A} = \tilde{B} \end{cases}$$

例 8.4　现在需要评估三个境外投资方案 x_1，x_2，x_3，以投资额、环境效果、预期收益和每年的维修保养费 4 个属性作为投资方案评估的准则，通过调查、分析与统计计算可得投资方案 x_1，x_2，x_3 的综合评价值，用三角模糊数表示为

$$\tilde{A}_1 = (0.5, 0.6, 0.84), \tilde{A}_2 = (0.2, 0.3, 0.5), \tilde{A}_3 = (0.1, 0.4, 0.5)$$

试用均值面积度量法确定这三个投资方案的优劣排序.

解　利用公式 $f(\tilde{A}) = \frac{(a + 2b + c)}{4}$ 进行计算，可得到 3 个投资方案相应的均值面积为

$$f(\tilde{A}_1) = 0.635, \qquad f(\tilde{A}_2) = 0.325, \qquad f(\tilde{A}_3) = 0.35$$

从而可知 3 个投资方案的优劣排序为 $x_1 > x_3 > x_2$.

尽管均值面积度量法的概念易于理解、运算简便，但分辨能力不高，用下面的例题来说明.

例 8.5　将例 8.4 中 3 个投资方案 x_1，x_2，x_3 的综合评价值改为

$$\tilde{A}_1 = (0.2, 0.5, 0.8), \tilde{A}_2 = (0.3, 0.5, 0.7), \tilde{A}_3 = (0.4, 0.5, 0.6)$$

试用均值面积度量法确定这 3 个投资方案的优劣排序.

解 利用公式 $f(\tilde{A}) = \dfrac{(a + 2b + c)}{4}$ 进行计算，可得到3个投资方案相应的均值面积为

$$f(\tilde{A}_1) = f(\tilde{A}_2) = f(\tilde{A}_3) = 0.5$$

从而根据均值面积度量法，这3个投资方案是无差异的，即 $x_1 \sim x_2 \sim x_3$，但直感判断却是 $x_3 > x_2 > x_1$，相矛盾.

8.3　模糊非合作博弈

在模糊非合作博弈中，博弈者策略的选择、支付的确定性、对支付值的模糊偏好等都可以用模糊集表示.

模糊非合作博弈 $\begin{cases} 策略集模糊的非合作博弈 \\ 支付函数模糊的非合作博弈 \\ 策略集和支付函数均模糊的非合作博弈 \end{cases}$

即模糊非合作博弈包括三种模型：

（1）参与人的支付值模糊、策略集清晰的博弈；

（2）策略集模糊、支付值精确的博弈；

（3）支付值和策略集都模糊的混合博弈.

所谓全模糊优化，是指约束条件、目标函数的系数和变量均为模糊数形式的优化问题.

目前关于模糊非合作博弈的研究主要集中在模糊矩阵对策和模糊双矩阵对策上，但模糊多人非合作博弈的研究非常匮乏.

其中，支付值为模糊数的矩阵对策研究比较多. 尤其是支付值为模糊数的矩阵对策的求解是这一领域的主要研究内容，已有研究的主要思想是根据模糊矩阵对策解的定义建立模糊数学规划模型，然后根据模糊集理论，尤其是模糊数的一些特征进行处理，将模糊数学规划转化为经典的数学规划，进而得到模糊矩阵对策的解.

然而，模糊双矩阵对策及多人非合作对策在实际中应用更为广泛，因此这两类对策将是模糊非合作对策发展的趋势. 在研究中的关键问题是模型的建立与求解，但模糊双矩阵对策及多人非合作对策的求解一般来说比较困难.

在将模糊理论应用于博弈论的过程中，主要存在两类问题：

（1）计算中普遍受参数遍历性的困扰（如取遍 [0，1] 内的所有值），因而计算复杂；

（2）模糊数的比较排序方法，常不满足理性经济人假定.

这里介绍模糊双矩阵博弈的基本概念.

定义 8.11 模糊双矩阵博弈定义为

$$G_m = \langle \tilde{S}_1, \tilde{S}_2, \tilde{A}, \tilde{B} \rangle$$

其中 $\tilde{S}_1 = \sum_{i=1}^{m} \mu_{\tilde{S}_1}(\alpha_i)/\alpha_i$，$\tilde{S}_2 = \sum_{j=1}^{n} \mu_{\tilde{S}_2}(\beta_j)/\beta_j$ 分别是局中人 1 和 2 的纯策略集上的两个模糊了集，$\mu_{S_1}(\alpha_i)$ 表示局中人 1 采取纯策略 α_i 的隶属度，$\mu_{\tilde{S}_2}(\beta_j)$ 表示局中人 2 采取纯策略 β_j 的隶属度；$\tilde{A} = (\tilde{a}_{ij})$ 和 $\tilde{B} = (\tilde{b}_{ij})$ 为模糊支付矩阵，分别表示局中人 1 以 $\mu_{\tilde{S}_1}(\alpha_i)$ 的可能性采取纯策略 α_i，局中人 2 以 $\mu_{\tilde{S}_2}(\beta_j)$ 的可能性采取纯策略 β_j，形成策略组合（局势）：

$$(\mu_{\tilde{S}_1}(\alpha_i)/\alpha_i , \mu_{\tilde{S}_2}(\beta_j)/\beta_j)$$

对应的局中人 1、2 的模糊所得. 由式（6-1），这里可以理解为

$$
\begin{array}{cccc}
y_1 & y_2 & \cdots & y_n \\
\mu_{\tilde{S}_2}(\beta_1)/\beta_1 & \mu_{\tilde{S}_2}(\beta_2)/\beta_2 & \cdots & \mu_{\tilde{S}_2}(\beta_2)/\beta_2 \\
\end{array}
$$

$$
\begin{array}{cc}
x_1 \; \mu_{\tilde{S}_1}(\alpha_1)/\alpha_1 \\
x_2 \; \mu_{\tilde{S}_1}(\alpha_2)/\alpha_2 \\
\vdots \quad \vdots \\
x_m \mu_{\tilde{S}_1}(\alpha_m)/\alpha_m
\end{array}
\begin{pmatrix}
(a_{11}, b_{11}) & (a_{12}, b_{12}) & \cdots & (a_{1n}, b_{1n}) \\
(a_{21}, b_{21}) & (a_{22}, b_{22}) & \cdots & (a_{2n}, b_{2n}) \\
\vdots & \vdots & & \vdots \\
(a_{m1}, b_{m1}) & (a_{m2}, b_{m2}) & \cdots & (a_{mn}, b_{mn})
\end{pmatrix}
$$

定义 8.12 对于模糊双矩阵博弈 $G_m = \langle \tilde{S}_1, \tilde{S}_2, \tilde{A}, \tilde{B} \rangle$，若局中人 1 以概率 x_i 采取策略 $\alpha_i \in \tilde{S}_1$，局中人 2 以概率 β_j 采取策略 $\beta_j \in \tilde{S}_2$，记

$$X = \left\{ x \in R^m \;\middle|\; \sum_{i=1}^{m} x_i = 1, \; x_i > 0, \; i = 1, 2, \cdots, m \right\}$$

$$Y = \left\{ y \in R^m \,\Big|\, \sum_{j=1}^{n} y_j = 1, \; y_j > 0, \; j = 1, 2, \cdots, n \right\}$$

X、Y 分别称为模糊双矩阵博弈局中人 1 和 2 的混合策略集.

若记

$$\delta_i = \begin{cases} 1 & \alpha_i \in \mathrm{Supp}\tilde{S}_1 \\ 0 & 其他 \end{cases}$$

则局中人 1 在支集 $\mathrm{Supp}\tilde{S}_1$ 中的策略 x 可以表示为

$$\begin{cases} \sum_{i=1}^{m} x_i \delta_i = 1 \\ x_i \geq 0, & i = 1, 2, \cdots, m \end{cases}$$

由于策略集是模糊的, 即局中人 1 以 $\mu_{\tilde{S}_1}(\alpha_i)$ 的可能性采取纯策略 α_i, 局中人 2 以 $\mu_{\tilde{S}_2}(\beta_j)$ 的可能性采取纯策略 β_j, 因此局中人 1、2 在模糊双矩阵博弈中的最优策略 $\bar{x_i}^*$, $\bar{y_j}^*$.

$$\bar{x_i}^* = x_i^* \mu_{\tilde{S}_1}(\alpha_i) \qquad i = 1, 2, \cdots, m$$

$$\bar{y_j}^* = y_j^* \mu_{\tilde{S}_2}(\beta_j) \qquad j = 1, 2, \cdots, n$$

8.4 模糊合作博弈

模糊非合作博弈主要研讨的是参与人不相互联合情况下的博弈问题, 而模糊合作博弈则侧重于优先考虑参与人结盟, 然后再分析如何在联盟成员中合理地分配合作收益. 这里介绍关于模糊非合作与合作博弈的一些基本概念、性质以及运算, 对模糊合作博弈中联盟成员之间的收益分配求解问题.

8.4.1 模糊合作博弈的概念

传统意义上的非合作博弈的一个主要限制在于假定参与人事先都明确知道博弈的所有数据. 然而, 在现实博弈环境中, 由于人的认知水平限制、系统的结构性、信息的不完全因素和随机性波动等因素的影响，参与人在事先无法对其博弈结果做出十分精确的判断. 模糊集理论提供了一个解决此类问题的有力工具.

非模糊的、经典的合作博弈存在以下两个假设：局中人至多加入一个联盟，且局中人完全地加入某个联盟；联盟支付函数事先已可被准确得知. 但是在现实情况中，局中人可能无法完全加入某个联盟，即局中人参与度模糊的情况；以及局中人在不同策略下收益具有不确定性，即局中人支付模糊的情况. 为了更好地研究以上两种情况，考虑模糊博弈将引入合作博弈中.

为模拟以上两种情况，可以大致将模糊合作博弈分为两种：第一种情况对应参与度模糊的合作博弈，第二种情况对应支付模糊的合作博弈.

对于模糊合作博弈，给出如下定义：

定义 8.13   函数 $v: L(N) \to R$，$v(e^{\Phi}) = 0$，对于 $t \in L(N)$，$v(t)$ 表示联盟 t 所获得的可转移支付的总量. 具有模糊联盟的 n 人合作博弈被表示为 (N, v, x)，所有具有模糊联盟合作博弈全体表示为 Γ，Γ 上的解记为 $\sigma(N, v, x) = [\sigma_{x_i}(N, v, x)]_{x_i \in L_x}$，其中 $\sigma_{x_i}(N, v, x)$ 表示第 i 个局中人在参与水平 x_i 下获得的支付.

1. 参与度模糊的合作博弈基本概念

在定义参与度模糊的合作博弈时，可以利用一个介于 [0, 1] 区间内的实值模糊数，表示局中人参与联盟的程度（Butnariu, 1980）. 当参与度为 1 时，表示局中人全心投入该联盟中；当参与度为 0 时，表示局中人不参加该联盟；介于两者之间的模糊数表示局中人参与该联盟，但并非全部投入.

为了考虑该模糊合作博弈的解，可以使用两种方法. 第一种方法为模糊合作博弈的 Shapley 值法，第二种方法为势函数法.

定义 8.14   对于给定 $s \in L(N)$，$s^{\Gamma} = \{i \mid i \in N, s_i = r\}$，$\forall r \in [0, 1]$. 如果函数 v 具有形式

$$v(s) = \sum_{r \in [0, 1]} \psi(r) v(s^{\Gamma})$$

则 $\langle N, v, x \rangle \in \Gamma$ 被称为具有权重函数 ψ 的模糊博弈. 具有权重函数的合

作博弈全体记作 Γ_ψ .

定义 8.15 对 于 合 作 博 弈 $\langle N, v, x \rangle \in \Gamma_\Psi$, $s \in L(N)$, $s^\Gamma = \{i \mid i \in N, s_i = r\}$, $\forall r \in [0, 1]$, 函 数 $\Phi: \Gamma_\psi \to (R^N)^{L(N)}$, 第 i 个局中人在参与水平 s_i 下的 Shapley 值为

$$\varphi_i(N, v, x) \cdot s_i$$

$$= \begin{cases} \psi(r) \sum_{i \in T} \dfrac{(s^r - |S|)! \ (|S| - 1)!}{|s^r|!} [v(S) - v(S \setminus i)] & s_i = r > 0 \\ 0 & \text{其他} \end{cases}$$

定义 8.16 对于给定 $s \in L(N)$, $s^\Gamma = \{i \mid i \in N, s_i = r\}$, $\forall r \in [0, 1]$, 令 $Q(s) = \{s_i \geqslant 0, i \in N\}$, $q(s)$ 为 $Q(s)$ 中元素的个数, 将 $Q(s)$ 中的元素按照非减序列排列为 $h_1 \leqslant h_2 \leqslant \cdots \leqslant h_{q(s)}$, 则具有 Choquet 积分形式的模糊博弈具有形式:

$$v(s) = \sum_{i=1}^{q(s)} v([s]_{h_i})(h_i - h_{i-1})$$

具有 Choquet 积分形式的模糊博弈全体记作 Γ_C .

定义 8.17 对于合作博弈 $\langle N, v, s \rangle \in \Gamma_C$, $s \in L(N)$,

$$[s]_h = \{i \mid i \in N, s_i \geqslant h\} \qquad \forall h \in [0, 1]$$

函数 $f: \Gamma_C \to (R^N)^{L(N)}$, 第 i 个局中人在参与水平 s_i 下的 Shapley 值为

$$f_i(N, v, x) = \begin{cases} \sum_{i=1}^{q(s)} f'_i([s]_{h_i})(h_i - h_{i-1}) & i \in ([s]_{h_i}) \\ 0 & \text{其他} \end{cases}$$

其中,

$$f'_i([s]_{h_i}) = \sum_{i \in [s]_{h_i}} \dfrac{([s]_{h_i} - |S|)! \ (|S| - 1)!}{[s]_{h_i}!} [v(S) - v(S \setminus i)]$$
$$i \in ([s]_{h_i})$$

定义 8.18 任意 $\langle N, v, x \rangle \in \Gamma$, $x = (x_1, x_2, \cdots, x_n)$ 是模糊联盟变量, 第 i 个局中人在参与水平 x_i 下的 Shapley 值为

$$\varphi_i(N, v, x) = \sum_{i \in T} w(|S|) [v(\sum_{j \in T} x_j e^j) - v(\sum_{i \in T \setminus [i]} x_j e^j)]$$

$$w(|S|) = \frac{(n - |S|)! \ (|S| - 1)!}{n!}$$

2. 模糊合作博弈的势函数法

在具有联盟结构的合作对策中，最终的分配结果和每个局中人的边际贡献有关，而每个局中人的边际贡献与其所在的优先联盟有关.

定义 8.19　函数 $P: \Gamma \to R$，$P(N, v, e^{\varphi}) = 0$，将第 i 个局中人在 $\langle N, v, x \rangle \in \Gamma$ 中的边际贡献率定义如下:

$$D_i P(N, v, x) = P(N, v, x) - P(N, v, x - x_i e^i)$$

定义 8.20　函数 $P: \Gamma \to R$，$P(N, v, e^{\varphi}) = 0$. 如果对于任意 $\langle N, v, x \rangle \in \Gamma$，有

$$\sum_{i \in N} D_i P(N, v, x) = v \sum_{i \in N} x_i e^i$$

那么 P 被称为 Γ 上的势函数. 由其定义可知，势函数即其边际贡献的分配之和等于大联盟 N 的收益值.

定理 8.2　存在唯一的具有模糊合作博弈的势函数 $P: \Gamma \to R$，且对于该模糊合作博弈的 Shapley 值 φ 有

$$D_i P(N, v, x) = \varphi_i(N, v, x)$$

即在该模糊合作博弈中，势函数的值等于 Shapley 值.

8.4.2　模糊合作博弈应用案例

现有甲、乙、丙三家公司，为 1、2、3 三个局中人，意欲合作一个项目. 当三个公司采取合作博弈，且同时全力投入项目时，其预期收益为: $v(1) = 10$，$v(2) = v(3) = 20$，$v(1, 2) = v(1, 3) = 60$，$v(2, 3) = 80$，$v(1, 2, 3) = 120$.

假设这一项目需要共 100 单位的资源投入，该资源涵盖员工、技术、资产、关系等因素，但由于公司内部条件的限制，甲、乙、丙公司均无法完全投入 100 单位的资源. 甲公司只能投入 20 单位资源，乙公司只能投入 40 单位资源，丙公司只能投入 50 单位资源. 由于总资源需求量为 100 单位，因此甲、乙、丙公司的参与水平分别为 0.2、0.4、0.5，考虑模糊联盟 $s = (0.2, 0.4, 0.5)$.

解　方法 1：Shapley 值法.

首先计算公司甲、乙、丙在组成模糊合作联盟下的预期收益.

$v(0.2, 0, 0) = 0.2v(1) = 0.2 \times 10 = 2$

$v(0, 0.4, 0) = 0.4v(2) = 0.4 \times 20 = 8$

$v(0, 0, 0.5) = 0.5v(3) = 0.5 \times 20 = 10$

$v(0.2, 0.4, 0) = 0.2v(1, 2) + 0.2v(2) = 0.2 \times 60 + 0.2 \times 20 = 16$

$v(0.2, 0, 0.5) = 0.2v(1, 3) + 0.3v(3) = 0.2 \times 60 + 0.3 \times 20 = 18$

$v(0, 0.4, 0.5) = 0.4v(2, 3) + 0.1v(3) = 0.4 \times 80 + 0.1 \times 20 = 34$

$v(0.2, 0.4, 0.5) = 0.2v(1, 2, 3) + 0.4v(2, 3) + 0.1v(3) = 42$

由以上各个式子计算三个公司所获得的支付值，可得表 8-1.

表 8-1　$f'_i([s]_{h_i})$ 值

$[s]_{h_i}$	{1}	{2}	{3}	{1, 2}	{1, 3}	{2, 3}	{1, 2, 3}
甲	10	0	0	30	30	0	30
乙	0	20	0	35	0	40	45
丙	0	0	20	0	35	40	45

可计算得各公司的 Shapley 值为：

$\varphi_1(N, v, x) = 0.2f'_1(\{1, 2, 3\}) + 0.2f'_1(\{2, 3\}) + 0.1f'_1(\{3\})$
$= 6$

$\varphi_2(N, v, x) = 0.2f'_2(\{1, 2, 3\}) + 0.2f'_2(\{2, 3\}) + 0.1f'_2(\{3\})$
$= 17$

$\varphi_3(N, v, x) = 0.2f'_3(\{1, 2, 3\}) + 0.2f'_3(\{2, 3\}) + 0.1f'_3(\{3\})$
$= 19$

说明在最终收益 $v(0.2, 0.4, 0.5) = 42$ 中，甲公司应当占有 6 份收益，乙公司应当占有 17 份收益，丙公司应当占有 19 份收益.

方法 2：势函数法.

计算各公司的 $P(N, v, x)$，可得：

$P(N, v, (0.2, 0, 0)) = 2$

$P(N, v, (0, 0.4, 0)) = 8$

$P(N, v, (0, 0, 0.5)) = 10$

$P(N, v, (0.2, 0.4, 0)) = \dfrac{1}{2}[v(0.2, 0.4, 0) + P(N, v, (0.2, 0, 0)) + P(N, v, (0, 0.4, 0))] = 13$

$P(N, v, (0.2, 0, 0.5)) = \dfrac{1}{2}[v(0.2, 0, 0.5) + P(N, v, (0.2, 0, 0)) + P(N, v, (0, 0, 0.5))] = 15$

$P(N, v, (0, 0.4, 0.5)) = \dfrac{1}{2}[v(0, 0.4, 0.5) + P(N, v, (0, 0.4, 0)) + P(N, v, (0, 0, 0.5))] = 26$

可以计算势函数得

$D_1 P(N, v, x)$

$= P(N, v, (0.2, 0.4, 0.5)) - P(N, v, (0, 0.4, 0.5)) = 6$

$D_2 P(N, v, x)$

$= P(N, v, (0.2, 0.4, 0.5)) - P(N, v, (0.2, 0, 0.5)) = 17$

$D_3 P(N, v, x)$

$= P(N, v, (0.2, 0.4, 0.5)) - P(N, v, (0, 0.4, 0)) = 19$

势函数的结果与 Shapley 值所得的结果相同，都说明甲公司应当占有 6 份收益、乙公司应当占有 17 份收益、丙公司应当占有 19 份收益.

第 9 章

数理基础

9.1 极限知识点及相关例题

极限部分的学习，从解题方法和技巧方面进行学习. 这里罗列了 17 种方法，每种方法通过例题进行讲解.

（1）定义法.

（2）极限性质.

（3）有界函数和无穷小的乘积是无穷小.

（4）无穷小的倒数是无穷大，无穷大的倒数是无穷小.

（5）单调有界必有极限.

（6）两边夹定理.

（7）两个重要极限.

（8）等价无穷小.

（9）复合函数求极限.

（10）洛必达法则.

（11）泰勒公式.

（12）极限与连续的关系.

（13）极限与导数的关系.

（14）变量替换法.

（15）三种渐近线的极限定义.

（16）含有参数的极限求解.

（17）定积分的定义.

9.2　极限相关例题

9.2.1　定义法

$$\begin{cases} \lim\limits_{N \to \infty} = A \\ \lim\limits_{x \to \infty} = A \\ \lim\limits_{x \to x_0} = A \end{cases} \text{的定义，即} \begin{cases} \varepsilon - N \\ \varepsilon - X \text{ 定义：} \\ \varepsilon - \delta \end{cases}$$

对于任意的 ε，无论多么小，总存在 $\begin{cases} \text{正整数 } N \\ \text{正数 } X > 0 \text{，} \\ \text{正数 } \delta > 0 \end{cases}$

当 $\begin{cases} n > N \\ |x| > X \\ 0 < |x - x_0| < \delta \end{cases}$　时，

有 $|f(x) - A| < \varepsilon$.

即三个定义原理一样，寻找自变量变化的界限，这个界限不唯一，当自变量变化到界限后，有函数值与极限值的距离要想多接近就可以多接近.

例 9.1　证明 $\lim\limits_{n \to \infty} \dfrac{5}{n} = 0$.

解　对于任意的 ε，若使 $\left| \dfrac{5}{n} - 0 \right| < \varepsilon$ 成立，即 $\dfrac{5}{n} < \varepsilon$，$n > \dfrac{5}{\varepsilon}$，

取 $N = \left[\dfrac{5}{\varepsilon} \right]$，当 $n > N$ 时，有 $\left| \dfrac{5}{n} - 0 \right| < \varepsilon$ 成立，故 $\lim\limits_{n \to \infty} \dfrac{5}{n} = 0$.

注：取整函数 $y = [x]$ 表示不超过 x 的最大整数.

9.2.2 利用极限性质

（1）极限的唯一性、有界性、保号性定理.

（2）若 $\lim f(x)$ 存在，$\lim g(x)$ 存在，则 $\lim[f(x) \pm g(x)]$ 存在.

（3）若 $\lim f(x)$ 存在，$\lim g(x)$ 不存在，则 $\lim[f(x) \pm g(x)]$ 不存在.

证明：令 $F(x) = f(x) + g(x)$，反证法，设 $\lim F(x)$ 存在，则

$$\lim g(x) = \lim[F(x) - f(x)]$$

由性质知极限也存在，与已知矛盾，故假设不成立.

（4）若 $\lim f(x)$ 不存在，$\lim g(x)$ 不存在，则 $\lim[f(x) \pm g(x)]$ 可能存在也可能不存在.

例如：

$$\lim_{n \to \infty}[(n + 2) - n] = 2,$$

$$\lim_{n \to \infty}(2n - n) = \infty.$$

（5）若 $\lim f(x)$ 存在，$\lim g(x)$ 存在，则 $\lim[f(x) \cdot g(x)]$ 存在.

（6）若 $\lim f(x)$ 存在，$\lim g(x)$ 不存在，则 $\lim[f(x) \cdot g(x)]$ 可能存在也可能不存在.

例如：

$$\lim_{n \to \infty}\frac{1}{n} \cdot n = 1,$$

$$\lim_{n \to \infty}\frac{1}{n} \cdot n^2 = \lim_{n \to \infty} n = \infty.$$

（7）若 $\lim f(x)$ 不存在，$\lim g(x)$ 不存在，则 $\lim[f(x) \cdot g(x)]$ 可能存在也可能不存在.

例如：

$$\lim_{n \to \infty}(-1)^n \cdot (-1)^n = \lim_{n \to \infty}(-1)^{2n} = 1,$$

$$\lim_{n \to \infty} n \cdot n = \lim_{n \to \infty} n^2 = \infty.$$

（8）若函数 $|f(x)|$ 在 $x = 0$ 处连续，则 $f(x)$ 在 $x = 0$ 处也连续.

（9）若数列 $\{a_n\}$，$S_n = \sum_{i=1}^{n} a_i$，且 $\lim_{n \to \infty} S_n = S$，则

$$\lim_{n\to\infty} S_{n-1} = S \,,\ \lim_{n\to\infty} S_{n-k} = S$$

$$\lim_{k\to\infty} S_{n_k} = S \,,\ \lim_{n\to\infty}(S_{2n+1} - S_{2n}) = a_{2n+1}$$

（10）若当 $x \in \overset{0}{U}(x_0)$ ，有 $f(x) \le g(x)$ ，且 $\lim_{x\to x_0} f(x)$ ， $\lim_{x\to x_0} g(x)$ 存在，则

$$\lim_{x\to x_0} f(x) \le \lim_{x\to x_0} g(x)$$

对自变量趋于无穷时也有相关性质.

9.2.3 有界函数和无穷小的乘积是无穷小

设 $\lim_{\substack{x\to x_0\\ \text{或}x\to\infty}} f(x) = 0$, $g(x)$ 局部有界，则 $\lim_{\substack{x\to x_0\\ \text{或}x\to\infty}} f(x)g(x) = 0$.

或：设数列 x_n 与 y_n 满足若 x_n 有界, y_n 为无穷小. $\lim_{n\to\infty} x_n y_n = 0$.

例 9.2　计算 $\lim_{x\to\infty} \dfrac{\sin x}{x}$.

解　$\lim_{x\to\infty} \dfrac{\sin x}{x} = \lim_{x\to\infty} \dfrac{1}{x} \cdot \sin x = 0$

例 9.3　计算 $\lim_{x\to+\infty} \dfrac{x^3 - 2x^2 + 5}{3^x + x^3}(\sin 2x + \cos 3x)$.

解　原式 $= \lim_{x\to+\infty} \dfrac{x^3/3^x - 2x^2/3^x + 5/3^x}{1 + x^3/3^x}(\sin 2x + \cos 3x)$.

因为 $\lim_{x\to+\infty} \dfrac{x^3/3^x - 2x^2/3^x + 5/3^x}{1 + x^3/3^x} = 0$, $\sin 2x + \cos 3x$ 有界，所以原式 $= 0$.

9.2.4 无穷小的倒数是无穷大，无穷大的倒数是无穷小

例如：

$$\lim_{x\to 0} \frac{1}{x} = \infty, \ \lim_{x\to\infty} \frac{1}{x} = 0$$

但应该注意，下面的式子是分子为 0，分母趋于 0 可以永远不等于 0.

$$\lim_{x\to 0} \frac{x - x}{\sin^2 x} = \lim_{x\to 0} \frac{0}{\sin^2 x} = \lim_{x\to 0} 0 = 0.$$

9.2.5 单调有界必有极限

例 9.4 设数列 $x_1 = 2$，$x_{n+1} = \frac{1}{2}(x_n + \frac{1}{x_n})$ 的极限存在，并求 $\lim\limits_{n \to \infty} x_n$.

解 $x_{n+1} = \frac{1}{2} \times (x_n + \frac{1}{x_n}) \geqslant \frac{1}{2} \times 2\sqrt{x_n \cdot \frac{1}{x_n}} = 1$，从而 $x_n \geqslant 1$.

$$x_{n+1} - x_n = \frac{1}{2}(x_n + \frac{1}{x_n}) - x_n = \frac{1}{2}(\frac{1}{x_n} - x_n) \leqslant 0$$

即 $x_{n+1} \leqslant x_n$，所以数列 $\{x_n\}$ 单调减少，故 $1 \leqslant x_n \leqslant x_1 = 2$，即数列 $\{x_n\}$ 有界，从而数列 $\{x_n\}$ 单调有界，因此 $\lim\limits_{n \to \infty} x_n$ 存在，不妨设为 x，由 $x_{n+1} = \frac{1}{2}(x_n + \frac{1}{x_n})$ 得

$$x = \frac{1}{2}(x + \frac{1}{x})$$

解得：$x = 1$ 或 -1（舍去），所以 $\lim\limits_{n \to \infty} x_n = 1$.

9.2.6 两边夹定理

设 $\varphi(x) \leqslant f(x) \leqslant g(x)$，$\lim\limits_{x \to x_0} \varphi(x) = \lim\limits_{x \to x_0} g(x) = A$（$A$ 为常数），则 $\lim\limits_{x \to x_0} f(x) = A$.

其中 $\varphi(x) \leqslant f(x) \leqslant g(x)$ 可以变形为

    $\varphi(x) < f(x) < g(x)$，

    $\varphi(x) < f(x) \leqslant g(x)$，

    $\varphi(x) \leqslant f(x) < g(x)$，

结果均成立. 但若 $\lim\limits_{x \to x_0} [\varphi(x) - g(x)] = 0$，则 $\lim\limits_{x \to x_0} f(x)$ 不一定存在.

    $\lim\limits_{x \to x_0} \varphi(x)$，$\lim\limits_{x \to x_0} f(x)$，$\lim\limits_{x \to x_0} g(x)$ 均存在时成立.

例 9.5 计算 $\lim\limits_{n \to \infty} (\frac{1}{n^2 + n + 1} + \frac{2}{n^2 + n + 2} + \cdots + \frac{n}{n^2 + n + n})$.

解 因为

$$\frac{1 + 2 + \cdots + n}{n^2 + n + n} \leqslant \frac{1}{n^2 + n + 1} + \frac{2}{n^2 + n + 2} + \cdots + \frac{n}{n^2 + n + n}$$

$$\leqslant \frac{1+2+\cdots+n}{n^2+n+1}$$

$$\frac{\frac{1}{2}n(1+n)}{n^2+n+n} \leqslant \frac{1}{n^2+n+1} + \frac{2}{n^2+n+2} + \cdots + \frac{n}{n^2+n+n} \leqslant \frac{\frac{1}{2}n(1+n)}{n^2+n+1}$$

$$\lim_{n\to\infty} \frac{\frac{1}{2}n(1+n)}{n^2+n+n} = \lim_{n\to\infty} \frac{\frac{1}{2}n(1+n)}{n^2+n+1} = \frac{1}{2}$$

由两边夹定理有：

$$\lim_{n\to\infty}\left(\frac{1}{n^2+n+1} + \frac{2}{n^2+n+2} + \cdots + \frac{n}{n^2+n+n}\right) = \frac{1}{2}$$

9.2.7 两个重要极限

(1) $\lim\limits_{x\to0} \dfrac{\sin x}{x} = 1$

变形或拓广为：

$$\lim_{t\to0} \frac{\sin t}{t} = 1, \qquad \lim_{x\to0} \frac{x}{\sin x} = 1, \qquad \lim_{x\to0} \frac{\tan x}{x} = 1,$$

$$\lim_{x\to0} \frac{\sin kx}{x} = k, \qquad \lim_{x\to0} \frac{\tan kx}{x} = k, \qquad \lim_{x\to0} \frac{\sin x}{\tan x} = 1,$$

$$\lim_{x\to0} \frac{\sin kx}{\tan lx} = \frac{k}{l}, \qquad \lim_{x\to0} \frac{\arcsin x}{x} = 1, \qquad \lim_{x\to0} \frac{\arctan x}{x} = 1,$$

$$\lim_{x\to0} \frac{\arcsin kx}{x} = k, \qquad \lim_{x\to0} \frac{\arctan kx}{x} = k \qquad \lim_{x\to\infty} \frac{\sin x}{x} = 0,$$

$$\lim_{x\to0} x\sin\frac{1}{x} = 0, \qquad \lim_{x\to\infty} x\sin\frac{1}{x} = 1, \qquad \lim_{x\to1} \frac{\sin x}{x} = \sin1.$$

例 9.6 求证 $\lim\limits_{x\to0} \dfrac{\sin kx}{\tan lx} = \dfrac{k}{l}$ ($l \neq 0$).

证明：当 $l \neq 0$ 时，$\lim\limits_{x\to0} \dfrac{\sin kx}{\tan lx} = \lim\limits_{x\to0} \dfrac{\dfrac{\sin kx}{kx}}{\dfrac{\tan lx}{lx}} \cdot \dfrac{k}{l} = \dfrac{k}{l}$.

例9.7 计算 $\lim\limits_{x\to\infty}x^2\sin\dfrac{3}{x^2}$.

解 原式 $=\lim\limits_{x\to\infty}\dfrac{3\sin\frac{3}{x^2}}{\frac{3}{x^2}}=3$.

(2) $\lim\limits_{x\to0}(1+x)^{\frac{1}{x}}=e$，或 $\lim\limits_{x\to\infty}(1+\dfrac{1}{x})^x=e$，或 $\lim\limits_{n\to\infty}(1+\dfrac{1}{n})^n=e$

变形：

$$\lim_{x\to\infty}(1-\dfrac{1}{x})^x=\dfrac{1}{e}\,,\qquad \lim_{x\to\infty}(1+\dfrac{1}{x})^{kx}=e^k\,,$$

$$\lim_{x\to\infty}(1-\dfrac{1}{x^2})^x=1,\qquad \lim_{x\to\infty}(1+\dfrac{1}{x})^{kx+b}=e^k\,,$$

$$\lim_{x\to\infty}(1+\dfrac{k}{x})^x=e^k\,,\qquad \lim_{x\to\infty}(1+\dfrac{k}{x})^{lx+b}=e^{lk}$$

注意：$\lim\limits_{x\to+\infty}(1+x)^{\frac{1}{x}}=1$.

证明：$\lim\limits_{x\to+\infty}(1+x)^{\frac{1}{x}}=\lim\limits_{x\to+\infty}e^{\frac{1}{x}\ln(x+1)}$

$\lim\limits_{x\to+\infty}\dfrac{\ln(1+x)}{x}=\lim\limits_{x\to+\infty}\dfrac{1}{1+x}=0$，原式 $=1$.

例9.8 计算 $\lim\limits_{x\to\infty}\left(\dfrac{x}{x+3}\right)^{4x}$.

解 原式 $=\lim\limits_{x\to\infty}(1-\dfrac{3}{x+3})^{4x}$

$=\lim\limits_{x\to\infty}(1-\dfrac{3}{x+3})^{\frac{x+3}{3}\cdot\frac{3}{x+3}\cdot4x}$

$=\lim\limits_{x\to\infty}\left[(1-\dfrac{3}{x+3})^{\frac{x+3}{3}}\right]^{\lim\limits_{x\to\infty}\frac{3}{x+3}\cdot4x}=e^{-12}$.

例9.9 计算 $\lim\limits_{x\to\infty}(1-\dfrac{5}{x+3})^{2x}$.

解 原式 $= \lim\limits_{x \to \infty} \dfrac{(1 - \dfrac{5}{x + 3})^{2(x+3)}}{(1 - \dfrac{5}{x + 3})^{6}}$

$= \lim\limits_{x \to \infty} (1 - \dfrac{5}{x + 3})^{2(x+3)}$

$= \lim\limits_{x \to \infty} (1 - \dfrac{5}{x + 3})^{\frac{(x+3)}{5} \cdot 10}$

$= \lim\limits_{x \to \infty} [(1 - \dfrac{5}{x + 3})^{\frac{(x+3)}{5}}]^{10}$

$= e^{-10}$

例 9.10 计算 $\lim\limits_{x \to 1} \dfrac{\sin(x^2 - 1)}{x - 1}$.

解 原式 $= \lim\limits_{x \to 1} \dfrac{\sin(x^2 - 1)}{x^2 - 1}(x + 1) = \lim\limits_{x \to 1} \dfrac{\sin(x^2 - 1)}{x^2 - 1} \lim\limits_{x \to 1}(x + 1) = 2.$

例 9.11 计算 $\lim\limits_{x \to 0} (1 + 3x)^{\frac{1}{2\sin x}}$.

解 $\lim\limits_{x \to 0} (1 + 3x)^{\frac{1}{2\sin x}} = \lim\limits_{x \to 0} (1 + 3x)^{\frac{1}{3x} \frac{3x}{2\sin x}} = e^{\frac{3}{2}}.$

9.2.8 等价无穷小

当 $x \to 0$ 时，

$\sin x \sim \tan x \sim \arcsin x \sim \arctan x \sim e^x - 1 \sim \ln(1 + x) \sim x$

当 $\varphi(x) \to 0$ 时，

$\sin\varphi(x) \sim \tan\varphi(x) \sim \arcsin\varphi(x)$

$\sim \arctan\varphi(x) \sim e^{\varphi(x)} - 1 \sim \ln[1 + \varphi(x)] \sim \varphi(x)$

$1 - \cos x \sim \dfrac{x^2}{2}, \ 1 - \cos\varphi(x) \sim \dfrac{\varphi^2(x)}{2}$

$(1 + x)^\alpha - 1 \sim \alpha x, \ [1 + \varphi(x)]^\alpha - 1 \sim \alpha\varphi(x)$

$\sqrt[n]{1 + x} - 1 \sim \dfrac{1}{n}x, \ \sqrt[n]{1 + \varphi(x)} - 1 \sim \dfrac{1}{n}\varphi(x)$

$$a^x - 1 \sim x\ln a \;, \; a^{\varphi(x)} - 1 \sim \varphi(x)\ln a$$

$$e^x - 1 - x \sim \frac{1}{2}x^2, \; e^x - 1 - x - \frac{1}{2}x^2 \sim \frac{1}{3!}x^2, \cdots$$

$$e^{\varphi(x)} - 1 - \varphi(x) \sim \frac{1}{2}\varphi^2(x) \;, \; e^{\varphi(x)} - 1 - \varphi(x) - \frac{1}{2}\varphi^2(x) \sim \frac{1}{3!}\varphi^3(x) \;, \cdots$$

例 9.12 $\displaystyle\lim_{x\to 0}\frac{3^x - 1}{x} = \ln 3.$

例 9.13 计算 $\displaystyle\lim_{x\to 0}\frac{(e^x - 1)\ln(1 + 3x)}{3x^2}$.

解 $\displaystyle\lim_{x\to 0}\frac{(e^x - 1)\ln(1 + 3x)}{3x^2} = \lim_{x\to 0}\frac{x \cdot 3x}{3x^2} = 1.$

例 9.14 计算: $\displaystyle\lim_{x\to 0^+}\frac{\tan x - \sin x}{x^2(e^x - 1)}$.

解 原式 $\displaystyle= \lim_{x\to 0^+}\frac{\tan x - \sin x}{x^3} = \lim_{x\to 0^+}\frac{\sin x}{x} \cdot \frac{1 - \cos x}{x^2} \cdot \frac{1}{\cos x} = \frac{1}{2}$

例 9.15 计算 $\displaystyle\lim_{x\to 0}\left(\frac{1}{\sin^2 x} - \frac{\cos^2 x}{x^2}\right)$.

解 原式 $\displaystyle= \lim_{x\to 0}\left(\frac{x^2 - \sin^2 x \cos^2 x}{\sin^2 x \cdot x^2}\right)$

$$= \lim_{x\to 0}\left(\frac{x^2 - \frac{1}{4}\sin^2 2x}{x^4}\right)$$

$$= \lim_{x\to 0}\left(\frac{x - \frac{1}{4}\sin 4x}{2x^3}\right)$$

$$= \lim_{x\to 0}\left(\frac{1 - \cos 4x}{6x^2}\right)$$

$$= \lim_{x\to 0}\left(\frac{\sin 4x}{3x}\right)$$

$$= \frac{4}{3}$$

例 9.16 计算 $\lim\limits_{x \to 0^+} \left(\dfrac{1}{x}\right)^{2\tan x}$.

解 $\lim\limits_{x \to 0^+} \left(\dfrac{1}{x}\right)^{2\tan x} = \lim\limits_{x \to 0^+} e^{2\tan x \ln \frac{1}{x}} = e^{\lim\limits_{x \to 0} \cdot 2\tan x \ln \frac{1}{x}}$,

$$\lim_{x \to 0^+} 2\tan x \ln \frac{1}{x} = \lim_{x \to 0^+} \frac{-2\ln x}{\cot x}$$

$$= \lim_{x \to 0^+} \frac{\dfrac{2}{x}}{\sin^2 x}$$

$$= \lim_{x \to 0^+} \frac{2\sin^2 x}{x}$$

$$= \lim_{x \to 0^+} \frac{2\sin x}{x} \sin x = 0,$$

所以 $\lim\limits_{x \to 0^+} \left(\dfrac{1}{x}\right)^{2\tan x} = 1$.

9.2.9 复合函数求极限

(1) $\lim\limits_{x \to x_0} f[g(x)] = f[\lim\limits_{x \to x_0} g(x)]$.

$\lim\limits_{x \to 1} \sin e^x = \sin \lim\limits_{x \to 1} e^x = \sin e^1 = \sin e$

(2) $\lim\limits_{x \to x_0} f(x)^{g(x)} = \lim\limits_{x \to x_0} f(x)^{\lim\limits_{x \to x_0} g(x)}$.

若 $\lim f(x) = a > 0$，$\lim g(x) = b$ ，且 $f(x)$ 不恒为 1，则：

$\lim f(x)^{g(x)} = \lim f(x)^{\lim g(x)} = a^b$

证明：$\lim f(x)^{g(x)} = \lim e^{g(x)\ln f(x)} = e^{\lim g(x)\ln f(x)}$

$$= e^{\lim g(x) \lim \ln f(x)} = e^{b\ln \lim f(x)}$$

$$= e^{b\ln \lim f(x)} = e^{b\ln a}$$

$$= e^{\ln a^b} = a^b$$

注意：$\lim\limits_{x \to \infty} a^x$ 不存在，$\lim\limits_{x \to \infty} e^x$ 不存在，$\lim\limits_{x \to \infty} \arctan x$ 不存在.

例 9.17 分析下面计算中出现的错误：

$$\lim_{x \to \infty} e^{-x} \left(1 + \frac{1}{x}\right)^{x^2} = \lim_{x \to \infty} e^{-x} \left[\left(1 + \frac{1}{x}\right)^x\right]^x = \lim_{x \to \infty} e^{-x} e^x = 1$$

解 错误在于：

$$\lim_{x \to \infty} e^{-x}(1 + \frac{1}{x})^{x^2} = \lim_{x \to \infty} e^{-x}\left[(1 + \frac{1}{x})^x\right]^x = \lim_{x \to \infty} e^{-x}\left[\lim_{x \to \infty}(1 + \frac{1}{x})^x\right]^x \text{ 这步错.}$$

9.2.10 洛必达法则

若 $\lim_{x \to x_0} f(x) = \lim_{x \to x_0} g(x) = 0$ 或 $\lim_{x \to x_0} f(x) = \infty$，$\lim_{x \to x_0} g(x) = \infty$，

且 $\lim_{x \to x_0} \dfrac{f'(x)}{g'(x)}$ 存在，则 $\lim_{x \to x_0} \dfrac{f(x)}{g(x)}$ 存在，有：

$$\lim_{x \to x_0} \frac{f(x)}{g(x)} = \lim_{x \to x_0} \frac{f'(x)}{g'(x)}$$

例 9.18 计算 $\lim\limits_{x \to 0^+} x^x$.

解 $\lim\limits_{x \to 0^+} x^x = \lim\limits_{x \to 0^+} e^{x\ln x} = e^{\lim_{x \to 0} x\ln x}$

$$\lim_{x \to 0^+} x\ln x = \lim_{x \to 0^+} \frac{\ln x}{\dfrac{1}{x}} = \lim_{x \to 0^+} \frac{\dfrac{1}{x}}{-\dfrac{1}{x^2}} = -\lim_{x \to 0^+} \frac{x^2}{x} = 0,$$

所以 $\lim\limits_{x \to 0^+} x^x = 1$.

同理

$$\lim_{x \to 0^+} x^x = 1, \lim_{x \to 0^+} (\sin x)^x = 1, \lim_{x \to 0^+} x^{\sin x} = 1,$$

$$\lim_{x \to 0^+} (\tan x)^x = 1, \lim_{x \to 0^+} x^{\tan x} = 1,$$

$$\lim_{x \to 0^+} (\sin x)^{\tan x} = 1, \lim_{x \to 0^+} (\tan x)^{\sin x} = 1$$

例 9.19 计算 $\lim\limits_{x \to 0^+} (\tan 2x)^{\sin x}$.

解 原式 $= \lim\limits_{x \to 0^+} e^{\sin x \ln \tan 2x} = e^{\lim_{x \to 0^+} \sin x \ln \tan 2x}$.

$$\lim_{x \to 0^+} \sin x \ln \tan 2x = \lim_{x \to 0^+} \frac{\sin x}{x} x \ln \tan 2x$$

$$= \lim_{x \to 0^+} x \ln \tan 2x = \lim_{x \to 0^+} \frac{\ln \tan 2x}{\dfrac{1}{x}}$$

$$= \lim_{x \to 0^+} \frac{2 \dfrac{\sec^2 2x}{\tan 2x}}{-\dfrac{1}{x^2}} = -\lim_{x \to 0^+} \frac{x^2}{\sin 2x} = 0,$$

所以 $\lim\limits_{x \to 0^+} (\tan 2x)^{\sin x} = 1$.

例9.20　计算 $\lim\limits_{x \to +\infty} \dfrac{e^{2x}}{x^3}$.

解　原式 $= \lim\limits_{x \to +\infty} \dfrac{2e^{2x}}{3x^2} = \lim\limits_{x \to +\infty} \dfrac{4e^{2x}}{6x} = \lim\limits_{x \to +\infty} \dfrac{8e^{2x}}{6} = +\infty$

例9.21　计算 $\lim\limits_{x \to +\infty} x \left(\dfrac{\pi}{2} - \arctan x \right)$.

解　原式 $= \lim\limits_{x \to +\infty} \dfrac{\dfrac{\pi}{2} - \arctan x}{\dfrac{1}{x}} = \lim\limits_{x \to +\infty} \dfrac{-\dfrac{1}{1 + x^2}}{-\dfrac{1}{x^2}} = 1$

9.2.11　泰勒公式

例9.22　$\lim\limits_{x \to 0} \dfrac{\sqrt{1 + x} - \sqrt{1 - x} - 2}{x^2}$.

解　由泰勒公式有:

$$\sqrt{1 + x} = 1 + \frac{x}{2} - \frac{x^2}{8} + o(x^2)$$

$$\sqrt{1 - x} = 1 - \frac{x}{2} - \frac{x^2}{8} + o(x^2)$$

故原式 $= \lim\limits_{x \to 0} \dfrac{-\dfrac{x^2}{4} + o(x^2)}{x^2} = -\dfrac{1}{4}$.

另外，由泰勒公式还可得:

$$e^x = 1 + \frac{x}{1!} + \frac{x^2}{2!} + \cdots + \frac{x^n}{n!} + \cdots \qquad -\infty < x < +\infty$$

$$e^x \approx 1 + \frac{x}{1!}x + \frac{x^2}{2!} + \cdots + \frac{x^n}{n!} \qquad -\infty < x < +\infty$$

或　　$e^x = 1 + \dfrac{x}{1!} + \dfrac{x^2}{2!} + \cdots + \dfrac{x^n}{n!} + R_n(x)$　　　$-\infty < x < +\infty$

其中：$R_n(x) = \dfrac{e^{\theta x}}{(n+1)!} x^{n+1}$　　（$0 < \theta < 1$）．

所以有各种等价形式可直接用于求极限：

$$e^x - 1 \sim x \,,\, e^x - 1 - x \sim \dfrac{x^2}{2}$$

$$e^x - 1 - x - \dfrac{x^2}{2} \sim \dfrac{x^3}{3!} \,,\, \cdots$$

类似还有 $\sin x$，$\cos x$，a^x，$\ln(1+x)$，$(1+x)^\alpha$ 等及其变形形式的等价公式．如

$$\sin x \sim x \,,\, x - \sin x \sim \dfrac{x^3}{3!} \,,\, \sin x - x + \dfrac{x^3}{3!} \sim \dfrac{x^5}{5!} \,,\, \cdots$$

$$1 - \cos x \sim \dfrac{x^2}{2} \,,\, \cos x - 1 + \dfrac{x^2}{2} \sim \dfrac{x^4}{4!} \,,\, \cdots$$

9.2.12　极限与连续的关系

在某一点若极限值等于函数值则函数在这点是连续．例如：

$$\lim_{x \to 2} \dfrac{\sin x}{x} = \dfrac{\sin 2}{2}$$

9.2.13　极限与导数的关系

例 9.23　设 $f(x) = e^{-x}$，计算 $\lim\limits_{x \to 0} \dfrac{f'(1-2x) - f'(1)}{x}$．

解　$f(x) = e^{-x}$，$f'(x) = -e^{-x}$，$f''(x) = e^{-x}$，

$$\lim_{x \to 0} \dfrac{f'(1-2x) - f'(1)}{x} = \lim_{x \to 0} \dfrac{f'(1-2x) - f'(1)}{-2x} \cdot (-2)$$

$$= -2f''(1) = -2e^{-1} = -\dfrac{2}{e}.$$

9.2.14 变量替换法

例 9.24 求证：$\lim\limits_{x \to 0} \dfrac{\arctan kx}{x} = k$.

证明 设 $\arctan kx = t$，$\tan t = kx$，$x \to 0$ 时 $t \to 0$，

$$\lim_{x \to 0} \frac{\arctan kx}{x} = \lim_{x \to 0} \frac{\arctan kx}{kx} k = \lim_{t \to 0} \frac{kt}{\tan t} = k$$

9.2.15 三种渐近线的极限定义

求渐近线用了极限.

(1) $\lim\limits_{x \to \infty} f(x) = A$，$y = A$ 为水平渐近线.

(2) $\lim\limits_{x \to x_0} f(x) = \infty$，$x = x_0$ 是铅直渐近线.

(3) $\lim\limits_{x \to \infty} \dfrac{f(x)}{x} = k$，$\lim\limits_{x \to \infty} [f(x) - kx] = b$，$y = kx + b$ 为斜渐近线.

证明：设 $y = kx + b$ 为斜渐近线，则 $\lim\limits_{x \to \infty} [f(x) - kx - b] = 0$，则

$$\lim_{x \to \infty} [f(x) - kx - b] = \lim_{x \to \infty} x \left[\frac{f(x)}{x} - k - \frac{b}{x} \right] = 0,$$

极限存在，只有 $\lim\limits_{x \to \infty} \left[\dfrac{f(x)}{x} - k - \dfrac{b}{x} \right] = 0$，即

$$\lim_{x \to \infty} \frac{f(x)}{x} - \lim_{x \to \infty} k - \lim_{x \to \infty} \frac{b}{x} = \lim_{x \to \infty} \frac{f(x)}{x} - k - 0 = 0$$

所以 $\lim\limits_{x \to \infty} \dfrac{f(x)}{x} = k$，代入 $\lim\limits_{x \to \infty} [f(x) - kx - b] = 0$ 得：$\lim\limits_{x \to \infty} [f(x) - kx] = b$.

例 9.25 求出函数 $f(x) = \dfrac{1 + e^{-x^2}}{1 - e^{-x^2}}$ 的渐近线.

解 $\lim\limits_{x \to \infty} f(x) = \lim\limits_{x \to \infty} \dfrac{1 + e^{-x^2}}{1 - e^{-x^2}} = \lim\limits_{x \to \infty} \dfrac{1 + \dfrac{1}{e^{x^2}}}{1 - \dfrac{1}{e^{x^2}}} = 1$，$y = 1$ 是水平渐近线.

$\lim\limits_{x \to 0^-} f(x) = \infty$，$x = 0$ 是一条铅直渐近线.

$$\lim_{x \to \infty} \frac{f(x)}{x} = \lim_{x \to \infty} \frac{1 + e^{-x^2}}{x(1 - e^{-x^2})} = \lim_{x \to \infty} \frac{1}{x} = 0, \text{ 无斜渐近线.}$$

例 9.26　求曲线 $y = \dfrac{3(x-1)(x+4)}{x-2}$ 的渐近线.

解　$\lim\limits_{x \to 1} \dfrac{x^3}{(x-1)^2} = +\infty$，所以 $x = 1$ 是铅直渐近线.

$\lim\limits_{x \to 1} \dfrac{x^3}{(x-1)^2} = \infty$，所以没有水平渐近线.

$$\lim_{x \to \infty} \frac{f(x)}{x} = \lim_{x \to \infty} \frac{x^3}{(x-1)^2} = 1$$

$$\lim_{x \to \infty} [f(x) - x] = \lim_{x \to \infty} \left[\frac{x^3}{(x-1)^2} - x \right] = 2$$

所以有斜渐近线 $y = x + 2$.

9.2.16　含有参数的极限求解

例 9.27　已知 $\lim\limits_{x \to \infty} \left(ax + b - \dfrac{x^3 + 1}{x^2 + 1} \right) = 1$，试确定常数 a 和 b.

解　$\lim\limits_{x \to \infty} \left(ax + b - \dfrac{x^3 + 1}{x^2 + 1} \right) = \lim\limits_{x \to \infty} \left[b + \dfrac{(a-1)x^3 + ax - 1}{x^2 + 1} \right] = 1$

所以 $a - 1 = 0, b = 1$，即 $a = 1, b = 1$.

9.2.17　定积分定义

例 9.28　计算 $\lim\limits_{n \to \infty} \dfrac{\sqrt[n]{n!}}{n}$.

解　原式 $= \lim\limits_{n \to \infty} \sqrt[n]{\dfrac{1}{n} \dfrac{2}{n} \cdots \dfrac{n}{n}} = e^{\frac{1}{n} \sum\limits_{i=1}^{n} \ln \frac{i}{n}} = e^{\int_0^1 \ln x \, dx} = e^{-1}$.

9.2.18 极限技巧

1. 利用通分进行变形

例 9.29 计算 $\lim\limits_{n\to\infty}\left(\dfrac{1}{n^2}+\dfrac{2}{n^2}+\cdots+\dfrac{n-1}{n^2}+\dfrac{n}{n^2}\right)$.

解 原式 $=\lim\limits_{n\to\infty}\left(\dfrac{1+2+\cdots+n}{n^2}\right)=\lim\limits_{n\to\infty}\dfrac{\frac{1}{2}n(n+1)}{n^2}=\dfrac{1}{2}$.

2. 利用多个知识点

下题用罗必塔法则和变上限积分.

例 9.30 计算 $\lim\limits_{x\to+\infty}\dfrac{\displaystyle\int_0^x(\arctan t)^2\mathrm{d}t}{\sqrt{x^2+1}}$

解 原式 $=\lim\limits_{x\to+\infty}\dfrac{(\arctan x)^2}{\dfrac{2x}{2\sqrt{x^2+1}}}=\dfrac{\pi^2}{4}$

3. 利用保号性定理

例 9.31 判断是否正确：设 $f(x)$ 连续，且 $f'(0)>0$，则存在 $\delta>0$，当 $x\in(0,\delta)$，有 $f(x)>f(0)$.

解 正确.

4. 利用特殊例子

(1) $\{(-1)^n\}$ 极限不存在.

(2) 等比数列的极限

$$\lim_{n\to\infty}|q|^n=\begin{cases}0 & |q|<1 \\ \text{不存在} & |q|>1\end{cases}$$

9.3 导数与微分知识点及相关题型

这部分的学习，从解题方法和技巧方面进行学习. 这里罗列了 10 种方法，每种方法通过例题进行讲解.

1. 导数定义.

2. 导数与连续的关系.

3. 复合函数求导.

4. 高阶导数.

5. 隐函数求导.

6. 幂指函数求导.

7. 参数方程求导.

8. 导数与微分的关系.

9. 微分形式不变性.

10. 微分在近似计算中的应用.

9.4 导数与微分相关题型

9.4.1 导数的定义

$f(x)$ 在 x_0 处的导数 $f(x_0)$

$$f'(x_0) = \lim_{\Delta x \to 0} \frac{\Delta y}{\Delta x} = \lim_{\Delta x \to 0} \frac{f(x_0 + \Delta x) - f(x_0)}{\Delta x}$$

$$= \lim_{h \to 0} \frac{f(x_0 + h) - f(x_0)}{h}$$

$$= \lim_{x \to x_0} \frac{f(x) - f(x_0)}{(x - x_0)}$$

则称则在 x_0 处 $f(x)$ 的导数存在, 记 $f'(x_0)$.

当自变量在定义域内可导, 可得到函数:

$$f'(x) = \lim_{\Delta x \to 0} \frac{f(x + \Delta x) - f(x)}{\Delta x}.$$

例 9.32 若 $y = \begin{cases} \ln(1+x) & -1 < x \leqslant 0 \\ \sqrt{1+x} - \sqrt{1-x} & 0 < x < 1 \end{cases}$，求 $y'(0)$．

解 $y'_+(0) = \lim\limits_{x \to 0^+} \dfrac{f(x) - f(0)}{x - 0} = \lim\limits_{x \to 0^+} \dfrac{\ln(1+x) - 0}{x - 0} = 1$

$y'_-(0) = \lim\limits_{x \to 0^-} \dfrac{f(x) - f(0)}{x - 0} = \lim\limits_{x \to 0^-} \dfrac{\sqrt{1+x} - \sqrt{1-x} - 0}{x - 0}$

$\qquad = \lim\limits_{x \to 0^-} \dfrac{2x}{x(\sqrt{1+x} + \sqrt{1-x})} = 1$

$\therefore y'(0) = 1.$

例 9.33 设 $f(x) = |\tan x| \left(-\dfrac{\pi}{2} < x < \dfrac{\pi}{2} \right)$，求 $f'(x)$．

解 $f(x) = \begin{cases} \tan x & 0 < x < \dfrac{\pi}{2} \\ 0 & x = 0 \\ -\tan x & -\dfrac{\pi}{2} < x < 0 \end{cases}$，

$f'_+(0) = \lim\limits_{x \to 0^+} \dfrac{f(x) - f(0)}{x - 0} = \lim\limits_{x \to 0^+} \dfrac{\tan x - 0}{x - 0} = 1$

$f'_-(0) = \lim\limits_{x \to 0^-} \dfrac{f(x) - f(0)}{x - 0} = \lim\limits_{x \to 0^-} \dfrac{-\tan x - 0}{x - 0} = -1$

且 $(\tan x)' = \sec^2 x$，所以有

$f'(x) = \begin{cases} \sec^2 x & 0 < x < \dfrac{\pi}{2} \\ 不存在 & x = 0 \\ -\sec^2 x & -\dfrac{\pi}{2} < x < 0 \end{cases}$

9.4.2　导数与连续的关系

定理：可导必连续，连续不一定可导．

证明：设函数 x_0 处可导，则 $f'(x_0) = \lim\limits_{\Delta x \to 0} \dfrac{\Delta y}{\Delta x}$，

$$\frac{\Delta y}{\Delta x} = f'(x_0) + \alpha \ , \ \Delta y = f'(x_0)\Delta x + \alpha\Delta x$$

$$\lim_{\Delta x \to 0}\Delta y = \lim_{\Delta x \to 0}\left[\ f'(x_0)\Delta x + \alpha\Delta x\ \right] = 0$$

则函数在 x_0 处连续.

函数 $y = |x|$ 在 $x = 0$ 处连续但不可导.

$$\lim_{x \to 0^+}\frac{f(x) - f(0)}{x - 0} = \lim_{x \to 0^+}\frac{x - 0}{x - 0} = 1$$

$$\lim_{x \to 0^-}\frac{f(x) - f(0)}{x - 0} = \lim_{x \to 0^-}\frac{-x - 0}{x - 0} = -1$$

9.4.3 复合函数求导

设: $y = f[u(x)]$ ，则 $y' = f'[u(x)]u'(x)$ ，或 $\dfrac{\mathrm{d}y}{\mathrm{d}x} = \dfrac{\mathrm{d}y}{\mathrm{d}u} \cdot \dfrac{\mathrm{d}u}{\mathrm{d}x}$ 其中 $f'(u)$, $u'(x)$

均存在.

例 9.34 设 $y = \sin^3 x$ ，求 y' .

解 $y = \sin^3 x$, $y' = 3\sin^2 x(\sin x)' = 3\sin^2 x\cos x$

例 9.35 设 $y = \ln(\cos^3 x + \mathrm{e}^x)$ ，求 y' .

解
$$y' = \frac{(\cos^3 x)' + (\mathrm{e}^x)'}{\cos^3 x + \mathrm{e}^x}$$

$$= \frac{3\cos^2 x(\cos x)' + \mathrm{e}^x}{\cos^3 x + \mathrm{e}^x} = \frac{-3\cos^2 x\sin x + \mathrm{e}^x}{\cos^3 x + \mathrm{e}^x}$$

例 9.36 设 $y = \ln\sin(\mathrm{e}^{-2x} + x) + \arctan\dfrac{2}{x^2}$ ，求 y' .

解
$$y' = \frac{\cos(\mathrm{e}^{-2x} + x)}{\sin(\mathrm{e}^{-2x} + x)} \cdot (-2\mathrm{e}^{-2x} + 1) - \frac{4x^{-3}}{1 + \left(\dfrac{2}{x^2}\right)^2}$$

$$= (-2\mathrm{e}^{-2x} + 1)\cot(\mathrm{e}^{-2x} + x) - \frac{4x}{x^4 + 4}$$

9.4.4 高阶导数

$$y'' = (y')'$$

$$y''' = (y'')'$$

$$\cdots$$

$$y^{(n)} = \left[y^{(n-1)} \right]'$$

高阶导数，主要关注六个函数的导数及其变形.

(1) $(x^m)^{(n)} = \begin{cases} n! & m = n \\ 0 & , m < n \\ m(m-1)\cdots(m-n+1)x^{m-n} & m > n \end{cases}$

或 $(x^\mu)^{(n)} = \mu(\mu - 1)\cdots(\mu - n + 1)x^{\mu - n}$

(2) $(e^x)^{(n)} = e^x$

$(e^{kx})^{(n)} = k^n e^x$

$(a^x)^{(n)} = a^x (\ln a)^n$, $(a^{kx})^{(n)} = k^n a^x (\ln a)^n$ $a > 0$

(3) $(\sin x)^{(n)} = \sin\left(x + n\dfrac{\pi}{2} \right)$

$(\sin kx)^{(n)} = k^n \sin\left(x + n\dfrac{\pi}{2} \right)$

(4) $(\cos x)^{(n)} = \cos\left(x + n\dfrac{\pi}{2} \right)$

(5) $\ln^{(n)}(1 + x) = (-1)^{n-1} \dfrac{(n-1)!}{(1+x)^n}$

$(\log_a x)^{(n)} = (-1)^{n-1} \dfrac{(n-1)!}{x^n \ln a}$, $a > 0$ 且 $a \neq 1$

(6) $\left(\dfrac{1}{1+x} \right)^{(n)} = (-1)^n \dfrac{n!}{(1+x)^{n+1}}$, $\left(\dfrac{1}{a+x} \right)^{(n)} = (-1)^n \dfrac{n!}{(a+x)^{n+1}}$

$\left(\dfrac{1}{a+kx} \right)^{(n)} = (-1)^n \dfrac{k^n n!}{(a+kx)^{n+1}}$, $\left(\dfrac{1}{a-kx} \right)^{(n)} = \dfrac{k^n n!}{(a-kx)^{n+1}}$

例 9.37 设 $y = \dfrac{1-x}{3+x}$，求 $y^{(n)}$.

解 $y = -1 + \dfrac{4}{3+x}$，$y' = -\dfrac{4}{(3+x)^2}$，

$y'' = \dfrac{4 \times 2}{(3+x)^3}$， $y''' = -\dfrac{4 \times 2 \times 3}{(3+x)^4}$，$\cdots$

故 $y^{(n)} = (-1)^n \dfrac{4n!}{(3+x)^{n+1}}$

例 9.38　设 $f''(x)$ 存在，$y = \ln[f(x)]$ ，求 $\dfrac{d^2 y}{dx^2}$.

解　$y' = \dfrac{f'(x)}{f(x)}$ ，$y'' = \dfrac{f''(x)f(x) - [f'(x)]^2}{f^2(x)}$

例 9.39　已知 $y = (3x)^7 + \cos^2 3x$. 求 $y^{(n)}$.

解　$y = 3^7 x^7 + \dfrac{1}{2}(1 + \cos 6x)$

当 $n < 7$　$y^{(n)} = 3^7 \times 7 \times 6 \times (7 - n + 1)x^{7-n} + \dfrac{6^n}{2}\cos\left(\dfrac{n\pi}{2} + 6x\right)$

当 $n = 7$　$y^{(n)} = 3^7 \times 7! + \dfrac{6^n}{2}\cos\left(\dfrac{n\pi}{2} + 6x\right)$

当 $n > 7$　$y^{(n)} = \dfrac{6^n}{2}\cos\left(\dfrac{n\pi}{2} + 6x\right)$

例 9.40　设 $y = \sin^2 2x$ ，求 $y^{(n)}$.

解　$y' = 2\sin 4x$

$y'' = 8\cos 4x = 8\sin\left(4x + \dfrac{\pi}{2}\right)$

$y''' = 32\sin\left(4x + 2 \cdot \dfrac{\pi}{2}\right)$　$\cdots$

$y^{(n)} = 2 \times 4^{n-1}\sin\left[4x + (n-1)\dfrac{\pi}{2}\right]$

或　$y^{(n)} = 2^{2n-1}\sin\left[4x + (n-1)\dfrac{\pi}{2}\right]$.

例 9.41　设 $y = \dfrac{x^3}{x^2 - 3x + 2}$ ，求 $y^{(n)}$.

解　$y = \dfrac{x^3}{x^2 - 3x + 2} = (x + 3) + \dfrac{7x - 6}{(x - 2)(x - 1)}$

$= (x + 3) + \dfrac{8}{x - 2} - \dfrac{1}{x - 1}$

$$y^{(n)} = \left[(x+3) + \frac{8}{x-2} - \frac{1}{x-1} \right]^{(n)}$$

$$= (x+3)^{(n)} + \left(\frac{8}{x-2} \right)^{(n)} - \left(\frac{1}{x-1} \right)^{(n)}$$

$$= (-1)^n n! \left[\frac{8}{(x-2)^{n+1}} - \frac{1}{(x-1)^{n+1}} \right] \quad (n \geqslant 2)$$

9.4.5 隐函数求导

例 9.42 由方程 $xy = 1 + 2xe^y$ 所确定的隐函数 y，求 y'.

解 两边求导：$y + xy' = 2e^y + (xe^y)y'$

$$(x - xe^y)y' = 2e^y - y,$$

故 $$y' = \frac{2e^y - y}{x - xe^y}$$

例 9.43 由方程 $2x - 3y + \frac{1}{2}\sin y = 0$ 所确定的隐函数的二阶导数 $\frac{d^2 y}{dx^2}$.

解 两边对 x 对求导：$2 - 3y' + \frac{1}{2}\cos y \cdot y' = 0$

$$y' = \frac{4}{6 - \cos y}, \qquad y'' = -\frac{4\sin y \cdot y'}{(6 - \cos y)^2}$$

将 y' 代入上式 y'' 中，得

$$y'' = -\frac{16\sin y}{(6 - \cos y)^3}$$

9.4.6 幂指函数求导

例 9.44 设 $y = x^x$，求 y'.

解法 1：$y = x^x = e^{x\ln x}$，

$$y' = e^{x\ln x}(\ln x + 1) = x^x(\ln x + 1)$$

解法 2：$y = x^x$，$\ln y = x\ln x$，

$$\frac{y'}{y} = \ln x + 1, \ y' = x^x(\ln x + 1)$$

可以得出一般公式：

设 $y = u(x)^{v(x)}$，其中 $u(x)$，$v(x)$ 可导，且 $u(x) > 0, u(x) \neq 1$，

$$y = u(x)^{v(x)} = e^{v(x)\ln u(x)}$$

$$y' = e^{v(x)\ln u(x)}\left[v'(x)\ln u(x) + \frac{u'(x)v(x)}{u(x)}\right]$$

$$= u(x)^{v(x)}\left[v'(x)\ln u(x) + \frac{u'(x)v(x)}{u(x)}\right]$$

例 9.45 设 $y = (\sin x^2)^x$，求 y'．

解 $y' = (\sin x^2)^x(\ln \sin x^2 + 2x^2\cot x^2)$．

例 9.46 设 $y = x^{2\sin x^3}$，求 $\mathrm{d}y$．

解 $y = x^{2\sin x^3}$，则 $y' = x^{2\sin x^3}(6x^2\cos x^3\ln x + \dfrac{2\sin x^3}{x})$

故 $\mathrm{d}y = x^{2\sin x^3}(6x^2\cos x^3\ln x + \dfrac{2\sin x^3}{x})\mathrm{d}x$．

9.4.7 参数方程求导

由参数方程 $\begin{cases} x = \varphi(t) \\ y = \psi(t) \end{cases}$ 所确定的函数 $y = y(x)$ 的一阶和二阶导数．

$$y'' = \frac{\mathrm{d}y'}{\mathrm{d}x} = \frac{\mathrm{d}y'/\mathrm{d}t}{\mathrm{d}x/\mathrm{d}t} = \frac{\mathrm{d}}{\mathrm{d}t}\left(\frac{\psi'(t)}{\varphi'(t)}\right) \cdot \frac{\mathrm{d}t}{\mathrm{d}x}$$

$$= \frac{\psi''(t)\varphi'(t) - \psi'(t)\varphi''(t)}{\varphi'^2(t)} \cdot \frac{1}{\varphi'(t)} = \frac{\psi''(t)\varphi'(t) - \psi'(t)\varphi''(t)}{\varphi'^3(t)}$$

$$y'' = \frac{\mathrm{d}y'}{\mathrm{d}x} = \frac{\mathrm{d}y'/\mathrm{d}t}{\mathrm{d}x/\mathrm{d}t}$$

例 9.47 求由参数方程 $\begin{cases} x = 1 - t^2 \\ y = t - t^3 \end{cases}$ 所确定的函数 $y = y(x)$ 的二阶导数．

解 $y' = \dfrac{\mathrm{d}y}{\mathrm{d}x} = \dfrac{\mathrm{d}y/\mathrm{d}t}{\mathrm{d}x/\mathrm{d}t} = \dfrac{3t^2 - 1}{2t}$

$$y'' = \frac{\mathrm{d}y'}{\mathrm{d}x} = \frac{\mathrm{d}y'/\mathrm{d}t}{\mathrm{d}x/\mathrm{d}t} = -\frac{3t^2 + 1}{4t^3}$$

例 9.48 设 $\begin{cases} x = 2 - t^2 \\ y = \sin 3t \end{cases}$，求 $\dfrac{d^2 y}{dx^2}$.

解 $y' = \dfrac{dy}{dx} = \dfrac{dy/dt}{dx/dt} = \dfrac{3\cos 3t}{-2t} = -\dfrac{3\cos 3t}{2t}$

$y'' = \dfrac{dy'}{dx} = \dfrac{dy'/dt}{dx/dt}$

$= -\dfrac{9t\sin 3t + 3\cos 3t}{4t^3}$

$= -\dfrac{3}{4} \cdot \dfrac{3t\sin 3t + \cos 3t}{t^3}$

9.4.8 导数与微分的关系

定理：可导必可微，可微必可导.

例 9.49 设 $y = f(\ln x) e^{f(x)}$，其中 f 可微，求 dy.

解 $y' = f'(\ln x) \cdot \dfrac{1}{x} \cdot e^{f(x)} + f(\ln x) e^{f(x)} f'(x)$

$dy = \left[f'(\ln x) \cdot \dfrac{1}{x} \cdot e^{f(x)} + f(\ln x) e^{f(x)} f'(x) \right] dx$

例 9.50 设 $y = f(\ln x + e^x) \sin x^2$，其中 f 可微，求 dy.

解 $y' = f'(\ln x + e^x)\left[\dfrac{1}{x} + e^x \right] \sin x^2 + f(\ln x + e^x)\left[\cos x^2 \cdot 2x \right]$

$dy = f'(\ln x + e^x)\left[\dfrac{1}{x} + e^x \right] \sin x^2 + f(\ln x + e^x)\left[\cos x^2 \cdot 2x \right] dx$

例 9.51 设 $y = \ln(3^x + \sqrt{1 + 3^x})$，求 dy.

解 $dy = \dfrac{3^x \ln 3 + \dfrac{3^x \ln 3}{2\sqrt{1 + 3^x}}}{3^x + \sqrt{1 + 3^x}} dx$

$= \dfrac{3^x \ln 3 (2\sqrt{1 + 3^x} + 1)}{2\sqrt{1 + 3^x}(3^x + \sqrt{1 + 3^x})} dx$

例 9.52 设 f 可微，且 $y = f(\arccos x^2)$，求 y''_x.

解 $y' = -f'(\arccos x^2) \cdot \dfrac{2x}{\sqrt{1-x^4}}$,

$$y''_x = f''(\arccos x^2) \cdot \dfrac{4x^2}{1-x^4} - f'(\arccos x^2) \cdot \dfrac{2+2x^4}{(1-x^4)^{\frac{3}{2}}}$$

9.4.9 微分形式不变性

设 $y = f(u) = \begin{cases} u\ 是中间变量,\ u = \varphi(x) \\ u\ 是自变量 \end{cases}$,

则 $\mathrm{d}y = \begin{cases} f'[\varphi(x)]\varphi'(x)\mathrm{d}x = f'(u)\mathrm{d}u \\ f'(u)\mathrm{d}u \end{cases}$

例 9.53 设 $y = \cos e^{-3x+1}$, 求 $\mathrm{d}y$.

解 $\mathrm{d}y = \mathrm{d}(\cos e^{-3x+1}) = -\sin e^{-3x+1}\mathrm{d}(e^{-3x+1})$

$= -e^{-3x+1}\sin e^{-3x+1}\mathrm{d}(-3x+1)$

$= 3e^{-3x+1}\sin e^{-3x+1}\mathrm{d}x$.

9.4.10 微分在近似计算中的应用

可利用的近似计算公式:

$$\Delta y \approx \mathrm{d}y$$
$$f(x_0 + \Delta x) - f(x_0) \approx f'(x_0)\Delta x$$
$$f(x_0 + \Delta x) \approx f(x_0) + f'(x_0)\Delta x$$

当 $x_0 = 0$ 且 $|x|$ 很小时,

$$f(x) \approx f(0) + f'(0)x$$

故有

(1) $\sin x \approx x$

(2) $\tan x \approx x$

(3) $e^x \approx 1 + x$

(4) $\ln(1+x) \approx x$

(5) $1 - \cos x \approx \dfrac{x^2}{2}$

注：利用泰勒定理可得

$$e^x = 1 + \frac{x}{1!} + \frac{x^2}{2!} + \cdots + \frac{x^n}{n!} + \cdots$$

所以有 $e^x \approx 1 + x + \frac{x^2}{2}$

$$e^x \approx 1 + x + \frac{x^2}{2} + \frac{x^3}{3!}, \cdots$$

$$e^x \approx 1 + \frac{x}{1!}x + \frac{x^2}{2!} + \cdots + \frac{x^n}{n!}$$

例 9.54 证明：当 $|x|$ 很小时，$\sqrt[n]{1+x} \approx 1 + \frac{1}{n}x$.

证明：设 $f(x) = \sqrt[n]{1+x}$，由公式 $f(x) \approx f(0) + f'(0)x$ 得

$$\sqrt[n]{1+x} \approx \sqrt[n]{1+0} \; \frac{1}{n}(1+x)^{\frac{1}{n}-1}\big|_{x=0}x,$$

故 $\sqrt[n]{1+x} \approx 1 + \frac{1}{n}x$.

例 9.55 计算 $\sin 29°30'$ 的近似值（精确到小数点后三位）.

解 $\sin 29°30' = \sin(30° - 30') = \sin\left(30^0 - \frac{\pi}{360}\right)$

$$\approx \sin\frac{\pi}{6} - \cos\frac{\pi}{6} \cdot \frac{\pi}{360} = \frac{1}{2} - \frac{\sqrt{3}}{2} \cdot \frac{\pi}{360}$$

故 $\sin 29°30' \approx 0.492$（或 0.493）.

9.5   不定积分知识点及相关题型

不定积分的学习，按四大类方法进行分类学习.

9.5.1   凑微分法

解题思路就是将被积函数的一部分放到微分符号里面，凑成 17 个积分基本

公式，直接利用公式，可以不设新的变量.

9.5.2 第二类换元法

常用的有三角代换、倒代换、含根号的代换、对数代换、指数代换等.

9.5.3 分部积分法

幂函数和指数函数相乘，幂函数和三角函数相乘，幂函数和对数函数（反三角函数）相乘，三角函数和指数函数相乘.

9.6 不定积分相关题型

9.6.1 凑微分法

解题思路就是将被积函数的一部分放到微分符号里面，凑成 17 个积分基本公式直接利用公式，可以不设新的变量.

(1) $\int \mathrm{d}x = C$

(2) $\int x^{\mu} \mathrm{d}x = \dfrac{x^{\mu+1}}{\mu+1} + C$

(3) $\int \dfrac{1}{x} \mathrm{d}x = \ln|x| + C$

(4) $\int \sin x \mathrm{d}x = -\cos x + C$

(5) $\int \cos x \mathrm{d}x = \sin x + C$

(6) $\int \mathrm{e}^{x} \mathrm{d}x = \mathrm{e}^{x} + C$

(7) $\int a^{x} \mathrm{d}x = \dfrac{a^{x}}{\ln a} + C$

(8) $\int \ln x \, dx = \dfrac{1}{x} + C$

(9) $\int \log a^x \, dx = \dfrac{1}{x \ln a} + C$

(10) $\int \dfrac{1}{1 + x^2} \, dx = \arctan x = + C$

(11) $\int \dfrac{1}{1 + x^2} \, dx = - \operatorname{arccot} x + C$

(12) $\int \dfrac{1}{\sqrt{1 - x^2}} \, dx = \arcsin x + C$

(13) $\int \dfrac{1}{\sqrt{1 - x^2}} \, dx = - \arccos x + C$

(14) $\int \tan x \, dx = - \ln |\cos x| + C$

(15) $\int \cot x \, dx = \ln |\sin x| + C$

(16) $\int \sec x \, dx = \ln |\sec x + \tan x| + C$

(17) $\int \csc x \, dx = \ln |\csc x - \cot x| + C$

例 9.56　计算 $\int \dfrac{\cos \sqrt{x}}{\sqrt{x}} \, dx$.

解　原式 $= 2 \int \dfrac{\cos \sqrt{x}}{2\sqrt{x}} \, dx = 2 \int \cos \sqrt{x} \, d\sqrt{x} = 2 \sin \sqrt{x} + C$

例 9.57　计算 $\int e^x (1 - 3e^x)^2 \, dx$.

解　原式 $= \int (1 - 3e^x)^2 \, de^x$

$\qquad = -\dfrac{1}{3} \int (1 - 3e^x)^2 \, d(1 - 3e^x)$

$\qquad = -\dfrac{1}{9} (1 - 3e^x)^3 + C$

例 **9.58** 计算 $\int (6-3t)^{-2}dt$.

解 原式 $= -\dfrac{1}{3}\int (6-3t)^{-2}d(-3t)$

$$= -\frac{1}{3}\int (6-3t)^{-2}d(6-3t) = -\frac{1}{3} \cdot \frac{(6-3t)^{-2+1}}{-2+1} + C$$

$$= \frac{1}{3}(6-3t)^{-1} + C$$

例 **9.59** 计算 $\int \dfrac{1}{e^x + e^{-x}}dx$.

解 原式 $= \int \dfrac{e^x}{1+e^{2x}}dx = \int \dfrac{de^x}{1+e^{2x}} = \arctan e^{2x} + C$

例 **9.60** 计算 $\int \left(\dfrac{\arctan\sqrt{x}}{\sqrt{x}(1+x)} + \cos^2 2x \right) dx$.

解 原式 $= \int \dfrac{\arctan\sqrt{x}}{\sqrt{x}(1+x)}dx + \int \cos^2 2x\, dx$

$$= 2\int \frac{\arctan\sqrt{x}}{2\sqrt{x}(1+x)}dx + \frac{1}{2}\int (1+\cos 4x)\, dx$$

$$= 2\int \frac{\arctan\sqrt{x}}{(1+x)}d\sqrt{x} + \frac{1}{2}x + \frac{1}{8}\sin 4x + C$$

例 **9.61** 计算 $\int \dfrac{1}{1+x^4}dx$.

解 原式 $= \dfrac{1}{2}\left[\int \dfrac{x^2+1}{1+x^4}dx - \int \dfrac{x^2-1}{1+x^4}dx \right]$

$$= \frac{1}{2}\left[\int \frac{1+\dfrac{1}{x^2}}{\dfrac{1}{x^2}+x^2}dx - \int \frac{1-\dfrac{1}{x^2}}{\dfrac{1}{x^2}+x^2}dx \right]$$

$$= \frac{1}{2}\left[\int \frac{1}{\left(x-\dfrac{1}{x}\right)^2+2}d\left(x-\frac{1}{x}\right) - \int \frac{1}{\left(x+\dfrac{1}{x}\right)^2-2}d\left(x+\frac{1}{x}\right) \right]$$

$$= \frac{1}{2\sqrt{2}}\arctan\frac{x^2-1}{\sqrt{2}x} - \frac{1}{4\sqrt{2}}\ln\left(\frac{x^2-\sqrt{2}x+1}{x^2+\sqrt{2}x+1}\right) + C$$

6.6.2　第二类换元法

第二类换元法可以利用三角代换、倒代换、含根号的代换、对数代换、指数代换，万能公式代换等进行求解. 如：$x=\sin t$，$x=\cos t$，$x=\tan t$，$x=\cot t$，$x=\sec t$，$x=\csc t$，$x=\frac{1}{t}$，$x=\sqrt{f(t)}$，$x=\ln t$，$x=e^t$.

例 9.62　$f(\ln x)=\frac{\ln(1+x)}{x}$，计算 $\int f(x)\,dx$.

解　令：$t=\ln x$，$x=e^t$，$f(t)=\frac{\ln(1+e^t)}{e^t}$，

$$\int f(x)\,dx = \int \frac{\ln(1+e^x)}{e^x}dx = -\int \ln(1+e^x)\,de^{-x}$$

$$= -e^{-x}\ln(1+e^x) + \int \frac{1}{1+e^x}dx$$

$$= -e^{-x}\ln(1+e^x) + \int \frac{1+e^x-e^x}{1+e^x}dx$$

$$= x - (1+e^{-x})\ln(1+e^x) + C$$

例 9.63　计算 $\int \frac{dx}{\sqrt{x}+\sqrt[4]{x}}$.

解　令 $t=\sqrt[4]{x}$，$x=t^4$，$dx=4t^3dt$，

$$原式 = \int \frac{4t^3dt}{t^2+t}$$

$$= \int \frac{4t^2dt}{t+1}$$

$$= 4\int \frac{t^2-1+1}{t+1}dt$$

$$= 2t^2 - 4t + 4\ln|t+1| + C$$

$$= 2\sqrt{x} - 4\sqrt[4]{x} + 4\ln\left|\sqrt[4]{x}+1\right| + C$$

例 9.64 计算 $\displaystyle\int\frac{\mathrm{d}x}{1+\sqrt[3]{x+3}}$.

解 设 $\sqrt[3]{x+3}=t$，$x=t^3-3$，$\mathrm{d}x=3t^2\mathrm{d}t$，

$$原式=\int\frac{3t^2\mathrm{d}t}{1+t}=3\int\frac{t^2-1+1\mathrm{d}t}{1+t}$$

$$=3\cdot\frac{t^2}{2}-3t+3\ln|t+1|+C$$

$$=\frac{3}{2}\sqrt[3]{(x+3)^2}-3\sqrt[3]{x+3}+3\ln\left|1+\sqrt[3]{x+3}\right|+C$$

例 9.65 $\displaystyle\int\frac{1}{2+\cos x}\mathrm{d}x$.

解 令 $u=\tan\dfrac{x}{2}$，$x=2\arctan u$，

$$\cos x=\frac{1-u^2}{1+u^2}，\mathrm{d}x=\frac{2}{1+u^2}\mathrm{d}u$$

$$原式=\int\frac{\dfrac{2}{1+u^2}}{2+\dfrac{1-u^2}{1+u^2}}\mathrm{d}u=\frac{2\sqrt3}{3}\int\frac{1}{1+(\dfrac{u}{\sqrt3})^2}\mathrm{d}(\frac{u}{\sqrt3})=\frac{2\sqrt3}{3}\arctan\frac{u}{\sqrt3}+C$$

6.6.3　分部积分法

类型有：幂函数和指数函数相乘，幂函数和三角函数相乘，幂函数和对数函数（反三角函数）相乘，三角函数和指数函数相乘等.

例 9.66 计算 $\displaystyle\int\ln(x^2+1)\mathrm{d}x$.

解 $\displaystyle原式=x\ln(x^2+1)-\int x\mathrm{d}\ln(x^2+1)$

$$=x\ln(x^2+1)-\int\frac{2x}{x^2+1}\mathrm{d}x=x\ln(x^2+1)-\int\frac{1}{x^2+1}\mathrm{d}(x^2+1)$$

$$=(x-1)\ln(x^2+1)+C.$$

例 9.67 计算 $\displaystyle\int\cos(\ln x)\mathrm{d}x$.

解　原式 $= x\cos\ln x - \int x\mathrm{d}\cos(\ln x)$

$$= x\cos\ln x + \int \sin(\ln x)\,\mathrm{d}x = x\cos\ln x + x\sin\ln x - \int x\mathrm{d}\sin(\ln x)$$

$$= x\cos\ln x + x\sin\ln x - \int \cos(\ln x)\,\mathrm{d}x$$

故 $\int \cos(\ln x)\,\mathrm{d}x = \dfrac{1}{2}\left[x\cos\ln x + x\sin\ln x \right] + C$.

例 9.68　已知 $\int f(x)\,\mathrm{d}x = \mathrm{e}^{-x} + C$，求 $\int xf(x)\,\mathrm{d}x$.

解　由 $\int f(x)\,\mathrm{d}x = \mathrm{e}^{-x} + C$ 得 $f(x) = - \mathrm{e}^{-x}$

$$\int xf(x)\,\mathrm{d}x = - \int x\mathrm{e}^{-x}\,\mathrm{d}x = \int x\mathrm{d}\mathrm{e}^{-x} = x\mathrm{e}^{-x} - \int \mathrm{e}^{-x}\,\mathrm{d}x = x\mathrm{e}^{-x} + \mathrm{e}^{-x} + C$$

4. 有理函数积分

主要有以下四种类型：

$$\int \frac{1}{x+a}\mathrm{d}x \ , \int \frac{1}{(x+a)^{k}}\mathrm{d}x \ , \qquad \int \frac{1}{x^{2}+px+q}\mathrm{d}x \ , \int \frac{1}{(x^{2}+px+q)^{k}}\mathrm{d}x$$

可以这样复习：

（1）用五种或六种方法求解 $\int \dfrac{1}{1+e^{x}}\mathrm{d}x$.

（2）自己编题，如以 $\sin x$ 为例：

$$\int \sin x\,\mathrm{d}x \ , \int \sin kx\,\mathrm{d}x \ , \int \sin^{2}x\,\mathrm{d}x \ , \int \sin^{3}x\,\mathrm{d}x \ ,$$

$$\int \sin^{4}x\,\mathrm{d}x \ , \int \sin^{n}x\,\mathrm{d}x \ , \int \frac{1}{\sin x}\mathrm{d}x \ , \int \frac{1}{\sin^{2}x}\mathrm{d}x \ ,$$

$$\int \frac{1}{\sin^{3}x}\mathrm{d}x \ , \int \frac{1}{\sin^{4}x}\mathrm{d}x \ ,$$

$$\int \sin x\cos x\,\mathrm{d}x \ , \int \sin^{2}x \cos^{2}x\,\mathrm{d}x \ 等$$

用六种方法求解 $\int \dfrac{1}{1+e^{x}}\mathrm{d}x$.

方法 1：凑微分法.

$$\int \frac{1}{1 + e^x} dx = \int \frac{e^x}{e^x(1 + e^x)} dx = \int \frac{1}{e^x(1 + e^x)} de^x$$

$$= \int \left(\frac{1}{e^x} - \frac{1}{1 + e^x} \right) de^x = x - \ln(e^x + 1) + C$$

方法 2：凑微分法.

$$\int \frac{1}{1 + e^x} dx = \int \frac{e^{-x}}{1 + e^{-x}} dx = -\int \frac{1}{(1 + e^{-x})} de^{-x}$$

$$= -\int \frac{1}{(1 + e^{-x})} d(1 + e^{-x}) = -\ln(e^{-x} + 1) + C$$

$$= x - \ln(e^x + 1) + C$$

方法 3：凑微分法

$$\int \frac{1}{1 + e^x} dx = \int \frac{e^x + 1 - e^x}{(1 + e^x)} dx$$

$$= \int \left(dx - \frac{de^x}{1 + e^x} \right) = \int \left(dx - \frac{d(e^x + 1)}{1 + e^x} \right) = x - \ln(e^x + 1) + C$$

方法 4：第二类换元法.

设 $t = e^x$, $x = \ln t$, $dx = \frac{1}{t} dt$

$$\int \frac{1}{1 + e^x} dx = \int \frac{1}{(1 + t)t} dt = \int \left(\frac{1}{t} - \frac{1}{(1 + t)} \right) dt = \ln t - \ln(t + 1) + C$$

$$= x - \ln(e^x + 1) + C$$

方法 5：第二类换元法.

设 $t = e^x + 1$, $x = \ln(t - 1)$, $dx = \frac{1}{t - 1} dt$

$$\int \frac{1}{1 + e^x} dx = \int \frac{1}{(t - 1)t} dt = \int \left(\frac{1}{t - 1} - \frac{1}{t} \right) dt = \ln(t - 1) - \ln t + C$$

$$= x - \ln(e^x + 1) + C$$

方法 6：第二类换元法.

设 $e^x = \tan^2 t$, $x = \ln \tan^2 t = 2\ln \tan t$, $dx = \frac{2 \sec^2 t}{\tan t} dt$

$$\int \frac{1}{1 + e^x} dx = \int \frac{1}{1 + \tan^2 t} \cdot \frac{2 \sec^2 t}{\tan t} dt$$

$$= 2 \int \frac{\cos t}{\sin t} dt$$

$$= 2 \ln \sin t + C$$

$$= \ln \sin^2 t + C$$

因为 $e^x = \tan^2 t$, $e^x = \sec^2 t - 1$, $\sec^2 t = e^x + 1$,

$$\cos^2 t = \frac{1}{e^x + 1} \ , \ \sin^2 t = \frac{e^x}{e^x + 1}$$

所以 $\int \frac{1}{1 + e^x} dx = \ln \sin^2 t + C = \ln \frac{e^x}{e^x + 1} + C = x - \ln(e^x + 1) + C$.

例 9.69 计算 $\int \frac{x + 5}{x^2 - 6x + 13} dx$.

解 原式 $= \frac{1}{2} \int \frac{(2x - 6) + 16}{x^2 - 6x + 13} dx$

$$= \frac{1}{2} \int \frac{d(x^2 - 6x + 13)}{x^2 - 6x + 13} + 8 \int \frac{1}{x^2 - 6x + 13} dx$$

$$= \frac{1}{2} \ln(x^2 - 6x + 13) + 8 \int \frac{1}{(x - 3)^2 + 4} dx + C$$

$$= \frac{1}{2} \ln(x^2 - 6x + 13) + 4 \int \frac{d(\frac{x - 3}{2})}{1 + (\frac{x - 3}{2})^2} + C$$

$$= \frac{1}{2} \ln(x^2 - 6x + 13) + 4 \arctan \frac{x - 3}{2} + C$$

9.7 定积分知识点及相关题型

定积分的知识点：

1. 定积分的几何意义.

2. 曲线积分、二重积分、三重积分、曲面积分的几何意义.

3. 定积分的定义.

从划分、近似计算、求和、取极限四步理解定积分的定义.

4. 曲线积分、二重积分、三重积分、曲面积分的定义.

类似于定积分的定义：划分、近似计算、求和、取极限.

5. 变上限积分.

6. 不定积分与定积分的关系.

7. 定积分的计算.

8. 定积分的性质.

9. 反常积分用极限来定义.

已知 $F'(x) = f(x)$，则

$$\int_a^{+\infty} f(x)\,dx = F(+\infty) - F(a) = \lim_{x\to+\infty} F(x) - F(a)$$

$$\int_{-\infty}^b f(x)\,dx = F(b) - F(-\infty) = F(b) - \lim_{x\to-\infty} F(x)$$

当 b 为瑕时，

$$\int_a^b f(x)\,dx = \lim_{x\to b^-} F(x) - F(a)$$

当 a 为瑕时，

$$\int_a^b f(x)\,dx = F(b) - \lim_{x\to a^+} F(x)$$

例 9.70 计算 $\int_0^1 x^2 e^{-x}\,dx$.

解 原式 $= -\int_0^1 x^2 de^{-x} = -x^2 e^{-x}\big|_0^1 + \int_0^1 e^{-x} dx^2$

$= -x^2 e^{-x}\big|_0^1 + \int_0^1 2x e^{-x} dx = -e^{-1} - 2\int_0^1 x de^{-x}$

$= -e^{-1} - 2xe^{-x}\big|_0^1 + 2\int_0^1 e^{-x} dx = -3e^{-1} - 2e^{-x}\big|_0^1 = -5e^{-1} + e$.

例 9.71 计算 $\int_{-2}^2 \big[x^2\ln(x+\sqrt{1+x^2}) - \sqrt{4-x^2}\big]\,dx$.

解 由于 $x^2\ln(x+\sqrt{1+x^2})$ 是奇函数，$\int_{-2}^2 x^2\ln(x+\sqrt{1+x^2})\,dx = 0.$

$\int_{-2}^{2} \sqrt{4 - x^2}\, dx$ 是半径为 2 的半圆面积，即 $\int_{-2}^{2} \sqrt{4 - x^2}\, dx = 2\pi$，原式 $= -2\pi$．

注：$\left[\int_{x^3}^{\sin x} \cos t^2\, dt\right]' = \cos x \cos(\sin^2 x) - 2x \cdot \cos x^4$．

例 9.72 判断反常积分 $\int_a^b \dfrac{dx}{(x - a)^q}$ 的敛散性.

解 当 $q = 1$ 时，$\int_a^b \dfrac{dx}{(x - a)^q} = \int_a^b \dfrac{dx}{(x - a)} = \left[\ln(x - a)\right]_a^b = \ln(x - a) -$

$$\lim_{x \to a^+} \ln(x - a) = +\infty,\quad \text{发散}.$$

当 $q \neq 1$ 时，$\int_a^b \dfrac{dx}{(x - a)^q} = \left[\dfrac{(x - a)^{1-q}}{1 - q}\right]_a^b = \begin{cases} \dfrac{(b - a)^{1-q}}{1 - q}, & q < 1 \\ +\infty, & q > 1 \end{cases}$，收敛.

例 9.73 计算 $\int_0^{+\infty} \left(\dfrac{1}{e^x + e^{2-x}} + x e^{-\lambda x}\right) dx$．

解 当 $\int_0^{+\infty} \left(\dfrac{1}{e^x + e^{2-x}} + x e^{-\lambda x}\right) dx = \int_0^{+\infty} \dfrac{dx}{e^x + e^{2-x}} + \int_0^{+\infty} x e^{-\lambda x} dx$

$$= \int_0^{+\infty} \dfrac{de^x}{e^{2x} + e^2}$$

例 9.74 计算 $\int_2^{+\infty} \dfrac{dx}{(x + 7)\sqrt{x - 2}}$．

解 令 $x - 2 = t^2$，$x = 2 + t^2$，$dx = 2t\, dt$，

$$\int_2^{+\infty} \dfrac{dx}{(x + 7)\sqrt{x - 2}} = \int_0^{+\infty} \dfrac{2t\, dt}{(9 + t^2)t}$$

$$= \int_0^{+\infty} \dfrac{2\, dt}{(9 + t^2)} = 2 \int_0^{+\infty} \dfrac{dt}{9 + t^2}$$

$$= \dfrac{2}{3} \arctan \dfrac{t}{3} \Big|_0^{+\infty} = \dfrac{\pi}{3}$$

例 9.75 计算 $\int_0^2 \dfrac{dx}{\sqrt{4 - x^2}}$．

解 原式 $= \int_0^2 \dfrac{d(x/2)}{\sqrt{1 - (x/2)^2}} = \lim_{x \to 2} \arcsin \dfrac{x}{2} - \arcsin 0 = \dfrac{\pi}{2}$．

226

例 9.76 计算 $\int_0^{+\infty} 3x\mathrm{e}^{-2\lambda x}\mathrm{d}x$.

解 原式 $= -\dfrac{3}{2\lambda}\int_0^{+\infty} x\mathrm{e}^{-2\lambda x}\mathrm{d}(-2\lambda x)$

$$= -\frac{3}{2\lambda}\int_0^{+\infty} x\mathrm{d}\mathrm{e}^{-2\lambda x} = -\frac{3}{2\lambda}\left[x\mathrm{e}^{-2\lambda x}\,\big|_0^{+\infty} - \int_0^{+\infty}\mathrm{e}^{-2\lambda x}\mathrm{d}x\right] = \frac{3}{4\lambda^2} .$$

例 9.77 计算 $\lim\limits_{n\to\infty}\int_0^1 \dfrac{x^n}{1+x}\mathrm{d}x$.

解 由积分中值定理，设函数 $f(x)$ 在区间 $[a, b]$ 上连续，$g(x)$ 在区间 $[a, b]$ 上可积且不变号，则至少存在一点 $\xi \in [a, b]$ ，使得

$$\int_a^b f(x)g(x)\mathrm{d}x = f(\xi)\int_a^b g(x)\mathrm{d}x$$

在 $\int_0^1 \dfrac{x^n}{1+x}\mathrm{d}x$ 中取 $f(x) = \dfrac{1}{1+x}$ ，$g(x) = x^n$ ，有

$$\int_0^1 \frac{x^n}{1+x}\mathrm{d}x = \frac{1}{1+\xi}\int_0^1 x^n\mathrm{d}x = \frac{1}{1+\xi}\cdot\frac{1}{n+1}$$

$$0 \leqslant \int_0^1 \frac{x^n}{1+x}\mathrm{d}x = \frac{1}{1+\xi}\int_0^1 x^n\mathrm{d}x \leqslant \frac{1}{n+1} \to 0$$

所以 $\lim\limits_{n\to\infty}\int_0^1 \dfrac{x^n}{1+x}\mathrm{d}x = 0$.

9.8 微分方程知识点

常微分方程，也简称微分方程，即方程中只含有一元函数的导数. 偏微分方程，方程中含有多元函数的导数. 这里只学习微分方程，不涉及偏微分方程.

n 阶微分方程的隐函数形式：

$$F[x, y, y', y'', \cdots, y^{(n)}] = 0$$

n 阶微分方程的显函数形式：

$$y^{(n)} = f[x, y, y', y'', \cdots, y^{(n-1)}]$$

通解就是求出的解中含有 n 个任意常数，即含有 n 个线性无关的任意常数，

简单的判别方法是这些常数不能合并.

特解就是给出 n 个初始条件, 得出 n 个任意常数, 写出对应的解.

常见的就是以下 9 种微分方程的形式.

(1) $y^{(n)} = f(x)$

两边积分:

$$\int y^{(n)} dx = \int f(x) dx , \quad \text{或} \int dy^{(n-1)} = \int f(x) dx$$

(2) 可分离变量形式 $f(x) dx = g(y) dy$

两边积分:

$$\int f(x) dx = \int g(y) dy$$

(3) 齐次方程形式

$$\frac{dy}{dx} = \varphi(\frac{y}{x})$$

可设 $u = \dfrac{y}{x}$, 则 $y = ux$, $\dfrac{dy}{dx} = u + x\dfrac{du}{dx}$, 代入上式.

这里的变形题型很多, u 的设法也很多, 原理就是通过设 u, 把方程变成可分离变量方程或其他方法求解.

(4) 一阶线性微分方程 $y' + P(x)y = Q(x)$

求解方法可以套公式:

$$y = e^{-\int p(x)dx}\left[\int Q(x) e^{\int p(x)dx} dx + C\right]$$

注意这里有伯努利方程 $y' + P(x)y = Q(x)y^n$.

(5) 二阶微分方程: $y'' = f(x, y')$

(6) 二阶微分方程: $y'' = f(y, y')$

(7) 二阶常系数齐次微分方程: $y'' + py' + qy = 0$

(8) 二阶常系数非齐次微分方程: $y'' + py' + qy = f(x)$

其中 $f(x)$ 学习两种形式. 见相应参考书.

（9）全微分方程

一阶微分方程

$$M(x, y)dx + N(x, y)dy = 0$$

若满足

$$dU(x, y) = M(x, y)dx + N(x, y)dy$$

$U(x, y) = C$ 为此一阶微分方程的解.

9.9 微分方程相关题型

下面对这 8 种方法展开进行学习.

9.9.1 $y^{(n)} = f(x)$ 形式

求解思路：两边积分，

$$\int y^{(n)} \mathrm{d}x = \int f(x) \mathrm{d}x$$

$$\int \mathrm{d}y^{(n-1)} = \int f(x) \mathrm{d}x$$

$$y^{(n-1)} = \int f(x) \mathrm{d}x$$

继续两边积分，直到解出 y.

例 9.78 求解微分方程 $y''' = e^x$.

解 两边积分：

$$\int y''' \mathrm{d}x = \int e^x \mathrm{d}x , \quad 即 \int \mathrm{d}y'' = \int \mathrm{d}e^x$$

得 $$y'' = e^x + C_0$$

两边积分，得

$$\int y'' \mathrm{d}x = \int (e^x + C_1) \mathrm{d}x$$

$$y' = e^x + C_0 x + C_2$$

继续两边积分

$$\int y' dx = \int (e^x + C_0 x + C_2) dx$$

$$y = e^x + \frac{C_0}{2} x^2 + C_2 x + C_3$$

通解为：$y = e^x + C_2 x^2 + C_2 x + C_3$.

9.9.2 可分离变量微分方程

$$f(x) dx = g(y) dy$$

求解思路：可以两边积分进行求解

$$\int f(x) dx = \int g(y) dy$$

例 9.79　求解微分方程 $\dfrac{dy}{dx} = e^x y$.

解　将变量分离得

$$\frac{dy}{y} = e^x dx$$

两边积分，得

$$\int \frac{dy}{y} = \int e^x dx$$

$$\ln |y| = e^x + C_1$$

$$|y| = e^{e^x + C_1}$$

即　　　　$y = \pm e^{e^x + C_1} = \pm e^{C_1} \cdot e^{e^x} = C e^{e^x}$　　　（$C \in R$，且 $C \neq 0$）

但由于 $y = 0$ 也是方程的解，所以 C 可以取零值. 故所给微分方程的通解为：

$$y = C e^{e^x} \qquad C \in R$$

注意：这里不用考虑绝对值.

例 9.80　求微分方程 $3xy' - y\ln y^3 = 0$ 的通解.

解　由 $3xy' - 3y\ln y = 0$，得 $xy' - y\ln y = 0$，

即　　　　　　　　　　$\dfrac{dy}{y\ln y} = \dfrac{dx}{x}$

两边取积分得 $\displaystyle\int \frac{\mathrm{d}y}{y\ln y} = \int \frac{\mathrm{d}x}{x}$

即 $\displaystyle\int \frac{\mathrm{d}\ln y}{\ln y} = \ln |x|$

$\displaystyle\int \mathrm{d}\ln |\ln y| = \ln |x|$，$\ln |\ln y| = \ln |x| + C_1$，

$|\ln y| = \mathrm{e}^{\ln |x| + C_1}$，$\ln y = C_2 |x|$，

通解为 $y = \mathrm{e}^{cx}$．

9.9.3 齐次方程

$$\frac{dy}{dx} = \varphi \left(\frac{y}{x} \right)$$

设 $u = \dfrac{y}{x}$，则 $y = ux$，$\dfrac{dy}{dx} = u + x\dfrac{du}{dx}$，代入上式有

$$u + x\frac{du}{dx} = \varphi(u)$$

即为一阶微分方程. 这里的变形题型很多，u 的设法也很多，原理就是通过设 u，把方程变成可分离变量方程或其他方法求解.

例 9.81 求 $\left(1 + 2\,\mathrm{e}^{\frac{x}{y}} \right) \mathrm{d}x + 2\,\mathrm{e}^{\frac{x}{y}} \left(1 - \dfrac{x}{y} \right) \mathrm{d}y = 0$ 的通解.

解 原方程可改写为

$$\frac{\mathrm{d}x}{\mathrm{d}y} \left(1 + 2\,\mathrm{e}^{\frac{x}{y}} \right) \mathrm{d}x + 2\,\mathrm{e}^{\frac{x}{y}} \left(1 - \frac{x}{y} \right) = 0$$

令 $u = \dfrac{x}{y}$，即 $x = yu$，则原方程变为

$$\left(u + y\frac{du}{dy} \right) (1 + 2\,\mathrm{e}^u) + 2\,\mathrm{e}^u (1 - u) = 0$$

整理并分离变量，得

$$\frac{1 + 2\,\mathrm{e}^u}{u + 2\,\mathrm{e}^u}\mathrm{d}u + \frac{\mathrm{d}y}{y} = 0$$

即

$$\frac{d(u + 2e^u)}{u + 2e^u}du + \frac{dy}{y} = 0$$

积分得

$$\ln(u + 2e^u) + \ln y = \ln C$$

即

$$y(u + 2e^u) = C$$

将 $u = \dfrac{x}{y}$ 代入上式，得通解 $x + 2y\,e^{\frac{x}{y}} = C$.

9.9.4 一阶线性微分方程

求解时直接套用下面的公式

$$y = e^{-\int p(x)dx}\Big[\int Q(x)e^{\int p(x)dx}dx + C\Big]$$

例 9.82 求解微分方程 $y''' = y''$.

解 两边积分

$$\int y'''dx = \int y''dx$$

$$y'' = y' + C_0$$

两边积分

$$\int y''dx = \int (y' + C_0)\,dx$$

$$y' = y + C_0 x$$

即 $y' - y = C_0 x$

套用公式

$$y = e^{-\int p(x)dx}\Big[\int Q(x)e^{\int p(x)dx}dx + C\Big]$$

这里, $P(x) = -1, Q(x) = C_0 x$. 通解为:

$$y = e^{\int dx}\Big[\int C_0 x e^{-\int dx} + C\Big]$$

$$= e^x\Big[\int C_0 x e^{-x}dx + C\Big]$$

$$= e^x \left[C_0 \int -x \mathrm{d}e^{-x} + C \right]$$

$$= e^x \left[C_0 \left(-xe^{-x} + \int e^{-x}\mathrm{d}x \right) + C \right]$$

$$= e^x \left[C_0 (-xe^{-x} - e^{-x}) + C \right]$$

$$= Ce^x + CC_0 (-x) - CC_0 e^x e^{-x}$$

$$= Ce^x - CC_0 x - CC_0$$

所以通解为: $y = C_1 + C_2 x + C_3 e^x$ (C_1 , C_2 , $C_3 \in R$).

下面讲求解伯努利方程

$$y' + P(x)y = Q(x)y^n$$

将此类微分方程变形成一阶线性微分方程. 两边同除以 y^n , 得

$$y^{-n}y' + P(x)y^{1-n} = Q(x)$$

设 $y^{1-n} = z$, 两边求导

$$y^{-n} \frac{dy}{dx} = \frac{dz}{dx}$$

代入上式得

$$z' + P(x)z = Q(x)$$

这是关于 z 的一阶线性微分方程，可以直接套用公式求解，然后将 $z = y^{1-n}$ 代入.

例 9.83 求方程 $\frac{\mathrm{d}y}{\mathrm{d}x} + \frac{y}{x} = (a\ln x) y^2$ 的通解.

解 以 y^2 除方程的两端，得

$$y^{-2} \frac{\mathrm{d}y}{\mathrm{d}x} + \frac{1}{x} y^{-1} = a\ln x$$

即

$$-\frac{\mathrm{d}(y^{-1})}{\mathrm{d}x} + \frac{1}{x} y^{-1} = a\ln x$$

令 $z = y^{-1}$, 则上述方程变为

$$\frac{\mathrm{d}z}{\mathrm{d}x} - \frac{1}{x}z = -a\ln x$$

解此线性微分方程，得

233

$$z = x\left[C - \frac{a}{2}(\ln x)^2 \right]$$

以 y^{-1} 代 z，得所求通解为

$$yx\left[C - \frac{a}{2}(\ln x)^2 \right] = 1$$

9.9.5 二阶微分方程

二阶微分方程，不显含 y，形式为

$$y'' = f(x, y')$$

设 $y' = p$，则 $y'' = p'$，代入上式，转化为一阶微分方程 $p' = f(x, p)$.

例 9.84 如果对任意 $x > 0$，曲线 $y = y(x)$ 上的点 (x, y) 处的切线在 y 轴上的截距等于 $\dfrac{1}{x}\displaystyle\int_0^x y(t)\,\mathrm{d}t$，求函数 $y = y(x)$ 的表达式.

解 曲线 $y = f(x)$ 在点 (x, y) 处的切线方程为

$$Y - y = y'(X - x)$$

令 $X = 0$，得截距 $Y = y - xy'$，由题意得

$$\frac{1}{x}\int_0^x y(t)\,\mathrm{d}t = y - xy'$$

$$\int_0^x y(t)\,\mathrm{d}t = xy - x^2 y'$$

两边对 x 进行求导，由于 $x > 0$，化简得

$$xy'' + y' = 0$$

令 $y' = p$，则 $y'' = p'$，并分离变量得

$$\frac{\mathrm{d}p}{p} = -\frac{\mathrm{d}x}{x}$$

解得 $p = \dfrac{C_1}{x}$，即 $y' = \dfrac{C_1}{x}$，从而解得

$$y = C_1 \ln x + C_2$$

9.9.6 二阶微分方程

二阶微分方程，不显含 x，形式为

$$y'' = f(y, y')$$

设 $y' = p$，则 $y'' = \dfrac{\mathrm{d}p}{\mathrm{d}x} = \dfrac{\mathrm{d}p}{\mathrm{d}y} \cdot \dfrac{\mathrm{d}y}{\mathrm{d}x} = p \dfrac{\mathrm{d}p}{\mathrm{d}y}$，代入上式，转化为一阶微分方程：

$$p \frac{\mathrm{d}p}{\mathrm{d}y} = f(y, p)$$

例 9.85 求解微分方程 $y'' + y = 0$.

解 设 $y' = p$，则

$$y'' = \frac{\mathrm{d}p}{\mathrm{d}x} = \frac{\mathrm{d}p}{\mathrm{d}y} \cdot \frac{\mathrm{d}y}{\mathrm{d}x} = p \frac{\mathrm{d}p}{\mathrm{d}y}$$

代入原方程得

$$p \frac{\mathrm{d}p}{\mathrm{d}y} + y = 0, \text{ 或 } p\mathrm{d}p + y\mathrm{d}y = 0$$

积分得

$$p^2 + y^2 = a^2, \text{ 或 } p^2 = a^2 - y^2$$

$$p = \pm \sqrt{a^2 - y^2}$$

$$\frac{1}{\sqrt{a^2 - y^2}} \mathrm{d}y = \pm \mathrm{d}x$$

两边积分得

$$\arcsin \frac{y}{a} = b \pm x$$

其中 b 为任意常数，于是有

$$y = \sin(b \pm x)$$

或

$$y = C_1 \sin x + C_2 \cos x \qquad C_1, C_2 \in R$$

9.9.7 常系数齐次微分方程

二阶常系数齐次微分方程

$$y'' + py' + qy = 0$$

对应的特征方程

$$r^2 + pr + q = 0$$

特征方程的解为

$$r_{1,2} = \frac{-p \pm \sqrt{p^2 - 4q}}{2}$$

根据 $p^2 - 4q$ 的不同取值可分为有两重根 $r = r_1 = r_2$，两个不同实根 r_1，r_2，共轭复根 $r = \alpha \pm \beta i$．

二阶常系数齐次微分方程的通解为

$$y = \begin{cases} C_1 e^{r_1 x} + C_2 e^{r_2 x} & \text{两个不同实根} \\ (C_1 + C_2 x) e^{rx} & \text{两个重根} \\ e^{\alpha x}(\cos\beta x + i\sin\beta x) & \text{一对共轭复根} \end{cases}$$

例9.86 求解微分方程 $y'' - 2y' - 8y = 0$．

解 所给微分方程的特征方程为

$$r^2 - 2r - 8 = (r - 4)(r - 2) = 0$$

两个不同实根 $r_1 = 4$，$r_2 = 2$，所以通解为：

$$y = C_1 e^{4x} + C_2 e^{2x}$$

例9.87 求解微分方程 $y''' = y''$．

解 $y''' - y'' = 0$

对应的特征方程为

$$r^3 - r^2 = 0, \quad r^2(r - 1) = 0$$

故有特征根

$$r_{1,2} = 0, r_3 = 1$$

通解为：$y = C_1 + C_2 x + C_3 e^x$．

9.9.8　n 阶常系数非齐次微分方程

$$y'' + py' + qy = f(x)$$

这里 $f(x)$ 有两种形式[1]：

$$f(x) = e^{\lambda x} P_m(x) \text{ 或} \qquad f(x) = e^{\lambda x}[P_l(x)\cos\omega x + Q_s(x)\sin\omega x].$$

---

[1] 同济大学数学系编. 高等数学（上册）　[M]. 7版. 北京：高等教育出版社，2014：145-147.

9.9.9 全微分方程

一阶微分方程

$$M(x, y)dx + N(x, y)dy = 0$$

若满足

$$dU(x, y) = M(x, y)dx + N(x, y)dy$$

$U(x, y) = C$ 为此一阶微分方程的解.

这里常用的公式有

$$d(xy) = ydx + xdy$$

$$d\left(\frac{y}{x}\right) = \frac{xdy - ydx}{x^2}$$

$$d\left(\frac{x}{y}\right) = \frac{ydx - xdy}{y^2}$$

$$d\left(\ln\frac{y}{x}\right) = \frac{ydx - xdy}{xy}$$

$$d\left(\arctan\frac{x}{y}\right) = \frac{ydx - xdy}{x^2 + y^2}$$

$$d(\ln x^2 + y^2) = 2\frac{xdx + ydy}{x^2 + y^2}$$

例 9.88 求解方程 $xdx + \dfrac{(x + y)dx - (x - y)dy}{x^2 + y^2} = 0$.

解 直接观察方程的左端, 有

$$xdx + \frac{(x + y)dx - (x - y)dy}{x^2 + y^2} = xdx + \frac{xdx + ydy}{x^2 + y^2} + \frac{ydx - xdy}{x^2 + y^2} = d\left(\frac{x^2}{2}\right) +$$

$$d\left(\frac{1}{2}\ln(x^2 + y^2)\right) + d\left(\arctan\frac{x}{y}\right) = d\left[\left(\frac{x^2}{2}\right) + \frac{1}{2}\ln(x^2 + y^2) + \arctan\frac{x}{y}\right]$$

从而方程的左端是一个全微分, 原函数为

$$U(x, y) = \frac{x^2}{2} + \frac{1}{2}\ln(x^2 + y^2) + \arctan\frac{x}{y}$$

于是原方程的通解为

$$\frac{1}{2}x^2 + \frac{1}{2}\ln(x^2 + y^2) + \arctan\frac{x}{y} = C$$

下面利用例题给出类型为连续随机变量的非有限型贝叶斯博弈，求解过程可以看到应用数理基础.

例 9.89 设有两个买者进行海外收购，同时购买一件不可分的物品，他们把出价密封在一个信封之内，交给卖者. 出价高的买者将得到货物. 买者对于货物的评价 $v_i(i = 1, 2)$ 是他的私人类型. 且设 v_1 与 v_2 相互独立，服从 $[0, 1]$ 上的均匀分布.

该博弈模型的策略为买者依据对货物的评价出价，即 $b_i = B_i(v_i)$，$i = 1, 2$. 买者 i 的效用函数如下：

$$u_i(b_i, b_j; v_i, v_j) = \begin{cases} v_i - b_i & b_i > b_j \\ \dfrac{v_i - b_i}{2} & b_i = b_j \quad i, j = 1, 2; i \neq j \\ 0 & b_i < b_j \end{cases}$$

由于问题的对称性，参与人的均衡的策略满足 $B_i{}^*(v) = B_j{}^*(v) \triangleq B^*(v)$（由于 i 与 j 对称）. 假设 $B^*(v)$ 是 v 的严格递增函数.

当参与人 i 对于物品的评价为 v 时，均衡出价 $b = B^*(v)$. 参与人 i 的均衡期望收益为

$$E_i{}^* = (v - b)p\{B_j{}^*(v_j) < b\}$$

其中

$$p\{B_j{}^*(v_j) < b\} = p\{v_j < B^{*-1}(b)\} = F[B^{-1}(b)] = B^{-1}(b) \triangleq f(b)$$

故有
$$E_i{}^* = (v - b)f(b)$$

参与人 i 的问题是选择 b，使 E_i 最大化. 由一阶条件

$$\frac{\mathrm{d}E_i{}^*}{\mathrm{d}b} = -f(b) + (v - b)f'(b) = 0$$

由 $b = B^*(v)$，知 $v = B^{*-1}(b) = f(b)$，故有

$$-f(b) + [f(b) - b]f'(b) = 0$$

或 $\qquad -xf'(x) - f(x) + f(x)f'(x) = 0$

238

$$-[xf(x)]' + \frac{1}{2}[f^2(x)]' = 0$$

将上式两端从 0 到 b 积分，且 $f(0) = 0$，可得

$$\int_0^b \left\{ -[xf(x)]' + \frac{1}{2}[f^2(x)]' \right\} \mathrm{d}x = -bf(b) + \frac{1}{2}f^2(b) = 0$$

即 $f(b) = 2b$. 故 $b = \dfrac{f(b)}{2} = \dfrac{v}{2}$，即均衡的出价为类型的一半. 贝叶斯均衡为

$(\dfrac{v_1}{2}, \dfrac{v_2}{2})$.

更一般，设有 n 个买者，买者 i 对货物的评价为 v_i，为参与人 i 的私人信息. v_1，v_2，$\cdots$，v_n 独立、同分布，服从 $[0, 1]$ 上的均匀分布. 设该博弈的贝叶斯纳什均衡满足：

$$B^*(v) = B_i{}^*(v_i) \qquad i = 1, 2, \cdots, n$$

当参与人对货物评价为 v，均衡出价 $b_i = B^*(v)$ 时，他的期望收益为

$$E_i = (v - b) \prod_{i \neq j} p\{B_j{}^*(v_j) < b\}$$

其中

$$p\{B_j{}^*(v_j) < b\} = p\{v_j < B^{*-1}(b)\} = p\{v_j < f(b)\}$$

这里 $f(b) = B^{*-1}(b)$. 从而有

$$E_i = (v - b)f^{n-1}(b)$$

由一阶条件

$$\frac{\mathrm{d}E^i}{\mathrm{d}b} = -f^{n-1}(b) + (v - b)(n - 1)f^{n-2}(b)f'(b) = 0$$

将 $v = f(b)$ 代入上式，知

$$-f(b) + [f(b) - b](n - 1)f'(b) = 0$$

$$f'(b) = \frac{f(b)}{(n - 1)[f(b) - b]}$$

令 $y = \dfrac{f}{b}$，则 $f = yb$，有

$$f' = \frac{\mathrm{d}f}{\mathrm{d}b} = b\frac{\mathrm{d}y}{\mathrm{d}b} + y$$

代入上述方程，可得

$$b\frac{dy}{db} + y = \frac{y}{(n-1)(y-1)}$$

两边分离变量，有

$$\frac{(n-1)(y-1)}{y[1-(n-1)(y-1)]}dy = \frac{db}{b}$$

$$\frac{n-1}{n}\left[\frac{1}{1-(n-1)(y-1)} - \frac{1}{y}\right]dy = \frac{db}{b}$$

两边进行积分，有

$$\frac{n-1}{n}\int\left[\frac{1}{1-(n-1)(y-1)} - \frac{1}{y}\right]dy = \int\frac{db}{b}$$

$$\frac{1}{n}\int\frac{d(n-1)(y-1)}{1-(n-1)(y-1)} - \frac{n-1}{n}\int\frac{1}{y}dy = \int\frac{db}{b}$$

$$-\frac{1}{n}\ln[1-(n-1)(y-1)] + C = \frac{n-1}{n}\ln y + \ln b$$

$$C - \ln[1-(n-1)(y-1)]^{\frac{1}{n}} = \ln by^{\frac{n-1}{n}}$$

可得

$$\ln by^{\frac{n-1}{n}}[1-(n-1)(y-1)]^{\frac{1}{n}} = C$$

将 $y = \dfrac{f}{b}$ 代入上式，可得

$$f^{\frac{n-1}{n}}[b-(n-1)(f-b)]^{\frac{1}{n}} = C$$

由于 $f(0) = 0$，即 $b = 0$，$f = 0$，知 $c = 0$. 故 $b = \dfrac{n-1}{n}v$，贝叶斯纳什均衡为

$$\left(\frac{n-1}{n}v_1, \frac{n-1}{n}v_2, \cdots, \frac{n-1}{n}v_n\right)$$

特别地，当 $n \to \infty$ 时，$b \to v$，此时贝叶斯纳什均衡为 $(v_1, v_2, \cdots, v_n)$. 它说明对于一级密封价格拍卖问题，当参与人越多时，就越合理.

参考文献

一、中文文献

[1] 罗云峰. 博弈论教程 [M]. 2 版. 北京：清华大学出版社，2020 (11).

[2] 罗纳德·A. 霍华德 (Ronald A. Howard)，阿里·阿巴斯. 决策分析基础 [M]. 北京：机械工业出版社，2019.

[3] 教材编写组. 运筹学 [M]. 第 5 版. 北京：清华大学出版社，2021.

[4] 章玲，周德群. 多属性决策分析方法与应用——基于属性间关联的研究 [M]. 北京：科学出版社，2016.

[5] 莱茵哈德·泽尔腾 (Reinhard Selten). 策略理性模型 [M]. 左勇华，等译. 北京：机械工业出版社，2016.

[6] 周永生. 经济外交 [M]. 北京：中国青年出版社，2004.

[7] 于维生. 博弈论与经济 [M]. 北京：高等教育出版社，2007.

[8] 韩大卫. 管理运筹学——模型与方法 [M]. 2 版. 北京：清华大学出版社，2014.

[9] 董青岭. 大数据与机器学习：复杂社会的政治分析 [M]. 北京：时事出版社，2018 (2).

[10] 杉山将. 统计机器学习导论 (英文版) [M]. 北京：机械工业出版社出版，2017 (12).

[11] 周志华. 机器学习 [M]. 北京：清华大学出版社，2016.

[12] 李航. 统计学习方法 [M]. 北京：清华大学出版社，2012.

[13] 张健. 战后日本经济外交 (1952—1972) [M]. 天津：天津人民出版社，1998.

［14］加利·克莱德·霍夫鲍尔，杰弗里·J.斯科特，金伯莉·安·艾略特，等：反思经济制裁 ［M］. 3 版. 上海：上海人民出版社，2011.

［15］李荣钧. 模糊多准则决策理论与应用 ［M］. 北京：北京科学出版社，2002.

［16］胡宝清. 模糊理论基础 ［M］. 武汉：武汉大学出版社，2004.

［17］张维迎. 博弈论与信息经济学 ［M］. 上海：上海人民出版社，2004.

［18］李登峰. 模糊多目标多人决策与对策 ［M］. 北京：国防工业出版社，2003.

［19］张幼文. 70 年中国与世界经济关系发展的决定因素和历史逻辑 ［J］. 世界经济研究，2019（7）.

［20］苏若林：外交决策中的风险偏好：概念与形成 ［J］. 国际政治科学，2021（11）.

［21］李巍，孙忆. 理解中国经济外交 ［J］. 外交评论，2014（4）.

［22］江瑞平. 当前中国经济外交面临的机遇与挑战 ［J］. 外交评论，2009（5）.

［23］金熙德. 战后日本经济外交的作用及其演变 ［J］. 日本学刊，1995（4）.

［24］赵可金. 经济外交的兴起：内涵、机制与趋势 ［J］. 教学与研究，2011（1）.

［25］张晓通. 中国经济外交理论构建：一项初步的尝试 ［J］. 外交评论，2013（6）.

［26］白云真. 中国对外援助的战略分析 ［J］. 世界经济与政治，2013（5）.

［27］李巍. 金融外交在中国的兴起 ［J］. 世界经济与政治，2013（2）.

［28］贺平. 70 年中国经济外交的整体演变、战略意图和影响因素 ［J］. 世界经济研究，2019（11）.

［29］严双伍，肖兰兰. 中国参与国际气候谈判的立场演变 ［J］. 当代亚太，2010（1）.

［30］李巍，孙忆. 理解中国经济外交 ［J］. 外交评论，2014（4）.

［31］阎梁. 中国对外经济制裁：目标与政策议题 ［J］. 外交评论，2012

(6).

[32] 崔志楠, 邢悦. 从 "G7 时代" 到 "G20 时代" ——国际金融治理机制的变迁 [J]. 世界经济与政治, 2011 (1).

[33] 梁鹏. 垄断条件下的贸易模式和政策选择——基于博弈视角的分析 [J]. 北京工商大学学报 (社会科学版), 2013 (4).

[34] 徐晓慧, 李杰. 混合寡头市场下的民营化和战略政策 [J]. 中国经济问题, 2016 (6).

[35] 周茂荣. 贸易自由化与贸易保护主义的博弈分析——论单边的贸易自由化为何寸步难行 [J]. 国际贸易问题, 2004 (6).

[36] 吴力波, 汤维祺. 自由贸易抑或贸易保护——国际贸易的经济增长效应再考察 [J]. 世界经济研究, 2010 (11).

[37] 孙庆文, 陆柳, 严广乐, 等. 不完全信息条件下演化博弈均衡的稳定性分析 [J]. 系统工程理论与实践, 2003 (23).

[38] 吴昊, 杨梅英, 陈良猷. 合作竞争博弈中的复杂性与演化均衡的稳定性分析 [J]. 系统工程理论与实践, 2004 (2).

[39] 易余胤, 刘汉民. 经济研究中的演化博弈论 [J]. 商业经济与管理, 2005 (8).

[40] 谢识予. 有限理性条件下的进化博弈论 [J]. 上海财经大学学报, 2001 (5).

[41] 崔浩, 陈晓剑, 张道武. 共同治理结构下企业所有权配置的进化博弈分析 [J]. 运筹与管理, 2004 (6).

[42] 胡支军, 黄登仕. 证券组合投资分析的进化博弈方法 [J]. 系统工程, 2004 (7).

[43] 杨广青, 蒋录全, 王浣尘, 等. Bertrand 竞争下融资策略与产品差异化策略的博弈分析 [J]. 中国管理学, 2006 (4).

[44] 敬嵩, 雷良海. 基于事物本原分析企业管理模式的演进与发展 [J]. 科学学研究, 2006 (1).

[45] 胡明礼, 刘思峰, 方志耕, 等. 企业集群演进的进化博弈链模型研究 [J]. 科技进步与对策, 2006 (11).

[46] 高洁, 盛昭瀚. 发电侧电力市场竞价策略的演化博弈分析 [J]. 管理工程学报, 2004 (3).

[47] 周峰, 徐翔. 农村税费改革: 基于双层次互动进化博弈模型的分析 [J]. 2005 (1).

[48] 周振彪, 陈晓红. 企业家创新投资决策的进化博弈分析 [J]. 管理工程学报, 2005 (1).

[49] 赵晗萍, 冯允成, 蒋家东. 基于进化博弈的供应链市场进入博弈分析 [J]. 计算机集成制造系统, 2006 (10).

[50] 任玉斑, 刘贞, 粟增德. 基于多主体的发电企业二阶段博弈模型仿真 [J]. 中国电机工程学报, 2006 (17).

[51] 盛昭瀚, 高洁, 杜建国. 基于模型的新熊彼特式产业动态演化模型 [J]. 管理学学报, 2007 (1).

[52] 辛阳. 博弈论视角下中美经济关系策略选择研究 [J]. 现代商业, 2017 (13).

[53] 黄乃静, 于明哲. 机器学习对经济学研究的影响研究进展 [J]. 经济学动态, 2018 (7).

[54] 浦珏, 石岿然, 王炎. 合作博弈理论应用研究综述 [J]. 商业经济研究, 2015 (3).

[55] 郑士源. 合作博弈理论的研究进展——联盟的形成机制及稳定性研究综述 [J]. 上海海事大学学报, 2011 (4).

[56] 陆崇芳, 黄宏纯. 中美经济博弈与合作发展研究 [J]. 当代经济, 2015 (7).

[57] 黄正, 唐晓嘉. 政治博弈论研究述评 [J]. 重庆理工大学学报 (社会科学), 2011 (1).

[58] 廖瑞, 谢黎炎, 李大伟. 基于博弈论的国家战略利益冲突分析 [J]. 舰船电子工程, 2012 (3).

[59] 张慧. 论外交决策中的理性决策模式 [J]. 吉林省教育学院学报, 2008 (8).

[60] 李凌, 袁昊劼. 模糊非合作博弈的算法研究 [J]. 环球市场信息导

报，2012（10）.

[61] 卜红，南江霞. 三人模糊联盟合作博弈的最小核心解［J］. 经济数学，2016（3）.

[62] 耿生玲，张炜，童英华. 模糊软合作博弈［J］. 青海师范大学学报（自然科学版），2016（2）.

[63] 何龙飞，赵道致. 反应型供应链多层库存运输优化与模糊博弈协调［J］. 系统工程理论与实践，2011（6）.

[64] 贾磊，谭睿璞. 支付值为梯形直觉模糊数的改进矩阵博弈求解方法［J］. 四川理工学院学报（自然科学版），2018（3）.

[65] 李瑾. 基于模糊合作的联盟博弈模型构建［J］. 统计与决策，2016（14）.

[66] 李书金，郦晓宁. 模糊联盟的 Shapley 值与稳定性［J］. 系统工程理论与实践，2011（8）.

[67] 苗治平，李翠，史西兵. 模糊网络博弈的合作联盟优化对策研究［J］. 控制理论与应用，2019（6）.

[68] 苗治平，李翠. 基于模糊博弈的合作联盟最优利益分配模型［J］. 计算机集成制造系统，2017（3）.

[69] 南江霞，卜红，李登峰. 直觉模糊联盟合作博弈的非线性规划模型［J］. 运筹与管理，2018（1）.

[70] 苏东风，杨洁. 支付模糊图合作博弈分配模型及其应用［J］. 福州大学学报（自然科学版），2018（4）.

[71] 杨德艳，柳键. 基于模糊数的政府与绿色制造商博弈分析［J］. 运筹与管理，2015（1）.

[72] 杨洁，李登峰，赖礼邦. 考虑决策者风险态度的三角直觉模糊双矩阵博弈均衡及应用［J］. 模糊系统与数学，2017（3）.

[73] 岳立柱，闫艳，仲维清. 基于结构元方法的模糊矩阵博弈求解［J］. 系统工程理论与实践，2010（2）.

[74] 邹正兴，张强. 模糊支付合作博弈的广义 Shapley 函数［J］. 模糊系统与数学，2017（5）.

[75] 李书金. 具有联盟结构及模糊联盟的博弈问题研究 [D]. 北京：北京理工大学，2007.

[76] 刘天虎. 基于 TU 动态模糊联盟合作博弈的核心及谈判集 [D]. 上海：同济大学，2008.

[77] 王艳. 非合作博弈问题的数值分析 [D]. 沈阳：东北大学，2008.

[78] 李翠. 模糊合作博弈及其广义核心解的应用 [D]. 西安：西安财经学院，2009.

[79] 高璟. 模糊博弈若干问题的研究 [D]. 北京：北京理工大学，2012.

[80] 张倩. 模糊博弈论解的研究及在供应链上的应用 [D]. 阜新：辽宁工程技术大学，2013.

[81] 苗志平. 模糊网络博弈的合作联盟优化对策研究 [D]. 西安：西北工业大学，2018.

[82] 高璟. 模糊博弈若干问题的研究 [D]. 北京：北京理工大学，2010.

[83] 李翠. 基于模糊博弈的企业知识联盟利益分配研究 [D]. 西安：西安理工大学，2017.

[84] 王昭. 具有模糊支付的博弈问题及其应用研究 [D]. 北京：北京理工大学，2006.

[85] 李增刚. 从双层博弈框架分析一国国际贸易政策的选择 [N]. 中国社会科学报，2010-02-04（04）.

[86] 龚雯. 全国对发展中国家经济外交工作会议在京召开 [N]. 人民日报，2004-9-3（02）.

二、英文文献

[1] Daoudi M S，Dajani M S. Economic Diplomacy：Embargo Leverage and World Politics，Boulder [M]. Colorado：Westview Press，1985.

[2] Peter A. G. van Bergeijk. Economic Diplomacy，Trade and Commercial Policy：Positive and Negative Sanctions in a New World Order [M]. Aldershot，Harts：Edward Elgar Publishing Limited，1994.

[3] Marshall A. Principles of Economics [M]. 8th ed. London：Macmillan，1948.

［4］ Weibull W. Evolutionary Game Theory ［M］. Cambridge：MIT Press，1995.

［5］ Curiel I. Cooperative Game Theory and Applications：Cooperative Games Arising from Combinatorial Optimization Problems ［M］. Berlin：Springer，2010.

［6］ Pardalos P M, Migdalas A, Pitsoulis L.. Pareto Optimality, Game Theory and Equilibria ［M］. Berlin：Springer，2008.

［7］ Yeung D, Petrosyan L. Subgame Consistent Economic Optimization：An Advanced Cooperative Dynamic Game Analysis ［M］. Boston：Birkhäuser，2012.

［8］ Friesz T L. Dynamic Optimization and Differential Games ［M］. Berlin：Springer，2010.

［9］ Black E R. The Diplomacy of Economic Development and Other Papers ［M］. New York：Harvard University Press，1963.

［10］ Kaiser D E. Economic Diplomacy and the Origins of the Second World War ［M］. Princeton：Princeton University Press，1980.

［11］ FURUSAWA T, KAMIHIGASHI T. Threats or promises? A built-in mechanism of gradual reciprocal trade liberalization ［J］. Japanese Economic Review, 2017, 63 (2)：259-279.

［12］ Sekeris P. The real deal? ［J］. New Scientist, 2018, 238 (3183)：24-25.

［13］ Csercsik D, Hubert F, Sziklai B R, et al. Modeling transfer profits as externalities in a cooperative game-theoretic model of natural gas networks ［J］. Energy Economics, 2019, 38：321-335.

［14］ Levine K D, Pesendorfer W. The evolution of cooperation through imitation ［J］. Games and Economic Behavior, 2007, 58 (2)：293-315.

［15］ Axelrod R, Hamilton W D. The evolution of cooperation ［J］. Quarterly Review of Biology, 1981, 211 (4489)：1390-1396.

［16］ Nowak M, Sigmund K. A strategy of win-stay, lose-shift that outperforms tit-for-tat in the Prisoner's Dilemma game ［J］. Nature, 1993, 364 (6432)：56-58.

［17］ Press W H , Dyson F J . Iterated Prisoner's Dilemma contains strategies that dominate any evolutionary opponent ［J］. Proceedings of the National Academy of Sciences, 2012, 109 (26): 10409-10413.

[18] Alchian A A. Uncertainty, Evolution and Economic Theory [J]. Journal of political Economy, 1950, 58 (3): 211-221.

[19] Smith J M. The Theory of Games and the Evolution of Animal Conflict [J]. Journal of Theory Biology, 1973, 47 (1): 209-221.

[20] Selten R. A Note on Evolutionary Stable Strategies in Asymmetric Animal Conflicts [J]. Journal of Theoretical Biology, 1980, 84 (1): 93-101.

[21] Selten R. Evolutionary Stable Strategies in Extensive Two-person Games [J]. Math. Soe. Sei., 1983, 5 (3): 269-363.

[22] Bach L A, Helvikc T, Christiansen F B. The evolution of n-player cooperation-threshold games and ESS bifurcations [J]. Journal of Theoretical Biology, 2006, 238 (2): 426-434.

[23] Levine D K, Pesendorfer W. The evolution of cooperation through imitation [J]. Games and Economic Behavior, 2007, 58 (2): 293-315.

[24] Hofbauera J, Sandholmb W H. Evolution in games with randomly disturbed payoffs [J]. Journal of Economic Theory, 2007, 132 (1): 47-69.

[25] Nash J. Non-Cooperative Games [D]. Ph. D. thesis, New Jersey: Princeton University, 1950.